AF747714

www.ingramcontent.com/pod-product-compliance
Lightning Source LLC
LaVergne TN
LVHW050857051026
849532LV00006BA/2289

9788196529260

صرف باقر مہدی

عبدالغنی خان

صرف باقر مہدی

عبدالغنی خان

کتاب دار

نام کتاب : صرف باقر مہدی

مصنف : عبدالغنی خان

پتہ : بی-۷۰۹، پوئی وہار کامپلیکس، پوئی ممبئی-۴۰۰۰۷۶

اشاعتِ اول : ۲۰۱۷ء

اشاعتِ دوم : ۲۰۲۳ء

سرورق : شاداب رشید

ناشر : کتاب دار، جلال منزل ٹیمکر اسٹریٹ، ممبئی۔ ۸

ملنے کے پتے: مکتبہ جامعہ لمیٹڈ، ممبئی۔ ۳، فون: 23774857

ایجوکیشنل پبلشنگ ہاؤس، کوچہ پنڈت، لال کنواں، دہلی-۶، فون: 23216162

عرشیہ پبلی کیشنز، سوریہ اپارٹمنٹ، دلشاد کولونی، دہلی-۹۵، فون: 9971775969

ایم۔آر۔ پبلی کیشنز، کوچہ چیلان، دریا گنج، نئی دہلی-۲، فون: 9810784549

SIRF BAQAR MEHDI

by Abdul Gani

Add : B-709, Powai Vihar Complex, Powai, Mumbai - 400 076. Mob: 9967730895

Ist Edition : 2017 IInd Edition: 2023

Cover Design : Shadab Rashid

Publisher: KITAB DAAR,108/110, Jalal Manzil, Gr. Floor, Temkar Street, Mumabi - 400 008, Tel : 2341 1854 / 9869-321-477 / 9320-113-631

(پرتیک آفسیٹ، گائے واڑی ممبئی سے شائع ہوئی)

کچھ 'ایک کالی نظم' کے بارے میں

ایک دوست کا خط 'صرف دوست' کے نام

اس نظم کو باقر نے میرے لیے لکھا۔ اپنے انتقال سے ٹھیک دو سال پہلے کی بات ہے۔ انھوں نے صبح مجھے فون کیا۔ گھر پر نہ پایا۔ اگلی ملاقات میں شاید مجھ سے پوچھا بھی 'تم صبح کہاں نکل جاتے ہو'۔ اس واقعے کے تعلق سے مجھے کوئی بات یاد نہیں ہے۔ لیکن اس نظم سے میں ہی کچھ حیران نہیں ہوا وہ بھی ششدر نظر آئے۔ یہ بھی یاد نہیں کس شام اسے میرے حوالے کیا تھا۔ یہ نظم اشاعت کے لیے نہیں تھی۔ ایک دوست کی میری جانب فکرمندی ہے۔ ایسے سوال کہاں مخاطب دوست کو سنجیدہ کرتے ہیں۔ بلکہ مسکرا کر ٹال دیے جاتے ہیں۔ یہ نظم کاغذات میں اس طرح درکنار ملی جیسے غفلت کا شکار ہوئی ہے۔ ویسے بھی ایسی باتوں کا اثر دھیرے دھیرے ہوتا ہے۔ خلوص دل کی آشکاری یا نمایاں ہونا ہلکے سے دل میں اترتا ہے۔ آج اسے پڑھتا ہوں تو اس وقت اور آج کے اثر میں کتنا فرق آچکا ہے۔ وہ وقت صرف سننا اور مسکرا دینے کا زمانہ تھا اور آج دوست کا فکرمند ہونا کتنا معنی رکھتا ہے۔ جب دماغ نے نظم کے ذریعے میرے کردار کے کسی پیچ کی جستجو کی دل بھی اس کا شریک رہا تھا۔

[illegible]

ایک کالی نظم

(غنی بھائی کے لیے!)

ہر روز تم صبح چلے جاتے ہو
کدھر — کہاں — مجھے معلوم نہیں؟
ایسا معلوم ہوتا ہے تمہیں کوئی بلا رہا ہے!
تم میں کوئی کشش نہیں
کوئی خواہش، کوئی خیال — کچھ بھی نہیں
آوارہ بادل کی طرح تم اِدھر اُدھر پھرتے رہتے ہو
کس میں جرأت ہے جو تمہیں روک سکے
ایسا معلوم ہوتا ہے کہ تم چکروں میں پھنس گئے ہو

(۲)

اس آوارہ گردی کا کوئی مقصد نہ انداز
بس دن بھر بھاگ دوڑ کریں اور ٹوٹے ٹوٹے راستے
یہ ہر روز کا اصول کسی منزل کی تلاش نہیں
منزل تو بہت پہلے تم نے اپنے دل میں چھپا رکھی ہے!
ٹھیک ہے تمہارے پیروں میں کوئی زنجیر نہیں
شاید تم "زنجیر" کی تلاش میں جاتے ہو
کیا تمہیں خبر ہے موت اور زندگی
ایک ہی زنجیر ہے
مجھے معلوم نہیں
اور نہ مجھے معلوم کرنے کی خواہش ہے!

فہرست

جاں نثار اختر کے تعلق سے ایک اضافی تحریر

باقر مہدی اور جاں نثار اختر کے درمیان دوستی کے دو ادوار ہیں۔ درمیان میں تقریباً دس سال کا خلا ہے جب باقر ان سے غافل رہا۔ اس شہر میں پہلی دوستی باقر نے ان سے ہی کی تھی۔ ان کے ایام اخیر کو باقر نے اس طرح لکھا ہے۔

"اختر بھائی بیمار پڑ گئے۔ ادھر میں بھی ایک حادثے کا شکار ہوتے ہوتے بچ گیا۔ دونوں ہی بستر مرگ پر پڑے تھے۔ میں بچ گیا اور اختر بھائی نہ بچ سکے۔ ان سے آخری ملاقات ۲۸/ جولائی ۱۹۷۶ء کی شام ہوئی۔ پہلی بار وہ بار بار موت کا ذکر کر رہے تھے۔ ایک پرچے کا جاں نثار اختر نمبر بھی نکلا تھا وہ انھوں نے مجھے عنایت کی اور لکھا:

"جب ہم نہ رہیں گے تو بہت یاد کرو گے۔"

ان کی یاد میں باقر نے ایک غزل کہی، تمام اشعار اثر انگیز ہیں۔ ان تین اشعار کی اثر افرانی دیکھیے:

ایک میرے سینے میں اتری ایک افق کے پاس گری — جانے کیسی بجلی چمکی جب وہ زلفِ یار گری
پہلے جھم جھم آنسو برسے پھر دل کی دیوار گری — جب جب وحشت جاگ اٹھی اک مجبوری لاچار گری
باقر میری قبر پہ آکے وہ روح اشعار گری — پاس بلا کر جس نے مجھ کو برسوں تک ترسایا تھا

ع غ

جب بھی.... قلم سے کوئی اچھی اور اوریجنل بات نکلتی ہے تو جی چاہتا ہے کہ باقر کو دکھاؤں کیونکہ وہ سان ہیں جس پر چھڑائے بغیر چاقو کی دھار چلی جاتی ہے۔

ظ. انصاری

کچھ 'صرف باقر مہدی' کے بارے میں

اس کتاب کے محرک باقر مہدی صرف شاعر ہونے کی حیثیت ہی سے نہیں اپنی بے باکی اور بے نیازی کی وجہ سے بھی مشہور تھے۔ میں جب محمود چھاپرا کی بدولت مکتبہ جامعہ جانے لگا ان کے مزاج کے تیوروں کا احساس ہوا۔ جیسا میں محمود کا دوست تھا ویسے کئی اور شائقین ادب بھی ان کے دوست تھے۔ ان کے ساتھ میں بھی باقر کا حلقہ بگوش ہوا اور ان کی پہلی صفت بے نیازی سے اس وقت واقف ہوا جب محمود نے باقر سے نجی نشست کی خواہش ظاہر کی اور انھیں باقر نے غالباً سوا مہینے کے بعد کی تاریخ اور دن سے واقف کرایا۔ محمود سے میری واقفیت اسکول کے وقت کی تھی۔ میں فوراً ان کا ساتھی بن گیا اور جتنی ادبی نشستیں، سنیچر کی شام یا کسی کے گھر طے پائی میں اکثر شریک رہا۔ پھر وقت کے ساتھ ساتھ میں نے باقر کی قبولیت حاصل کرلی۔ کبھی کبھی خود بھی ان سے ملنے لگا۔ اس طرح میری ملاقاتیں ایک مستقل سلسلے کی کڑیاں بنتی گئیں۔ شاید میں نے باقر کی نقل کی ہے۔ انھوں نے بھی شام لال سے اپنی ملاقاتوں کی کڑیوں کو جوڑا تھا جو قید حیات کی آخری حد تک جُڑا رہا۔

باقر سے میں پچھلی صدی کی چھٹی دہائی سے ملتا رہا ہوں لیکن میری قلمی دلچسپی اپنے پہلے مضمون 'دوستی کی ایک علامت... باقر مہدی'' سے چل پڑی تھی۔ انھوں نے شاہد علی خان سے فون پر زور دے کر چھپوایا تھا۔ اشاعت نومبر ۲۰۰۱ء کی ہے جس نے پڑھا پسند کیا۔ باقر پر اس کی مثبت اثر کا احساس دو بار ہوا۔ اشاعت سے پہلے اور اشاعت کے بعد جب

دوسری بار مجھ سے سننے کی خواہش ظاہر کی۔ اس کے بعد مختلف اوقات میں لکھے مضامین کے علاوہ باقر نے مجھے عادتاً لکھنے پر مجبور کیا۔ ہر سنیچر مجھے اپنا کچھ لکھا انھیں سنانا ہوتا تھا۔

ان کے انتقال کے بعد مجھ میں خیال جاگا کہ اپنی تمام تحریروں کو اکٹھا کر کے کتابی شکل دوں اور ان کی نذر کروں۔ مگر کچھ اور لکھنے کے بعد ہی کتابی ضخامت کی کمی کو پورا کرسکتا تھا۔ ان کے انتقال کے بعد صرف ایک تعزیتی مضمون کا اضافہ ہوا تھا۔ اور بھی کچھ لکھنے کی ضرورت تھی۔ ایک ہی صورت بچی تھی کہ اپنی دلی قربت کا اظہار مختلف اصناف سخن کی مدد سے حاصل کروں۔ ایک جرأت مندانہ خیال تھا۔ ایک ایسی کوشش جو کسی طرح آسان نہ تھی مگر اسے جاوید صدیقی صاحب نے آسان کر دیا۔ ان کے دفتر میں نجی نشستوں نے جگہ پائی اور باقر کے انتقال کے بعد کی تمام تحریریں یہیں پر سناتا رہا ہوں۔ میرے سامعین میں تین معتبر ادیب جناب جاوید صدیقی، الیاس شوقی اور محمد اسلم پرویز جو ذاتی طور پر ہر بے جا تعریف سے انحراف رکھتے ہیں، کوئی تعریف تو نہیں کی مگر ناقابل اشاعت بھی نہیں کہا۔ اس لیے انھیں کتاب میں شامل کر کے مطمئن ہونا حق بجانب سمجھتا ہوں۔

میں باقر مہدی سے اپنی دوستانہ تعلق کو کئی جگہوں پر لکھ چکا ہوں اس لیے دہرانا نہیں چاہتا پر ایک چھوٹی سی بات جب میں وارث علوی سے ملنے ان کے گھر گیا تھا اور جب وہ اپنے کمرے سے دھیرے دھیرے ہال میں آئے۔ میں نے ان کو کرسی پر بٹھانے میں مدد کی۔ اس وقت انھوں نے اپنی مخلص، پراعتماد، یاری صفت دوستی اور کتنی ہی نجی نشستی دلچسپیوں کے باوجود مجھ سے کہا، ”آپ نے باقر سے دوستی نبھائی“۔ اس بات کی اہمیت کچھ کم نہیں ہے۔ اس جملے نے میری اور ”صرف باقر مہدی“ کی اہمیت بڑھا دی۔

کچھ کتاب کی ابتدائیہ کے بارے میں

اس کتاب کا پیش لفظ یا تمہید یا اس کے مقدمے کو ترک کرنے کا خیال مجھے یوں آیا کہ میں نے یہ فیصلہ کرلیا جب تخلیقات کے مختلف ذاتی وجوہات رہے ہیں اور جن کی تفصیل میں کچھ نا کچھ قاری کے لیے علیحدہ سے لکھ رکھا ہے جو اصل سے متصل ہے، پھر کیوں نہ تمام کو مجموعی طور پر ذرا ذرا مخاطب کر کے اول اوراق میں پیش رو کی حیثیت دی جائے۔ اپنے اس ارادے کو جب مخصوص نشست میں ظاہر کیا اس سے اختلاف بھی کیا گیا اور قبول بھی کرلیا گیا۔ الیاس شوقی اور محمد اسلم پرویز نے اسے غیر ضروری کہا مگر میرے اس سوال پر کہ کیا مجھے اس تبدیلی کا بطور مصنف اختیار نہیں ہے تو جاوید صدیقی نے فوراً حامی بھر لی اور باقی حضرات کی خاموشی نے بھی قبولیت کی مہر لگا دی۔

مجھے ذاتی طور پر یہ بات پسند آئی کہ اگر کسی مختصر اضافی تحریر کو مضمون یا کسی اور تخلیق سے جوڑ کر پیش رفت کی صورت اصل سے منسلک کروں اور اس نے اگر کسی قابل ذکر بات سے متن کی آگہی یا دلچسپی میں اضافہ کیا ہو اور ساتھ ہی مصنف کو سعئ تخلیق کا مکمل احساس دلایا ہو تو پھر اس تبدیلی میں کسی دقت کی گنجائش نہیں۔ اس اضافی تحریر کو اگر مذاقاً کہوں تو اس نے پکوان پر تڑ کا کام کیا ہے ورنہ یہ بھی تخلیق سے جڑی ہوئی کسی بات کو کہنے کی سنجیدہ کوشش ہے۔

اظہار تشکر

میں جاوید صدیقی، الیاس شوقی اور محمد اسلم پرویز کا بہت شکر گزار ہوں۔ آج جو میری بکھری تحریروں نے 'صرف باقر مہدی' کا روپ اختیار کیا ہے ان کی بیش قیمت تعاون کو بھی دخل حاصل ہے۔ یہ ایک خواب جیسی حقیقت ہے کہ جاوید صدیقی نے اپنے دفتر کا کمرہ شام کی نشست کے لیے مختص کیا اور باقر کے تعلق سے اپنی تحریروں کو میں نے یہاں پڑھا اور ہلکی پھلکی بحث میں الیاس شوقی اور محمد اسلم پرویز بھی شامل ہوئے۔ اس سے قبل بھی دونوں نے مجھے ساجد رشید اور وارث علوی پر نہ صرف مضمون لکھوائے بلکہ اسٹیج پر سے پڑھوایا بھی۔ اور ان مضامین کی وجہ سے میں قدر کی نگاہ سے دیکھا گیا۔

جاوید صدیقی نے ایک بار کسی سے میری تعریف میں ان الفاظ کا استعمال کیا، "یہ لکھتے تو کم ہیں مگر اچھا لکھتے ہیں۔" ان مہربانوں کا میں دل سے ممنون ہوں۔

میں شاداب رشید کا بھی شکریہ ادا کرتا ہوں۔ ان کے تعاون نے کتاب کی اشاعت کو سہل کیا۔ میں نے ان سے وقت بے وقت مسودات میں کمی وبیشی کے علاوہ اضافی عبارت کو اصل مضمون میں ملحق کروایا۔ ان کا ساتھ بہت کام آیا۔ شکر گزار ہوں۔

انتساب

اس کتاب کو میں ان یادوں کے نام معنون کرتا ہوں جو میرا دل کریدتی ہیں۔

☆

مندرجہ ذیل تحریر میری معنون کی ہوئی عبارت میں اضافہ ہے۔اسے قاری پڑھے یا چھوڑ دے اس کی مرضی پر ہے۔اس لیے کہ یہ یادیں خالص میری ذات سے تعلق رکھتی ہیں۔ان آزردہ خیالوں کے علاوہ جو یادیں ہیں ان پر بھی داغ ہیں کہ ان سے میری ہی ذاتی اغراض کی تکمیل ہوئی ہے اور جو ادھوری رہ گئی ہیں وہ اب حسرتیں کہلاتی ہیں۔ خارجی یادیں جن کی آنکھیں گواہ ہیں اور میرے مشاہدے میں آئی ہیں چاہے دنیا کی پست و بالا سے آگاہ کرتی ہوں، انھیں کچھ بھلا چکا ہوں اور کچھ یاد دہانی سے اجاگر ہوجاتی ہیں۔

'صرف باقر مہدی' کو میں نے اپنی نجی یادوں کے نام منسوب کیا ہے۔وہ پچھتاوے کی یادیں جو انسان کا جینا اجیرن کر دیتی ہیں۔انھیں یاد کرنا نہیں پڑتا آپ ہی سینے میں خنجر کی طرح دھنستی محسوس ہوتی ہیں۔اور دل و جان کو تلملا دیتی ہیں، عمر آخر کو دھندلا دیتی ہیں۔ چونکہ ردِّعمل بھی قدرتی ہے ایک نئے انداز سے زندگی گزارنے کا عزم پیدا ہوتا ہے۔ ایک اداس انسان کا جنم ہوتا ہے۔ چاہے تجربات پر دل مائل نہ ہو لیکن دنیا سے دلچسپی کم نہیں ہوتی۔اداسی نئی نظر، نئی تلاش، نئی خوشی کی راہ پر لے آتی ہے۔

امید کو جس چراغ سے تشبیہہ دی جاتی ہے اس کی باتی کی لَو کا اُجالا میں نے کم ہونے نہیں دیا ہے۔

ایک واقعہ

اس کتاب کو میں نے 'باقر کو یاد کرتے ہوئے' لکھا ہے۔ ان پانچ لفظوں کا جھرمٹ مجھے شمس الحق عثمانی نے عنایت کیا ہے۔ یہ بات دلّی شہر کی ہے۔ اردو ناول کے آغاز و ادوار کو عنوان بنا کر تین دن کا سیمی نار منعقد ہوا تھا۔ روح رواں تھے جناب گوپی چند نارنگ۔ الیاس شوقی بھی مدعو تھے۔ دلّی کا سفر مجھے کرنا تھا۔ ان کے ساتھ چلنے پر سفر کا شوق دوبالا ہوگیا۔ ان کے وسیلے سے شمس الحق عثمانی سے قربت حاصل ہوئی۔ باقر مہدی سے میرے مراسم نے مزید نزدیکی پیدا کی۔

میرے ممبئی لوٹنے سے ایک دن قبل کی بات ہے۔ انھوں نے ایک کتاب نذر کی اور اس کے پہلے صفحے پر ان الفاظ کو لکھ دیا، 'باقر کو یاد کرتے ہوئے' اور دستخط کر دیے۔ کیا یہ کم تھا میری آنکھوں کو غرق کرنے کے لیے۔

معمولی سی پُرمعنی زندگی

(خاکہ)

اگر انسان مٹی سے بنا تھا تو یہ مٹی تمام تر معدنیات سے مل کر بنی تھی۔ خالص مٹی اس کا صرف ایک جزو تھا۔ پانی نے ان سب کا گارا بنایا اور کہیں سے لہراتی ہوئی ہوا آئی اور سوراخوں کی راہ داخل ہو کر دھڑکن کا باعث بن گئی۔ طرح طرح کی جانوں کی دھڑکنوں کی وجہ زمین پر ہو یا پاتال میں لہرائی ہوئی ہوا ہی ہے جس میں ظاہراً جادو ہے۔ خود غائب بھی ہے اور موجود بھی۔ باقر بھی ایسے ہی گارے سے بنا تھا مگر لہرائی ہوئی ہوا نے انھیں کچھ زیادہ ہی لہرا دیا۔ اپنے ہی جیسے کسی گارے سے بنے ہوؤں سے مختلف ہی نہیں، اختلاف کو ترجیح دی۔ مضطرب رہ کر زندگی کو گزارنا پسند کیا۔ ماضی و مستقبل پر صرف حال کو اہمیت دی، جیسے زندگی کا نچوڑ لمحات میں ہے۔ رشتوں کی بھی قدر کی، کبھی گھل مل کر، کبھی لڑ جھگڑ کر اور کبھی دوستی کی تجدید کی اور زندگی گزارہ۔

مجھ سے عنایت اختر نے، جو کسی ایک وقفۂ حیات میں ان کا دوست رہا تھا جب موقعہ ملا کہا، مجھے باقر پر خاکہ لکھنا چاہیے چونکہ میری باقر کے تعلق سے لکھی عبارتوں کو پڑھ کر متاثر تھا اس لیے مجھ سے اسے باقر پر پُر اثر خاکے کی امید تھی۔ میں بھی خاکہ نگاری سے واقف ہونے لگا تھا۔ چند خاکوں کو پڑھا اور دیر تک ان کے تاثر میں رہا۔ ایک خیال آیا کہ خاکہ جیسا بے مایہ لفظ خاک سے نہ نکلا ہو۔ علامہ اقبال کا مصرعہ ہے 'یہ خاکی اپنی فطرت میں نہ نوری ہے نہ ناری ہے۔' پھر چند تنقیدانہ باتیں پڑھنے میں آئیں۔ معلوم ہوا چند ہی شخصی خاکے ایسے ہیں جو ادب کی ضمن میں آتے ہیں، ورنہ بہت سی غیر ضروری باتیں، تعریف یا عقیدت مندانہ تحریریں ہیں۔

باقر نے جب وارث علوی پر خاکہ لکھنا چاہا یوں اپنی مشکل کا ذکر کیا ہے۔ ''ایک صفحہ لکھنے کے بعد میں نے اردو کے چند خاکے پڑھے۔ اکثر خاکے ممدوح کے چند لطائف، دو ایک میلو

ڈرامائی مناظر اور شخصیت کے علم وفضل کی قصیدہ خوانی سے آگے نہیں بڑھتے ۔مکمل خار تو عصمت چغتائی نے لکھا ہے ُدوزخی ۔قرۃ العین حیدر کی عبارت بھی یاد آئی ۔اپنے والد سجاد حیدر یلدرم پر جو خاکہ ہے، لکھتی ہیں ''میں پوری کوشش کروں گی کہ جو کچھ ان کے بارے میں آپ کو بتلاؤں اس میں محبت کا وہ عنصر نہ آنے پائے جو تحریر کو رومنٹک دھند لکے میں چھپا دیتا ہے۔'' باقر مہدی پر خاکہ اپنی کتاب ُصرف باقر مہدی ٗ کا تقاضہ بھی تھا اور عنایت اختر کی خواہش کا خیال جو کبھی باقر کی انگلیوں کو پکڑ کرفٹ پاتھ پر چلا پھرا تھا۔اس کی خواہش تھی کہ اس واقعہ کو ضرور لکھوں انھوں نے فٹ پاتھ پر دو روپیہ پلیٹ پلاؤ ساتھ کھایا تھا۔میری باقر سے میل جول کی وجہ محمود چھاپرا تھا۔ ہماری واقفیت اسکول کے زمانے کی تھی شعر و شاعر سے بہت جلد جڑ جاتا۔نظم اور غزل گائیکی کا دلدادہ تھا۔جس نائٹ اسکول سے میں نے ایس ایس سی کیا اس نے دسویں کے بعد ناطہ توڑا۔ خاندانی کاروبار تھا۔چچا کے انتقال کے بعد ان کی خالی کی ہوئی جگہ کو صرف محمود پُر کرسکتا تھا مگر جو بات قابل غور ہے اس کی شعری حس کی اثر آفرینی ہے۔ پوری زندگی اپنی تجارتی اوقات کو چھوڑ کر شاعرو ادیب کے ساتھ گزار دی۔اس کا تمام ملنا جلنا اپنی میمن برادی کے چند اشخاص کے علاوہ صرف اردو دانِ ادب سے رہا جو یا تو تعلیم گاہوں کے مدرسین یا جن کے شب وروز کتابوں کے اوراق الٹنا اور قلم کاری تھا۔فخر سے کہتا اس نے اردو کے بڑے صاحب قلم حضرات کے برعکس اپنے بچوں کو اردو ذریعے تعلیم سے آراستہ کیا۔ اتفاقاً ہو کہ ارادتاً ان کے تینوں بیٹوں کی بیویاں اردو پس منظر کی ہیں اور بیٹی کے شوہر کی مادری زبان بھی اردو ہے۔محمود کا ذکر طویل ہو گیا ہے مگر اس خاکے کی ضرورت بھی ہے۔ باقر سے اس کی قربت مثالی ہے۔ان کی دل سے قدر کرنے لگا تھا۔اس میں جو والہانہ وابستگی پیدا ہوئی زندگی بھر جاری رہی۔اردو کو بحیثیت زبان درسی کتابوں میں پڑھا۔شاید اس میں شعر وادب کی قدر و قیمت کی حس پیدائشی تھی۔جتنی قدر کتابوں کی تھی اس سے زیادہ مصنفین سے کی۔ باقر کے علاوہ بھی کئی مشہور و مقبول شاعر و ادیب سے ذاتی مراسم کا حامل تھا۔ چند نام جو اس وقت یاد ہیں اختر الایمان، جاں نثار اختر، ندا فاضلی اور فضیل جعفری کے علاوہ دیگر کئی اہم شخصیات کا ان کے گھر آنا جانا رہا ہے۔ باقر سے تعارف کا واقعہ بھی

قابل ذکر ہے۔ علی گڑھ مسلم یونی ورسٹی کے کسی ادبی سیمی نار میں دو ایک ساتھیوں کے ساتھ شریک ہوا تھا۔ وہاں ایک شخص کو وائس چانسلر کے گلے میں ہاتھ ڈالے ٹہلتے دیکھا اور حیران رہ گیا۔ اس شخص کو مکتبہ کے آس پاس دیکھ چکا تھا۔ ساتھی سے پوچھنے پر جواب ملا ''ان کو نہیں جانتے... باقر مہدی ہے؟'' اس طرح باقر سے اس کی حیران کن آشنائی ہوئی۔ پھر اس نے کبھی تھمنے کا نام نہیں لیا۔ آشنائی روشنائی میں بدل کر قلم بند ہوگئی۔ چونکہ باقر کے ساتھ محمود کی دوستی پر گفتگو کا سلسلہ جاری ہے۔ خاکے کے اس باب کو ان کے دوستوں کی نذر کرتا ہوں۔ اس کی ایک خاص وجہ بھی ہے۔ باقر صرف دو تعارفی خطوط کو جیب میں رکھ کر اس شہر وارد ہوئے تھے۔ ملازمت منشانہ تھا۔ خطوط نے ممبئی سے متعارف تو کرا دیا لیکن اس کی شہریت باقر نے اپنی ذاتی صفات سے حاصل کی اور اسی بل بوتے پر دن کی مصروفیت اور رات بتانے سر پر چھت حاصل کرلی۔ دوستی دل لگا کر کی مگر اپنی منفرد شخصیت کو گڈ مڈ ہونے نہیں دیا۔ والہانہ رغبت ان کی مزاج کا حصّہ تھا۔ دوستی جلد عروج پر نظر آتی اور اگر زوال پر آتی تو بہت جلد سب سے نچلی سطح پر ہوتی۔ ان کی زندگی کے تمام پست و بالا ان کے دوست اور ان کی دوستی کے مختلف مراحل پر ہی موقوف ہیں اس لیے پہلے اپنی گفتگو کو ان کے دوستوں کو موضوع بنا کر ختم کرتا ہوں۔ ان کی چند رفاقتیں جن سے میرا واقف ہونا اتنا اہم نہیں جتنا باقر نے ان کو کتنی اہمیت دی اور کس سطح پر برتا کہ زندگی کی رنگینیوں میں اضافہ ہوا کہ اہمیت ہے۔ اگر ان کی زندگی کو مختلف ابواب میں بانٹوں تو شاید ان کے صبح و شام کو زیادہ عمدگی سے بیان کرسکوں گا۔ مگر پہلے چند تمہیدی کلمات۔ زندگی ہے تو جستجو ہے، کشش ہے، ربط ہے، انس ہے، آرزو ہے، ملن اور ملاپ میں آگہی دل ہے، وجود کی تسکین کا سامان ہے۔ باقر کی دوستوں میں گزاری زندگی بھی ایسی ہی عام آدمی جیسی ہی تھی۔ کہیں لکھا ہے۔ اس شہر میں اسے جو پہلا دوست حاصل ہوا وہ جاں نثار اختر تھا۔ ان میں گہری دوستی نے گھر کرلیا تھا۔ میں سمجھتا ہوں ان کی طبیعتوں میں یکسانیت تھی۔ سادہ دلی اور جتنے اچھے خود تھے دنیا کو بھی اسی نظر سے دیکھا ہوگا۔ اقتصادی انقلاب کی تمنا کی ہوگی۔ جتنا میں سمجھ پایا ہوں دونوں مزاجاً سادہ دل، شاید بھولے اور بناوٹ و تکلف سے پاک تھے۔ مجھے بھی اختر بھائی سے قریب

ہو کر کچھ وقت گزارنے کا ایک موقعہ ملا تھا۔ میں انیس سو باون اور ترپن میں انجمن ترقی پسند مصنفین کی ہر اتوار کی نشستوں میں برابر شریک رہا ہوں۔ میں نے دو تین بار اپنے ٹوٹے پھوٹے مضامین سنائے ہیں۔ ایک بار سامعین نے میرے حق میں ہاتھ اٹھا کر مجھے اپنا نمائندہ بھی منتخب کیا تھا۔ شاید مناسب نہ ہو اپنی کسی ذاتی واقعے کا ذکر باقر کے خاکے سے جوڑ کر بیان کروں۔ چونکہ اختر بھائی کی سادہ دلی کی ایک جھلک اس میں پاتا ہوں اس لیے برداشت کر لیجیے۔

میں نے کسی رسالے میں ان کی ایک نظم پڑھی، اس قدر اثر ہوا اٹھ کر اپنے ٹیبل پر گیا ایک مختصر تاثراتی مضمون اسی نشست میں مکمل کر کے اٹھا۔ اتوار کا انتظار کیا اور انجمن کی میٹنگ میں سنایا۔ مہندر ناتھ سے اچھی واقفیت ہو چکی تھی۔ اتفاقاً اس اتوار اختر بھائی بھی موجود تھے۔ ان پر مثبت اثر کا احساس اس وقت ہوا جب نشست برخاست ہوئی اور ہم ساتھ لوٹے۔ اس سے پہلے کبھی ہم کلام نہیں ہوا تھا۔ بلکل یاد نہیں ہے ہم کیسے ہم قدم ہوئے۔ کھیت واڑی سے آرکیڈ یا بلڈنگ تک کا فاصلہ پیدل طے کیا۔ راہ میں جو جملہ ادا کیا تھا ان کی سادہ دلی کا غماز ہے۔ اپنی سادہ لوح خواہش کا اظہار کچھ ان سے ملتے جلتے الفاظ میں کیا تھا ''کیا اچھا ہوتا جو تمام دکانوں کے چھجّے ایک جیسے ہوتے۔' اس وقت ہلکی ہلکی بوندا باندی ہو رہی تھی۔ میں ان کے ساتھ استاد خلیل کے اس کمرے تک گیا جہاں ان کا قیام تھا۔ لمبا کمرہ تھا۔ ایک چار پائی ان کی تھی۔ مقابل دوسری پر کوئی شخص لیٹا ہوا تھا۔ میں تھوڑی دیر وہاں رکا۔ میرے مضمون کا گہرا اثر ہوا تھا۔ بہت خلوص سے پیش آئے۔ 'زیرِلب' کی دو ایک عبارتوں کو خود پڑھ کر سنایا۔ پڑھتے وقت ان کی آنکھیں ڈبڈبائی ہوئی تھیں۔ یعقوب راہی سے معلوم ہوا باقر مہدی اور ان کا اس کمرے میں ساتھ رہا ہے۔ جاں نثار کی چار پائی کے نیچے باقر اپنا بستر لگایا کرتا تھا۔

میں سمجھتا ہوں ان کی گہری دوستی میں کچھ قدرت کا بھی ہاتھ تھا۔ خیالات ایک سے اور مزاجاً نرم واقع ہوئے تھے۔ میری پھر ان سے ملاقات نہ ہو سکی۔ نوکری پر لگ جانے کے بعد میرا ادب سے ناطہ ٹوٹ سا گیا تھا۔ چونکہ محمود کی مدد سے باندرہ میں میں نے بھی اس کے ساتھ ایک زیرِ تعمیر مکان میں گھر خریدا تھا اس کا پڑوسی ہو گیا۔ اس نے مجھے مکتبہ کی راہ دکھائی۔ وہاں کئی ایک

شاعراور افسانہ نگار سے پہچان ہوگئی اور ذرا ذرا باقر سے واقف ہوا۔ پھر محمود کے ساتھ ان کی ادبی نشستوں میں شریک ہوا۔کئی بار مکتبہ سے نکل کر ہم یعنی میں، محمود، یعقوب راہی، فضیل جعفری، ابوبکر مرچنٹ اور ذکریا شریف ٹیکسی کرتے، درمیان میں رک کر نشست کی لوازمات خریدتے اور ان کے گھر پہنچ جایا کرتے تھے۔لیڈر پریس کے احاطے میں ایک منزلہ پرانے طرز کا مکان تھا جس کا دو حصوں میں بٹا ہوا کمرہ ان کی قیام گاہ یا روز و شب کا ٹھکانہ تھا۔ یہاں کی شعر و ادب کی خوش گوار فضا میں وقت گزار کر ہم لوٹا کرتے۔کھانا کسی ہوٹل میں ہوتا۔کبھی باقر بھی ساتھ ہو لیتا اور پھر ایک ایک کرکے اپنی اپنی راہ پر لگ جاتے۔ان دنوں مکتبہ کو مرکزی حیثیت حاصل تھی۔سنیچر کی شام خاص ہوا کرتی۔ادیب و شاعر اور ادب کے شائقین یہاں جمع ہوتے۔شاہد علی خاں مکتبہ جامعہ کے مینجر تھے اور ہر دل عزیز تھے۔ان کے دلی لوٹنے کے بعد یہاں کی سرگرمی میں کمی آئی۔ یوسف کھتری جو سیلز مین تھے کسی وجہ سے ملازمت کھو بیٹھا۔اس نے اپنی ذاتی چھوٹی سی دکان اسی فٹ پاتھ پر بنالی۔ ہم مکتبہ سے نکل کر اس کی دکان پر بھی ٹھہرا کرتے تھے۔ باقر کو بھی اپنا مکان چھوڑنا پڑا۔ان کے اور مکان مالک کے درمیان چل رہا گھر کی ملکیت کا مقدمہ کورٹ میں داخل تھا۔جج نے باقر کو مکان مالک سے کوئی مخصوص رقم گھر کے عوض دلوا کر مقدمہ خراج کر دیا۔اور باقر باندرہ منتقل ہوگیا۔ یہ فلیٹ ان کی بیوی نے کبھی زیر تعمیر مکان میں قسطوں پر خریدا تھا اور ان کے بھائی یوسف نے نچلے منزلے پر ایک اپنے نام کیا تھا جہاں بہن فاطمہ رہتی تھی۔ ہم باقر سے ملنے باندرہ جایا کرتے۔ جیسے جیسے وقت بیتا وہ وقت بھی آیا ہم ہر سنیچر کی شام باقر سے ملنے جانے لگے۔اب ہماری تعداد کم ہو چکی تھی۔ابوبکر مرچنٹ اور ذکریہ شریف کے لیے فاصلہ لمبا تھا۔میری اور محمود کی رہائش باندرہ ہی میں تھی۔صرف یعقوب راہی، اندھیری سے آتا۔ فضیل بھائی اور باقر کے درمیان نا چاقی پیدا ہو چکی تھی۔اس کے باوجود کہ 'اظہار' کی اشاعتوں کی ادارت کو آپس میں بانٹ لیا تھا۔ پھر بھی اختلاف نے ان میں جگہ بنا ہی لی۔اصل وجہ کا مجھے علم نہیں ہے۔میں نے باقر اور فضیل بھائی میں اچھا ربط وضبط دیکھا ہے۔فضیل برہانی کالج میں پروفیسر تھے۔کسی کالج سے دوپہر بعد باقر قریب تھا اس کے ہاں چلے جاتے۔ایسی کوئی دوپہر کی

نشستی نوعیت ملاقاتی رہی ہے۔ بات چیت اور مئے کشی کا شغل بھی مقصد رہا ہوگا۔شعر گوئی اور مضمون نگاری میں دونوں مصروف تھے۔ وقت پرلطف موضوعات کی نذر ہوا۔مگر جب دوریاں درمیان میں آگئیں، دلوں کا فاصلہ بھی بڑھ گیا۔ باقر اور فضیل بھائی کی شخصیت کا ایک دلچسپ گوشہ مجھے اس واقعہ میں نظر آیا۔ایک بار اندھیری اسٹیشن کے پل پر میری فضیل بھائی سے اچانک مڈبھیڑ ہوگئی۔ انھوں نے مجھے دیکھتے ہی کہا ''باقر سٹھیا گیا ہے... کہتا ہے میں اس کا دوست نہیں ہوں۔'' مجھے کوئی معقول جواب سجھائی نہیں دیا۔چپ رہا اور فوراً چونکہ گاڑیاں وقت پر پکڑنی تھیں اپنی اپنی راہ لے لی۔مگر باقر میں ایک مختلف طرز عمل کو بھی میں نے محسوس کیا۔ انھیں صرف شام لال (اڈیٹر 'ٹائمز آف انڈیا') سے ملنے پوری تیاری کے ساتھ جاتے دیکھا۔ورنہ تمام دوست، نیم دوست یا ملاقات کے خواہاں ہی نے ان سے ملنے کی زحمت گوارہ کی ہے۔شام لال دانش ور تھے 'ٹائمز آف انڈیا' کے چیف اڈیٹر تھے۔حالاتِ حاضرہ پر سوچنا اور پھر کسی نتیجہ خیز انداز میں بیان کرنا صرف شوق اور وقت گزاری نہیں شب و روز کا فریضہ تھا۔اخیر میں اپنے اڈیٹوریلس کا مجموعہ بھی شائع کیا۔ان سے جب باقر متعارف ہوا تو ٹھان لیا اسے اپنا دوست بنانا ہے۔کسی مصروف ترین انسان سے جو مختلف ماحول کا پروردہ ہو۔انگریزی میں سوچتا اور لکھتا ہو اور جسے کسب فیض فکشن سے نہیں حقیقی دلائل پر مبنی کتابوں سے حاصل ہو ایسے شخص کو اپنی طرف مائل یا رغبت دلانا آسان کام نہ تھا۔

ایک مرتبہ یونی ورسٹی لائبریری میں بیٹھے تمام لوگ حیرت میں پڑ گئے۔ یہ ان دنوں کی بات ہے جب انھوں نے بیوی کی صلاح پر ایم اے میں داخلہ لیا تھا اور پورا دن یونی ورسٹی لائبریری یا آس پاس میں گزارا تھا۔ایک مرتبہ سب نے دیکھا شام لال لائبریری میں کسی کو ڈھونڈ رہے ہیں۔جا کر باقر کے پاس رک گئے تھے۔

میرے خیال سے اس طرح کے اذکار کے بجائے دو ایک واقعات پر اس دوستی کے احوال کو ختم کروں۔ بات اس وقت کی ہے جب شام لال ریٹائرڈ ہوکر دلی منتقل ہو چکے تھے۔ باقر سے ٹیلی فون پر ملاقات ہو جایا کرتی۔ایک دن ہوائی جہاز کا ٹکٹ خریدا اور دلی جا کر کئی دن

شام لال کے ساتھ گزارے۔ ان کی لائبریری بہت پسند آئی۔ کتابوں کی اچھی صفائی کی یعنی خوب پڑھا اور مستفید ہوئے۔ کچھ عرصے بعد ان کی فون پر نہ جانے کیا بات چیت ہوئی مجھے دلی کا کرایہ دیا کہ ہوائی جہاز کا ٹکٹ لے آؤں۔ دوبارہ ان سے ملاقات کا ارادہ کرلیا تھا مگر اس خواہش کو پورا نہ کر پائے۔ ان کی مرضی کے مطابق ٹکٹ دستیاب نہ تھا۔ پھر ایک دن اچانک بیمار پڑ گئے۔ شکر خون سے غائب ہو چلا تھا۔ بے ہوش ہو جانے پر پڑوسی نے مدد کی اور اُنہی کی سفارش پر کھارُ کے ایک اسپتال میں کرا دیا۔ جب مجھے خبر ہوئی شام کو اسپتال گیا۔ دروازے پر رکھے بینچ پر مسز مہدی بیٹھی تھیں۔ ہاتھ میں ٹفن تھا۔ ان کو لے کر اندر داخل ہوا۔ کئی سمتوں میں نظر دوڑا کر باقر کو ایک بیڈ پر لیٹا دیکھا۔ اس نے مجھے پا کر گھر جانے کی ضد پکڑ لی۔ ہیڈ نرس نے ان کے پڑوسی سے اجازت لے کر ڈسچارج کے پیپر بنا دیے اور ہم باقر کو لے کر گھر لوٹ آئے یہ سارا وقت میں نے محسوس کیا باقر کی فکر میں ان کی بیوی کے اوسان خطا تھے۔ تھوڑی دیر بعد باقر نے دلی فون کرنے کی خواہش ظاہر کی۔ شام لال سے ان پر جو گزر رہی ہے اسے کہنا چاہتے تھے۔ اور یہ بھی کہ اب صحیح میں دلی دور ہوگئی تھی۔ ان باتوں کو میں نے موبائل پر اپنے الفاظ میں کہا تھا اور انھوں نے کچھ یوں جواب دیا ’’میں باقر کا درد جانتا ہوں۔ وہ بے ہوش ہوگیا، وہ بول نہیں سکتا۔ سچ تو یہ ہے کہ ہم بیمار ہی نہیں بہت مجبور بھی ہیں۔‘‘

باقر نے شام لال کے بارے میں اپنی کتاب ’نیم رخ‘ پر صفحۂ اول پر ایک جملہ لکھا ہے جس نے میں سمجھتا ہوں ان کی دوستی کی قدر و قیمت میں اضافہ کر دیا ہے۔ لکھا ہے ’’افسوس ہے کہ جس شخص نے میری زندگی بدل دی یعنی شام لال ان کا خاکہ اس میں شامل نہیں ہے۔‘‘

ابھی تک جو میں لکھتا آیا ہوں جاں نثار اختر کا ذکر کافی حد تک چھایا رہا ہے۔ اس لیے اسے تکمیل کی صورت بھی دیتا چلوں۔ اس شہر میں جب باقر ابھی نئے تھے ان کی پہلی ملاقات اور پہلی دوستی اختر بھائی سے ہوئی تھی۔ وہ جاں نثار اختر کو اختر بھائی کہتے تھے۔ ان سے پہلے سے واقف تھے۔ لیکن وہ پہچان سرسری اور طالب علمی کے دور کی تھی۔ ممبئی میں بے تکلف ہوئے۔ اتفاقاً استاد خلیل کے کمرے میں دن رات کا ساتھ رہا۔ خوب خوب باتیں کیں۔ اشعار سے تخاطب کو

پُرلطف کیا۔ان کے اس شوق کو اپنایا جس نے لبوں سے لگ کر زندگی کا ساتھ نبھایا۔جب باقر نے مسکن بدلا ملنا جلنا کم ہوگیا۔مختلف راہوں کے راہی تھے۔اختر بھائی فلمی دنیا سے جڑے ہوئے تھے۔باقر کی معمولی سی پُر معنی دنیا ان سے مختلف تھی۔بہتر ہوگا باقر کے احوال کو پس پشت رکھ کر اختر بھائی کی بات مکمل کرلوں۔وہ جب اپنے مستقل گھر باندرہ منتقل ہوئے فلمی دنیا سے ہی جڑے رہے۔مگر یہاں جس کامیابی کی تمنا ہر شاعر کے دل میں ہوتی ہے انھیں حاصل نہ ہوسکی۔ باقر نے ان پر لکھے اپنے خاکے میں سرمایہ دارانہ استحصال اور اس کی فریب کاریوں کے درمیان لکھا ہے کہ کیا شہرت اور دولت حاصل کیے بنا زندگی نہیں گزاری جاسکتی، معمولی سی پُر معنی زندگی۔پر باقر اس جواب سے قاصر رہے کہ کیا اختر بھائی نے شہرت اور دولت کے لیے گھر چھوڑا تھا یا اردو کے ترقی پسند شاعر و ادیب کے ساتھ لال انقلاب زندہ باد کے نعرے میں اپنی آواز کو شامل کرنا تھا۔باندرہ منتقلی کے بعد ان میں سالوں تک ایک بے تعلقی سی رہی اور یہ خاموشی اس وقت ٹوٹی جب باقر نے اپنی اس بے قراریٔ دل کی دوا کی جو اختر بھائی سے تجدید ملاقات میں تھی۔

اختر بھائی کے باندرہ جابسنے کے بعد شاید دس سال باقر ان سے بے تعلق رہے مگر زندگی کے آخری چند سال وہ ان سے بہت قریب ہوگئے تھے۔دوستی گہری ہوتی گئی۔ان سے متواتر ملاقاتوں کا سلسلہ بندھ گیا۔سالِ نو اکثر انہی کے گھر منائی جاتی۔باقر نے ان کی اس دور کی شاعری پر ان خیالات کا اظہار بھی کیا ہے۔''ان کی شاعری پر پہلی بار نکھار آگیا تھا۔وہ نہایت ہی شوخ، زخمی اور اداس غزلیں کہتے تھے۔ایسا معلوم ہوتا تھا وہ آزاد فضا میں نئی پرواز کرنا چاہتے ہیں۔''مگر وقت نے ساتھ نہیں نبھایا۔۱۹۷۶ء میں ان کا انتقال ہوا۔اس سانحے نے اس بات کو بھی افشا کیا کہ باقر جتنا بے باک تھے اتنا ہی دردمند اور غمِ جدائی سے تڑپ جانے والا دل بھی سینے میں رکھتے تھے۔ان کی بیوی خیر النسا مہدی کی زبانی سنا وہ اختر بھائی کی میت پر اس قدر روئے انھوں نے ایک شخص کو دوسرے سے پوچھتے ہوئے سنا''یہ کیا رشتہ دار ہیں؟''

باقر کیسا نظر آتا تھا۔اس کا قد، پیشانی، آنکھ، ٹھوڑی، کوئی کھوٹ یا خوبی، میں سمجھتا ہوں

تصویریں جب ان کی اس کتاب کا حصہ ہیں، اگر سامنے، دائیں بائیں سے شکل وصورت عیاں ہیں پھر الفاظ سے ان کی شبیہہ کے نقوش کو کیوں ابھارا جائے۔ یا تو پھر یوں ہے الفاظ سے جو شباہت ابھرے گی زیادہ موثر ہوگی۔ کردار شناسی میں بھی شاید معاون ثابت ہو۔ بہرحال قد اونچا نہیں تھا۔ جسم توانا تو کچھ تھا مگر سڈول ہونے میں کچھ کسر رہ گئی تھی۔ ملبوسات سادہ سے تھے۔ گھر پر بنیان، کرتا اور پائجامہ اور آخیر عمر میں لنگی پہنتے تھے باہر پتلون قمیص تعداد میں کم ہونے سے ان کی باری جلد آجایا کرتی اور ملبوس شخص دور سے پہچان لیا جاتا۔ ان کے پاس ایک سیاہ کوٹ کو بھی استعمال ہوتے دیکھا ہے۔ سیمی نارو غیرہ کے علاوہ 'ڈربی ڈے' کے دن بھی پہن کر گھڑ دوڑ کا لطف اٹھایا ہے۔ آنکھوں پر سایہ دار سبز رنگ کی ٹوپی بھی پہنتے تھے، جسے امریکہ سے ان کی بیوی لائی تھیں۔ ڈاڑھی مونچھ باقر نے جب چاہا رکھا یا کتر دیا۔ ۱۹۷۱ء کی بات ہے۔ ظ۔ انصاری نے ماسکو سے ان کی سلیمان اریب کی یاد میں کہی غزل پر اپنے ردعمل میں لکھا تھا 'خدا کی قسم' جلال آ گیا یہ غزل پڑھ کر۔ تمہاری داڑھی کھسوٹ لینے کو جی چاہ رہا ہے (پتہ نہیں جائے واردات پر موجود ہے وہ داڑھی، یا بھاگ گئی) یعنی داڑھی سے وہ مستثنیٰ نہیں رہے ہیں۔ ابتدائی ادبی زندگی میں شیروانی بھی پہنی ہے۔ ظ صاحب کے تعلق سے ایک واقعہ یاد آیا۔ بات شاید لکھنؤ کی ہے۔ بمبئی کا منہ ابھی دیکھا نہیں تھا۔ ظ صاحب لکھتے ہیں ''شروع ہی سے میں باقر مہدی کے نام اور کلام سے متعارف تھا۔ غزل کے خلاف بھرے جلسے میں زور سے بول گیا تھا۔ ہر طرف ایک سناٹا تھا۔ اس خاموشی میں صرف ایک شخص تھا جس نے میرا گلا پکڑا۔ کتھئی رنگ کی شیروانی اٹھی اور میرا سارا پانی اتار دیا۔'' ویسے میں نے انھیں کبھی بمبئی کی زندگی میں شیروانی پہنے نہیں دیکھا۔ میں ظ صاحب سے بہت پہلے مل چکا تھا۔ پچھلی صدی کی باون ترپن کی ادبی نشستوں میں روبرو ہوا تھا۔ ہاشم خان جو میرا کلاس فیلو تھا ان سے تعارف کرایا۔ ناگپاڑہ نیبر ہڈ ہاؤس اور دیگر مقامات کی عوامی جلسوں میں ان کی ادیبانہ تقاریر سنتا رہا تھا۔ اپنے وقت کے بہت پسندیدہ ادیب تھے۔ لکھا کم مگر شہرت زیادہ ملی تھی۔ الفاظ کو ناپ تول کر ادا کرتے تھے۔ شاید ناگپاڑہ مستان تلاؤ کی تقریر میں اپنی شب بیداری کے لیے کہا تھا۔ ''نیند کی خاطر مطالعہ نہیں کرتا بلکہ اپنی آنکھیں ٹپکا تا ہوں۔''

انھیں بمبئی کی تگ ودو میں بھی دیکھ چکا ہوں۔ایک بار ہاشم خان کے ساتھ مجھ سے ملے کہ میں انھیں اپنی اسکول کے پرنسپل جناب فاروقی صاحب سے ان کا تعارف کراؤں۔اسکول کی مدرسی کی خواہش تھیں۔میں سالانہ اسٹوڈنس ڈے کا پرنسپل رہ چکا تھا۔انھیں فاروقی صاحب کے گھرلے گیا۔دونوں میں باتیں بھی ہوئیں مگر وہ مجھے اسکول میں ان کا تقرر نظر نہیں آیا۔باقر مہدی اوران میں بے تکلفانہ دوستی تھی۔میں اس دور سے کم واقف ہوں جب ان کے شب و روز میں یکسانیت رہی تھی۔جب بحث و مکالمہ کی خاطر کبھی مثبت خیال کی مخالفت یا منفی خیال کی حمایت اور کبھی ہم خیالی کی بوریت کو سہا ہوگا۔باقر کاان سے یارانہ تھا۔اپنی دوستی کو لطف کا باعث بھی بنایا۔ایک مرتبہ انھیں تنگ کرنا طے پایا۔ان کی کتاب 'غالب شناسی' کا اجرا تھا۔باقر سے قاضی سلیم اور گریش دمانیا سے مل کر ایک تقریر تیار کی۔اس تقریر کا نتیجہ یہ ہوا کہ جلسہ میں کھلبلی مچ گئی۔ایک جملہ سب کام کرگیا۔ظ۔انصاری کی تعریف میں لکھا تھا۔''اگر آپ ظ صاحب کی تعریف میں یہ کہیں کہ دریا بہادیے تو وہ خوش نہیں ہوں گے اور اگر یہ کہیں کہ تعریف کانلکہ کھول دیا تو وہ چہک اٹھیں گے۔'' نتیجتاً ظ صاحب نے ان سے ناطہ توڑلیا اور ایک مدت کے بعدان کی دوستی کی تجدید یوں کی گئی باقر نے کیلے کے درخت کا ایک بڑا پتا خریدا اور ظ صاحب کے گھرلے گیا۔ان سے کہا ''آپ نے ہمارا پتا کاٹ دیا تھا اب دوسرا پتالائے ہیں، قبول کیجیے اور اسے باقر، قاضی سلیم اور گریش دمانیا نے مل کر دروازے پر لٹکا دیا۔اس طرح ان کو منالیا۔ظ صاحب ایک مہلک بیماری کا شکار ہوئے۔ویسے ان کی عمر ابھی ایسی نہ تھی کہ موت جلد بازی کرتی۔عزیز قیسی کے ساتھ بھی ایسا ہی ہوا، دشمن جاں بیماری نے ان میں وقت سے بہت پہلے گھر کرلیا اور موت کو خبر کردی۔ایک اچھا شاعر اور فلمی اسکرپٹ کا ماہر ادیب اس کی جلد بازی پر حیران رہ گیا۔اس نے یعقوب راہی سے جب وہ اس کی عیادت کو گیا تھا بڑی جرأت سے کہا'' مجھے بھی موت کا انتظار ہے۔مجھے دیکھنا ہے کہ یہ کیا ہے، آیا میرا کچھ بگاڑ بھی سکتا ہے۔ان کا تعزیتی جلسہ خلافت ہاؤس کے ہال میں منعقد ہوا تھا۔بڑا ہجوم امڈا تھا۔باقر مہدی سے ان کی دوستی ہموار رہی تھی۔صرف ایک بار ماند پڑی۔ان کے گھر نشست تھی۔وقت سے کچھ پہلے پہنچ گئے۔گپ شپ کی خواہش رہی

ہو۔مگر قیسی کسی کے ساتھ کاروباری گفتگو میں مصروف تھا، کہہ دیا،"آپ وقت سے پہلے آگئے"۔ اس کے بعد شاید کبھی ان کے گھر کی خبر نہ لی۔ایسا نہیں کہ پھر کبھی ملے جلے نہیں مگر کبھی کارٹر روڈ پر علی الصباح سیر کرتے جوان کا سامنا ہوا رخ بدل کر گزر گئے۔

اسی سے ملتا جلتا واقعہ ان کے اور اختر الایمان کے درمیان بھی پیش آیا تھا۔ان میں گہری دوستی رہی تھی۔ان کی فکر وسخن پر پہلا مضمون باقر نے لکھا تھا اور مجھ سے کہہ کر انھیں دلی سکون حاصل ہوا تھا۔جب وقت کی تغیر طبع نے اپنا کام کیا، اختر الایمان اپنا کشادہ بینڈ اسٹینڈ کا گھر تبدیل کرنے پر مجبور ہوئے اور متبادل انھوں نے باقر کے مکان 'روی درشن' میں خریدا تھا۔گھر قریب ہو گئے۔ملنا جلنا بھی تھا۔ملاقاتوں نے کبھی طول بھی پکڑا۔باقر کے گھر نشستیں بھی ہوئیں۔ اکثر میری شرکت رہی ہے۔اختر الایمان پر ان کا مضمون کافی پُر مغز ہے۔ان کی تجزیاتی نگاہ نے قاری کو ان کے تخلیقی عمل سے بہت قریب کیا ہے۔ان کے منفرد اندازِ بیان کے تعلق سے لکھا ہے"ترقی پسند اور جدید شعرا سے ہٹ کر نئی طرزِ فکر کی راہ اختیار کی۔اپنی انفرادیت کی تشکیل کے لیے ایک نئے لب و لہجے کو جنم دیا۔" باقر نے پورے مضمون میں اپنی ذاتی قربت یا دوستانہ جذبے کو ظاہر نہیں ہونے دیا کہ ان پر لغزش قلم یا بے ربط گفتنی کا الزام عائد ہو۔صرف اختر الایمان اور ان کا فن چھایا رہا۔ان کی دوستی جب ٹوٹی ایک ہی واقعہ سبب ہوا تھا۔اس شام کی تاریخ مجھے یاد نہیں ہے۔جب میں باقر کا ہم نشین تھا،کس موضوع پر گفتگو تھی، کیوں مجھ پر اس واقعہ کی حقیقت کھلی، شاید ایک جملے نے پورا قصہ بیان کر دیا تھا۔ابتدائیہ یہ ہے کہ ان میں کسی شام جام مئے پر مل بیٹھنے کا اقرار ہوا تھا۔باقر کی عادت تھی وہ اپنی ملاقات کی خوش وقتی کا اہتمام و انتظام دنوں پہلے ذہن نشین کر لیتے تھے۔چاہے شام لال سے مل کر عالمانہ گفتگو ہو،کسی ہم عصر شاعر یا ادیب کی تشریف آوری ہو یا شائقین ادب یا ان کے مداح ہوں، ملاقات کا دن اور اوقات کا بہت خیال رکھتے تھے۔جب وہ اختر الایمان کے گھر داخل ہوئے کیا دیکھتے ہیں علی سردار جعفری ان کے سنگ محوِ شغل مئے نوشی میں شریک ہیں۔ان پر جو فوری ردِ عمل ہوا تھا اور کیا کہہ کر لوٹ گئے مجھے یاد نہیں ہے لیکن اس واقعے کے بعد ان کی دوستی قلب میں کرب بن کر رہ گئی۔پھر کبھی

ملے نہیں اور نہ شاید ہی کسی محفل میں مل بیٹھنے کا اتفاق ہوا۔

باقر مہدی اور وارث علوی کے درمیان دوستی مثالی ثابت ہوئی۔ باقر نے جیسے اس دوستی کو ترتیب سے پروان چڑھایا، جیسے کوئی تیرتھ یاتری نے پہاڑ کی چوٹی پر پہنچ کر جس کا درشن لیا اس سے مل بیٹھ کر خوب باتیں بھی کیں۔ اس کے معاملات میں مخل ہوا۔ کبھی ناراض ہوا تو کبھی سینے سے لگایا، مگر جب ایک طویل عرصہ گزار کر نیچے اترا پھر مڑ کر دیکھنے کی سعی نہ کی۔ وارث علوی سے بھی باقر نے ایسی ہی دوستی کی۔ لکھتے ہیں، ''ہماری کاغذی ملاقاتوں نے شدت اختیار کر لی تھی۔ اگر ہر ہفتے اس کا خط نہ آتا تو میں اسے تار دیتا تھا۔ اور ہم پھر ایک بار ملے۔ جامعہ ملیہ میں ایک سیمی نار منعقد ہوا جس میں ہم دونوں ایک کمرے میں ٹھہرے تھے مگر ساتھ ٹھہرنے کے باوجود ہم ایک دوسرے سے زیادہ باتیں نہ کر سکے۔ اس لیے کہ احباب کا حلقہ میں گھیرے رہتا تھا۔ تین راتیں، صبح تک محفلیں جمی رہتی تھیں۔ ہم اس کمرے سے الگ الگ جگہوں پر چلے گئے مگر شام کو اتفاقیہ ملاقات ہوگئی اور پھر پہلی بار وارث مست ہوگیا اور مجھے اسے لاد کر اپنے کمرے میں لے جانا پڑا۔ میری دو پسلیاں ٹوٹی ہوئی تھیں اور ابھی اچھی طرح جڑی نہیں تھیں اور ہم ایک سڑک کے پل پر بیٹھے تھے۔ میری سمجھ میں نہیں آرہا تھا کہ اس 'تن نازک' کو کیسے لے جاؤں گا۔ مگر کسی نہ کسی طرح میں 'ناتواں' اسے گھسیٹ گھسیٹ کر اپنے کمرے تک لے گیا۔ صبح وہ مجھ سے خوش بھی تھا اور شرمندہ بھی۔'' اس دوستی کی رفاقت چالیس سال تک چلی تھی۔ آخری دس سال مگر باقر نے خاموشی اختیار کر لی تھی۔ سمجھ میں نہ آنے والی کیفیت سے دماغ دو چار رہا۔ مگر جب بھی مواقع حاصل ہوئے یارانہ کو تعاقب میں پایا۔ وارث لکھتے ہیں، ''دو تین بار کسی سیمی نار کی وجہ سے ممبئی آئے تب باقر سے ملنے ان کے گھر گیا۔ پورا دن ساتھ گزارہ۔ دونوں خلوص و محبت اور بے تکلفی سے ملے۔ پہلے جیسی ہی باتیں کیں۔ احساس بھی نہ ہوا کہ ایک دوسرے کو بھولے ہوئے ہیں بلکہ ہمیشہ یاد کرتے ہیں۔'' اس دوستی کے زوال کو صرف ایک جملے میں ادا کر دیا، لکھا ''ہماری دوستی اس طرح ختم ہوئی جس طرح آدمی عمرِ طبعی کو پہنچ کر موت کی گود میں سو جاتا ہے۔''

باقر مہدی کے انتقال کے بعد وارث علوی نے ان پر تعزیتی مضمون لکھا جو باقر کی مرضی

کے خلاف تھا۔ باقر ان سے کہہ چکا تھا''میرے مرنے کے بعد مجھ پر کچھ نہ لکھنا''۔ مگر انھوں نے لکھا اور غلطی کا فوراً احساس بھی ہوگیا۔ ان جملوں پر مضمون کو ختم کیا''اب افسوس ہے اس کی موت کا بھی، اس مضمون کا بھی۔ اب خاموشی دومنٹ کے لیے اور شانتی، شانتی، شانتی۔''اس طرح انھوں نے اپنی غلطی سے فرار کی راہ اختیار کی۔

میں نے باقر کی شخصیت، کردار و عادت اطوار کے پرت در پرت پر اپنی نظر کے لیے وارث علوی کے مضمون سے مدد حاصل کی ہے۔ ایک نہایت ہی معروف نقاد اور قریب ترین دوست کے باقر کو جس نگاہ سے دیکھا اور اس کی ذات سے جو نتائج اخذ کیے ان کی ہی زبان انہی کے اقتباسات کی روشنی میں جس طرح عکس ریز ہیں ویسا ہی پیش کر دوں۔ وہ اوقات جو دونوں نے جن جذبات و التفات میں گزارے ہیں ان پر انھیں کا حق ہے۔ میں سمجھتا ہوں قاری بھی میری اس کوشش کو سراہے گا کہ وہ باقر کو وارث علوی کے الفاظ میں زیادہ بہتر سے جان سکا۔

وارث علوی کے الفاظ و احساسات:

- ''باقر کو مجھ سے گہری انسیت پیدا ہوگئی تھی۔ لوگوں کو تعجب تھا کہ ہماری دوستی کیسے نبھتی ہے، لیکن نبھی۔''
- ''آپریشن کے لیے مجھے مدراس جانا تھا۔ اسٹیشن کے لیے روانہ ہوتے وقت باقر نے مجھے گلے لگایا تو اس نے رو دیا۔ میرے داماد سے کہا اس کا خیال رکھنا اور واپس لے کر آنا۔''
- ''باقر مختلف المزاج لوگوں کی ذہنی سطح پر رہ کر ان سے باتیں کرسکتا اور انھیں دوست بنا سکتا تھا۔''
- ''باقر کی باتوں میں ایک عجیب مقناطیسی کشش تھی۔ دانشوری کے ساتھ ظرافت اور بذلہ سنجی گفتگو کو دل پذیر بناتی۔ احمد آباد کے قیام کے دوران اگر میرا کوئی گجراتی ہندو دوست اتفاقاً آجاتا تو اس کی باتیں سن کر حیرت زدہ رہ جاتا۔ 'کیا آدمی ہے'، رخصت ہوتے وقت وہ کہتا۔''
- ''باقر کو غصہ بہت جلد آتا اور وہ ناراض بھی بہت جلد ہوتا۔ مجھے حیرت ہے کہ میں اس کے عتاب سے کیسے بچ گیا ورنہ فضیل جعفری، عزیز قیسی، سریندر پرکاش اور نہ جانے کن کن لوگوں

سے اس کی بات چیت بند ہوگئی تھی۔''

● ''دہلی کے ایک سیمی نار میں شام کے مشاعرے میں ایک مرکزی وزیر سے باقر الجھ گیا۔ میں پنڈال کے باہر کھڑا تھا۔ نارنگ میرے پاس آیا اور کہا کہ یار باقر کچھ نہ کچھ ہنگامہ کردیتا ہے۔ میں سمجھا نارنگ بہت برہم ہوگا باقر پر لیکن اس نے بس اتنا ہی کہا۔''

● ''باقر میں دکھاوا بلکل نہ تھا۔ صاف گو اور حق گو آدمی تھا۔ تکلفات میں بلکل یقین نہیں رکھتا تھا۔ جن سے ملنا پسند نہیں کرتا آدھا کواڑ کھول کر کہہ دیتا کہ آپ نہ آیا کیجیے مجھے آپ سے ملنا پسند نہیں۔''

● ''باقر زندگی میں بے حد ہنسوڑ لیکن شاعری اور تنقید میں مقطع تھا۔ میں نے باقر کو ایک Problemetic Rebel کے طور پر دیکھا۔ اتنی زبردست حس ظرافت اور بذلہ سنجی کے باوجود اس نے نہایت مقطع تنقیدیں لکھیں۔''

● ''وہ بہت سی کتابیں نکال کر بتاتا اور پوچھتا یہ کتابیں پڑھی ہیں۔ میں کہتا نہیں، اتنی مہنگی کتابیں میں نہیں خرید سکتا۔ جب میں احمد آباد لوٹتا اور اپنا بیگ کھولتا تو وہ کتابیں بیگ میں موجود ہوتیں۔ باقر انھیں چپکے سے رکھ دیتا۔ میری آنکھوں میں آنسو آجاتے۔ یہ محض دوستی نہیں تھی، دوستی سے بڑھ کر کوئی چیز تھی۔''

● ''میرا آپریشن ممبئی میں ہوا اور ایک گردہ نکال دیا گیا۔ باقر روزانہ باندرہ سے چرنی روڈ ٹرین کے ذریعے میرے لیے لسّی یا جوس لے کر آتا۔ نرسنگ ہوم سے چھٹی ملی تو میں اور میری اہلیہ باقر کے فلیٹ پر تین روز رہے۔ خیری نے بہت خیال رکھا اور باقر بہت دلچسپ باتیں کرتا رہا۔''

● ''اس کا تو اصول تھا کہ جو آدمی کتابیں نہیں پڑھتا اس سے ملنا نہیں چاہیے، اس سے آپ بات کیا کریں گے۔ بہت سے نامور ادیبوں سے باقر نے ملنا ترک کردیا تھا یا کم کردیا تھا کیوں کہ دانشورانہ سطحیت کے سبب ان سے گفتگو ہو نہیں پاتی تھی۔''

یہ اس طرح کی امثال ہیں جن میں باقر اپنی جبلّی اور فطری جڑوں میں نمایاں ہے۔ میں

نے ان کی شخصیت کی وضاحت کے لیے بیانیہ کے بجائے ان چند واقعات کو معاون کیا ہے۔ میں سمجھتا ہوں انھوں نے میرے مقصد کے ساتھ پورا انصاف کیا ہے۔

خلیل الرحمن اعظمی کو باقر نے اپنا پہلا دوست کہا ہے۔ یہ اس چار سال کی دوستی کی طرف اشارہ ہے جو ان کی کالج کی طالب علمی کا زمانہ تھا۔ یکساں صلاحیتیں تھیں۔ ایک سا خیال اور خواب دیکھا تھا۔ شعر کہتے تھے۔ محرک وہ تحریک تھی جو پورے ملک میں پھیل چکی تھی۔ انجمن ترقی پسند مصنفین ادب میں انقلابی تغیر اور تبدیلی کا پیغام عام کر چکی تھی۔ ان دونوں کی دوستی بھی شہرت کی بلندی پر تھی۔ باقر نے لکھا ہے ''ہم نے ایک دوسرے کو بے پناہ چاہا۔ ہم یاجوج ماجوج کے نام سے مشہور رہو گئے تھے۔ دوسرے دور میں وقت نے اپنا کام کیا۔ ہم ایک دوسرے سے سالہا سال تک بے خبر رہے۔ ہماری دوستی کم عمری کے کچے پن کا شکار ہوگئی۔ مگر برا ہو ہماری جذباتیت کا کہ ہم ایک مختصر عرصے تک ایک دوسرے کے شدید مخالف بھی رہے تھے۔

ان چند سالوں کی دوستی نے باقر پر دیرپا تاثر مرتب کیا۔ زندگی میں پہلی بار جواں سال دوستی کا تجربہ ہوا تھا۔ لکھنے پڑھنے کے دن، کچھ بھی کر گزرنے کا جذبہ، انقلاب پر یقین کامل۔ ایسے ہی دور میں انسان خوش فہمی کا شکار پایا گیا ہے۔ ایک بار دونوں مار ڈالے گئے تھے۔ ۴۷ء کے فساد میں چلتی ٹرین سے دھکیلے گئے۔ کیچڑ میں گرے۔ باقر نے کسی طرح مدد حاصل کی۔ خلیل الرحمن اعظمی نے لکھا ہے ''ہوش آیا تو اپنے آپ کو جامع مسجد کی ایک کیمپ میں پایا۔'' دوسرا واقعہ ان کی گرفتاری کا پیش آیا تھا۔ باقر نے کافی تفصیل سے لکھا ہے۔ اختصار سے پیش ہے ''کمیونسٹ اور ان کے ہمدرد بھی گرفتار ہو رہے تھے۔ خلیل تو جیل چلے گئے اور میں فوراً اپنے دوستوں کی تلاش میں نکل پڑا۔ اسی رات میں نے خلیل کی گرفتاری پر ایک نظم لکھی۔ دوسرے دن ہم نے یونی ورسٹی کے انجینئرنگ ہال میں جلسہ کیا۔ جہاں میں نے یہ نظم پڑھی تھی۔'' باقر ان سے تعلقات کے منقطع ہونے کے اسباب بھی لکھ چکا ہے۔ یہ چند جملے اسی بات کو درشاتے ہیں۔ ''میری دوستی جتنی شدید تھی ان سے مخالفت بھی اتنی ہی شدید تھی۔ میں نے لکھنؤ یونی ورسٹی میں داخلہ لے لیا۔ کیوں؟ شاید علی گڑھ سے عاجز آگیا تھا۔ شاید مجھے خلیل سے تعلقات ختم ہونے کا ڈر تھا۔ بہر حال

۱۹۵۰ء کے بعد خلیل سے میری خط و کتابت ختم ہوگئی۔ وقت سالہا سال میں گزر گیا۔ پہلے تو تلخی اتنی بڑھی کے اتفاقیہ ملاقات بھی نظر انداز کر دی گئی۔ پھر دو ایک ملاقات میں ازالہ ہوا۔ خلیل نے اپنے آخری خط کے اخیر میں لکھا،''تمھارا پرانا خلیل۔''

دوستوں پر باب بہت طویل ہوگیا ہے۔ جانے ایسے کتنے دوست ہوں گے جن کے ساتھ لمبے دوستانہ روابط رکھا ہو۔ پھر کسی دن کہہ دیا،''بہتر نہ ہوگا جو ہم آئندہ نہ ملیں'' یا کسی سے مل کر اتنی یادیں دل میں جمع ہوئیں کہ رو پڑے ہوں۔ ایک واقعہ تو مجھے یاد بھی ہے۔ معروف طنز و مزاح نگار مجتبیٰ حسین جن سے جب دہلی جاتے ملے بغیر نہ لوٹتے۔ اپنے مضمون میں لکھا جب وہ ان کی عیادت کو گئے وہ اس قابل نہ تھے کہ زبان سے لفظ بنا سکیں۔ نہ جانے کیسی آوازیں منہ سے نکلیں۔ آنکھیں آنسوؤں سے بھری تھیں جب مجھے گلے لگایا۔

باقر مہدی لکھنؤ سے لگے ردولی میں جنمے تھے۔ یہ جگہ اعلیٰ جنمے لوگوں کی آماجگاہ ہے۔ انکا بھی تعلیم سے لیس، علم دین کا گہوارہ، شعر و سخن کا دل دادہ زمین دار گھرانہ تھا۔ ان سے کبھی بچپن کے بارے میں باتیں نہیں ہوئیں۔ ان کی کسی نظم سے ممکن ہے پرانی یادیں جھلک آئیں جیسے ایک کالی نثری نظم کے یہ چند مصرعے ہیں۔

صدیوں بعد
میں اپنی پرانی حویلی میں داخل ہوا تو آئینہ وقت حیران رہ گیا
مجھے لمبی چوڑی بارہ دری میں جاتے ہوئے جھجک سی محسوس ہوئی
یہاں سالہا سال پہلے میں لرزتی ٹانگوں کو سنبھالتے ہوئے آہستہ آہستہ آتا تھا
مجھے اپنا پہلا سبق یاد آیا
بغاوت کا پہلا سبق
میں نے غصے میں آ کر اپنی پہلی کتاب چاک کر کے ہوا میں اڑا دی تھی۔

ان کی بیوی خیر النسا مہدی ایک بار ان کے وطن گئی تھیں۔ اپنی کسی مضمون میں لکھا انھیں بہت حیرت ہوئی کہ باقر نے کیونکر اپنا گھر، زمینداری، کھیت اور باغات اتنی آسانی سے ہمیشہ

کے لیے چھوڑ دیا۔ یہ ان کی عمر کا وہ زمانہ تھا جب باقر کو اپنے قول وفعل پر قابو حاصل ہو چکا تھا۔ گھر اور سماج، استحصال واقتدار اور شخصی آزادی پر بہت واضح نظر کے حامل ہو چکے تھے نہایت فیصلہ کن ارادے کے ساتھ ممبئی شہر کی شب وروز میں شامل ہو گئے۔

باقر کے اس اقدام پر ان کی بیوی نے جس حیرت کا اظہار کیا تھا اس کا عالمانہ اور راست تجزیہ پروفیسر احتشام حسین نے اپنے 'شہر آرزو' کے پیش لفظ میں یوں کیا ہے۔

زمینداری، مذہبیت، قدیم وجدید کی آویزش، پاسِ وضع اور آدابِ زندگی کے معین اقدار سے باقر کو جو ملا اس کا بیشتر حصہ ان کے ذہنی افق کو روشن کرنے کے بجائے ابر آلود بنا رہا تھا۔ اس کش مکش نے متوسط طبقے کے اکثر نوجوانوں کے ذہنوں پر عجیب وغریب اثرات مرتب ہوئے۔ گھر کی اس فضا کے باہر بھی کش مکش اور آویزش کی ایک فضا تھی اور نظریوں، عقیدوں، فلسفوں اور خیالوں کا تصادم کچھ کم نہ تھا۔ بنے بنائے راستے یا تو مٹ چکے تھے یا اس قدر پیچیدہ ہو چکے تھے کہ ہر چار قدم کے بعد انسان کسی دوراہے پر پہنچ جاتا تھا۔ ذہین، حساس اور آزادی پسند انسان کو جس کی عقل پر جذبہ غلبہ حاصل کرنے کی کوشش کر رہا ہو، افتادِ مزاج خودگری اور خودنگری کا تقاضہ کرتی ہے اور حالات کسی دامن سے وابستہ ہو جانے پر مجبور کرتے ہیں۔ باقر مہدی نے بڑی جرأت سے ان تمام حالات کا مقابلہ کیا اور اپنی راہ تنہا طے کرنے کی کوشش کی۔'' باقر نے پچھلے زندگی سے ناتا توڑ لیا۔ رسم وروایت وروابط کو ترک کر دیا اور سیکڑوں میل دور شہر ممبئی کو اپنی باقی زندگی دے دی۔ امید وبیم کے درمیان اپنی ذات پر اتنا بھروسہ تھا کہ مستقبل سے لایقینی ان کے پیر نہ ڈگمگا دے۔ کھانے کے لیے غذا اور سونے کے لیے فرش سے ہمیشہ پر امید رہے۔ اجنبی سے انسان دوستی اور ضرورت مند کے کام آنے کی انسانی جبلّت مددگار ثابت ہوئی۔ پھر تعارفی خطوط بھی کچھ کام آئے۔ دولت وشہرت نہ سہی معنی خیز کامیاب زندگی ہمیشہ فرمابردار رہی۔

باقر مہدی کی ذات ونفسیات پر پروفیسر احتشام حسین کا زبردست اثر رہا ہے۔ ان پر باقر کا لکھا خاکہ 'ایک جواں برگد کی موت'' سے ان کی گہری ذہنی اور قلبی قربت کا پتا چلتا ہے۔ ان کا برگد

کے درخت کا استعارہ خود آپ میں کھلی کتاب ہے۔ باقر نے جرأت مندانہ قدم اٹھایا۔ والد سے اختلاف طوفان برپا کر چکا تھا۔ جدائی ہر فرد خانہ سے مول لی، بہن کے ہاتھ سے دامن چھڑایا۔ اس جدائی کی دلگیر کیفیت کو انھوں نے اپنی نظم 'نئے انداز کا غم' میں سمو دیا ہے۔ بند پیش ہے۔

اپنا گھر، اپنا وطن چھوڑ رہا تھا جس دم
ہر نفس جہد مسلسل کا خیال آتا تھا
تیرے آنسو میرے دامن سے لپٹ جاتے تھے
ہر قدم صبر کی منزل سے گزر جاتا تھا
میں تجھے اپنے عزائم کا سہارا دے کر راز ہستی نئے انداز سے سمجھاتا تھا
کیا خبر تھی کہ ہیں یہ آخری باتیں اپنی
جانے کیا سوچ کے ملنے کی قسم کھاتا تھا
آج تک یاد ہے وہ آخری ساعت مجھ کو
جب کہ اشکوں میں تبسم کی چمک پاتا تھا''

محبّان کی ہتھیلیوں پر امید کو سجا کر رکھا۔ گھر آنگن سے آنکھ پھیر لی۔ زندگی کے ایک طویل دور کو جس پر گھنے درخت کا سایہ تھا، نرم مٹی کی پگڈنڈی تھی جس راستے لوٹو راہ کی سمت گھر کی طرف نکلتی تھی۔ میں سمجھتا ہوں باقر نے گھر سے پلٹ کر جس راہ پر قدم رکھا سخت جاں اور صبر آزما تو تھا ہی، اس نے قوتِ عمل کو جلا دی، شخصیت کو پختگی دی اور کردار کو رنگ دار کیا۔ جسے سہارا ہونے کا موقعہ عطا کیا تاکہ خوف پر حاوی ہونے کا ہنر حاصل ہو۔ دو ایک تعارفی رقعے جیب میں آنکھ بند کیے لیٹے رہے۔ پروفیسر احتشام حسین نے اس تبدیلیٔ حیات اور بلکل مختلف منظر نامے کی حقیقی وجوہات کو نہایت آسان الفاظ میں بیان کیا ہے۔ ان کی سچ پر مبنی زبان و بیان کو دیکھیے۔

''گھر کی حالت میں وہ تضاد پیدا ہو چکا تھا جس میں حقیقت اور خیال کے درمیان جنگ رہتی ہے۔ خاندان اور ملنے جلنے والوں کا ماحول اس قدامت پسندی اور اخلاق پرستی سے بنا تھا، جس میں آزادیِ خیال اور آزادیِ فکر کے لیے مواد نہیں مل سکتا لیکن بغاوتوں کے لیے مل سکتا ہے۔''

ایک اور شخصیت آل احمد سرور کی ہے باقر نے ان کی نسبت لکھا ہے،''سرور صاحب نے میری ابتدائیہ زندگی میں سب سے زیادہ ہمت افزائی کی ہے۔'' یہ وہ زمانہ ہے باقر اپنی اس دنیا سے ناواقف تھے جو ان کے سامنے منتظر کھڑی تھی۔ ان سے سرور صاحب نے ترقی پسند شاعری پر تفصیلی مضمون لکھوایا تھا جسے 'اردو ادب' (۱۹۵۲ء) میں شائع کیا اور معاوضہ سے بھی نوازا۔ اس سے باقر کی شخصیت میں نکھار آنا شروع ہوا۔ ترقی پسند مصنفین کی انجمن کے بانیوں میں سے تھے اور ان کے قریب ترین دوست خلیل الرحمن اعظمی نے سکریٹری کے فرائض انجام دیے۔ انجمن کی ادبی تحریکات اور کمیونسٹ پارٹی سے ہمدردی کے الزام میں جب گرفتار ہوئے۔ باقر کو انقلابی نعرہ بلند کرنے کا موقعہ ملا۔ نظم کہی۔ گرفتاری کے دوسرے دن ہی یونی ورسٹی کے ایک ہال میں جلسہ منعقد کیا۔ نظم پڑھی۔ ڈاکٹر ذاکر حسین صاحب سے درخواست کر کے انھیں جیل سے عارضی رہائی دلوائی کہ امتحان میں شریک ہو سکیں۔

باقر کا یہ جوشیلا انداز زندگی ان کی اگلی دنیا میں بہت سی تبدیلیوں کا باعث بنا۔ آل احمد سرور کا ایک طویل خط و کتابت کا سلسلہ بھی ہے جس نے باقر کو خود سے باندھے رکھا۔ ان کے پہلے خط کو باقر نے اس کی لفظی اور خیال کی مسرور کن تاثر کی وجہ سے اپنے پاس محفوظ کر لیا تھا۔ آپ کے لیے بھی پیش ہے۔

''چند روز ہوئے تمھارا خط ملا۔ اسے پڑھ کر چنداں حیرت نہیں ہوئی۔ تم ابھی لکھنؤ کی بھری محفل سے اٹھ کر گئے ہو اور کچھ دن علی گڑھ کی خاموش اور پرسکوت فضا تمھیں پریشان کرے گی خصوصاً وہاں کی شامیں۔ شام تو لکھنؤ کے علاوہ کہیں ہوتی نہیں دن کے بعد رات فوراً شروع ہو جاتی ہے۔''

اس خط پر تاریخ ۲۳/اکتوبر ۱۹۵۴ء کی پڑی ہے۔ باقر نے اپنے تاثر میں ایک جملے کو لکھا ہے''وہ میرا اتنا خیال رکھتے تھے۔'' باقر کی زندگی دو دنیاؤں کی نذر ہوئی، ایک گھر سے ناتا توڑنے سے پہلے کی اور دوسری اس سے الگ ہو کر شہر ممبئی کو اپنا لینے کی۔ وہ پہلی کی بنسبت دوسری میں دوگنا زندہ رہے، اپنا سہارا آپ بنے اور دوسرا سہارا جو گاہے گاہے اپنا احساس

کرا تا رہتا تھا سرور صاحب کا مشفق اور ہمدردانہ رویہ ہے جس نے خطوط کے ذریعے دونوں کو اس مستحکم رشتے میں جوڑے رکھا۔ ان کی شادی پر سرور صاحب نے چار صفحات کا طویل خط لکھا۔ اگلے مہینے جب وہ مع بیوی علی گڑھ گئے۔ سرور صاحب نے شعبۂ اردو میں ایک ادبی نشست بھی رکھی۔ سرور صاحب نے انھیں لاتعداد خطوط لکھے ہیں باقر نے لکھا جب بھی وہ ان خطوط کو پڑھتے ہیں ان پر صاف گوئی، طنز، شفقت اور خلوص کی بارش ہوتی ہے۔ ایک تعارفی خط روانہ ہوتے وقت بیدی صاحب کے نام دیا تھا جسے سب سے بڑا احسان مانا، جسنے یہ جادو کیا کہ آہستہ آہستہ ان کے مراسم بڑھتے ہی چلے گئے اور موت کا سانحہ ہی انھیں جدا کر پایا۔ باقر نے ان کی یاد میں کہی نظم میں جیسے وعدہ کیا ہو کہ وہ جلد ہی ان سے ملنے آئیں گے۔

جیسے جیسے میں باقر کی شخصیت کو سمجھنے کی کوشش کرتا ہوں وہ مجھے اپنے دوستوں میں زیادہ عیاں نظر آتے ہیں۔ جیسے ان کی شخصیت کو ان کے بعض نہایت قریبی دوستوں سے تقویت پہنچی ہے دانستہ ان سے ملی جلی ملاقاتوں کی مدد سے اپنی من چاہی شخصی بلندی کو حاصل کیا اور انھیں اپنی ذات سے کسب فیض کا موقعہ فراہم کیا۔ ذاتی مطالعے کو ان کے ذہن وفکر سے جوڑ کر مکمل زندگی کی تسکین کا سامان حاصل کیا اور اپنی جداگانہ ہستی کی تشکیل کی۔ خود ہی مستقل دوستی کے متمنی اشخاص سے فاصلہ بنائے رکھا اور جس سے بے تعلق ہونا چاہا اسے کہہ دیا۔ آپ مجھ سے نہ ملیں۔ مگر ان نوجوانوں کی جنھوں نے قلم کو زندگی کا ساتھی بنالیا تھا ان پر اپنے گھر کا دروازہ ہمیشہ کھلا رکھا۔ ان میں اپنی علم وفہم کو بخوشی تقسیم کیا۔ ان میں کئی نام ایسے ہیں جن کا ادبی دنیا میں اب نام بھی اور مقام بھی حاصل ہے۔ بعض مشہور ادیب وشاعر جو ہم پیالہ بھی تھے مگر کچھ عرصہ گزر جانے کے بعد کوئی ایسی بات درمیان میں حاصل ہوئی جن کو ہٹانے کی بہت کم کوشش کی۔ ان میں بعض ناموں سے میں واقف ہوں۔ معروف ہستیاں ہیں۔ جیسے ندا فاضلی، فضیل جعفری، یوسف ناظم، قاضی سلیم، الیاس شوقی اور وہ جن سے میں واقف نہیں ہوں۔ جب مجھ سے یہ کہہ کر ''کیوں نہ ہم نہ ملیں'' تعلق ترک کیا تو اس کی تجدید بھی کی تھی۔ میرے نام نظم لکھی جسے میں نے 'کتاب نما' میں پڑھا اور دوبارہ رشتہ استوار کرلیا۔

الیاس شوقی کو بھی کسی ادبی تقریب میں پایا اور گھر بلا کر اخیر دم تک کی دوستی کا جیسے وعدہ لے لیا۔ اس دوسرے دور کی دوستی کی ابتدا اکیسویں صدی کی شروعات میں ہوئی۔ 'نیا ورق' میں باقر پر انور ظہیر خان کا خاکہ چھپا تھا۔ باقر کو پسند نہیں آیا۔ بیوی بھی ان کی ہم خیال تھیں۔ اس خاکے سے میں نے اپنی ناپسندیدگی کا اظہار ایک خط لکھ کر کیا جو ساجد رشید کے نام تھا۔ ان سے اگلی بار جب ملا دونوں میاں بیوی نے سنا۔ باقر خاموش رہے، بیوی نے پسند کیا اور اسے اگلے شمارے میں ساجد رشید نے 'نیا ورق' میں شائع کیا۔ یہ پہلا واقعہ ہے جب میں نے باقر کے تعلق سے لکھنا شروع کیا۔ میرا پہلا مضمون ''دوستی کی ایک علامت... باقر مہدی''، 'کتاب نما' میں شائع ہوا تھا۔ یہ اور اس کے بعد کی تمام تحریروں سے مل کر 'صرف باقر مہدی' بنی ہے۔ بعض مشہور و معروف ہستیاں وہ بھی ہیں جو دوستی کی معیار پر پوری اتریں جن کے بغیر باقر کی زندگی کو پڑھا نہیں جاسکتا۔ ان سے مل کر باقر کا کردار مکمل ہوا۔ میں سمجھتا ہوں اگر باقر کی زندگی کو ان دوستوں سے الگ کر کے پرکھا جائے تو کہنے کے لیے کچھ نہ رہ جائے۔ یہ نام ہیں جاں نثار اختر، شام لال، وارث علوی، راجندر سنگھ بیدی اور اختر الایمان۔ ان سب سے باقر کی آخری سانسوں تک نبھی، سوائے اختر الایمان کے۔ ان سے جب دوستی تھی تو بہت گہری رہی مگر جب ٹوٹی تب جڑنے لائق نہ رہی۔ انھوں نے دوستی کو کیوں دہرایا نہیں میری قیاس کی باہر کی چیز ہے۔ باقر مہدی کا وہ دور جب وہ علی گڑھ اور لکھنؤ میں اعلا تعلیم حاصل کر رہے تھے انھیں پروفیسر احتشام حسین اور آل احمد سرور کا ساتھ ملا۔ جن کی شفقت کا سایہ برگد کے درخت کے مترادف تھا۔ جس کے سائے میں زندگی تکمیل کی راہ پر لگی۔

پروفیسر احتشام حسین نے باقر کی شاعرانہ صلاحیت کے بارے میں 'شہر آرزو' کے پیش لفظ میں لکھا:

''باقر نے اپنے پہلے مجموعۂ کلام کا نام 'شہر آرزو' رکھا ہے جو ان کی فکر اور فن کے بہت سے پہلوؤں کی نمائندگی کرتا ہے۔ یہی نہیں، اس سے ان کے بہت سے جذباتی اور ذہنی میلانات اور تجربات کا سراغ بھی ملتا ہے۔''

دوسرے شخص آل احمد سرور ہیں جنھوں نے جب اپنا شعری مجموعہ ذوقِ جنوں عنایت کی اس پر لکھا، ''عزیز باقر مہدی کی خدمت میں جن سے اردو ادب کی بہت سی توقعات وابستہ ہیں۔'' ان میں اور باقر میں ذہنی اور فکری سطح پر یکسانیت سی پیدا ہوگئی تھی۔ تبادلۂ خیال پر آمادہ نظر آتے۔ ایک بار جب سرور صاحب امریکا سے لوٹے تھے جس کھلے دل سے باقر کو خط لکھ کر احوالِ دل و دنیا کا اظہار کیا ہے، پڑھنے لائق ہے۔

''چھ مہینے امریکا میں رہا۔ زیادہ تر وقت شکاگو یونی ورسٹی اور مطالعہ اور کچھ لکھنے میں گزرا۔ ماحول سخت سیاست زدہ ہے۔ طلبہ میں مجھے ذہانت اور حیرت و فکر نظر آئی ہے۔ اپنے میکانکی اور نمائشی ماحول سے سخت بیزار ہیں۔ جنس کے سارے قیود سب ٹوٹ گئے ہیں۔ منشیات کا استعمال عام ہے۔ سیاہ فام لوگوں میں غم سے زیادہ غصہ ہے۔ مجھے Newyork Book Review پسند آیا۔ TLS سے بہتر ہے۔ تمھاری Susan Sontag کی نئی کتاب نکلی ہے۔ میں نے بھی خریدی ہے۔ شکاگو میں ایک غزل کہی ہے۔ ایک شعر میری کیفیت کی ترجمانی کرتا ہے۔''

باقر اور سرور صاحب کے درمیان بھی خشکی تعلق کا دور آیا تھا۔ 'اظہار' کے پہلے شمارے کے بعد کی بات ہے، سرور صاحب نے خاموشی اختیار کرلی تھی۔ باقر نے اس خفگی کی وجہ سے خود کو لاعلم بتایا ہے۔ میرے نزدیک اس سے زیادہ حیرت خیز کوئی بات ہی نہیں ہوسکتی۔ یہی ایک موقع ہے جب باقر کو اپنی ذات پر حیرت ہوئی ہے اور خود پر مشکوک نظر ڈالی ہے، کہا ''ضرور میں نے ان کی بمبئی کے سفر میں دو ایک طنزیہ جملے کہے ہوں گے۔'' خود ہی غالب کے اس شعر کو خود سے منسوب کرکے اپنے پر ہی نکتہ چینی کی ہیں۔

گرمی سہی کلام میں لیکن نہ اس قدر
کی جس سے بات اس نے شکایت ضرور کی

باقر ۱۹۵۴ء کے اخیر میں شہر بمبئی میں ایک افسانوی کردار کی طرح آئے جیب میں تھوڑے سے پیسے، دو تعارفی خطوط اور سامان سفر ایک صندوق جسے اسٹیشن کے Luggage Room میں رکھ کر شہر کی سڑک پر تو آگئے، سر پر آسمان کا سایہ ناکافی پایا جس سے ان کی ذات

کو قبولیت کی امید تھی اس کی تلاش میں بھنڈی بازار آئے اور اس طرح زندگی کی تگ و دو میں شامل ہوئے۔ یہ دنیا پچھلی سے الگ تھی۔ اونچے مکان تھے، سڑکیں چوڑی تھیں۔ ان کے لیے ان جگہوں میں کوئی خاص فرق نہیں تھا۔ ادھر اور اُدھر کی دھول اور ہوا ایک جیسے تھے۔ مقامات کی دوریاں تھیں مگر دنیا کی گولائی نے قریب کر دیا تھا۔ اگر کوئی ایک سمت میں سفر کرتا رہے تو اپنے چھوڑے ہوئے مقام پر لوٹ آتا ہے۔ دنیاؤں کا فرق صرف اس میں اور اس میں ہے جنھیں زمین اور آسمان کہتے ہیں۔ یہاں انسانوں میں اقرار و انکار و تکرار ہے، وہ دنیا ان سب سے پاک ہے۔ نہ روزی کمانا ہے نہ چاند اور سورج کے مطابق رہن سہن کا رواج ہے۔ وہاں صرف سزا اور جزا ہے۔ صرف رونا یا خوش رہنا ہے۔ باقر کا اس دنیا پر یقین نہیں تھا۔ اسی خیال و ایقان اس دنیا میں اپنی اگلی زندگی کی ابتدا کی۔ بے سہارا، بے گھر اور بے سمت تھا۔ مدد درکار تھی۔ دھیرے دھیرے شہر نے انھیں اپنا بنا لیا اور اب ہمیشہ کے لیے اپنی مٹی میں ملا لیا ہے۔

باقر نے اس شہر میں اپنی زندگی کو مکمل طور پر گزارا۔ ہر خواہش دھیرے دھیرے پوری ہوتی گئی۔ اپنے دل و دماغ کی تسکین شعر کہہ کر اور تنقیدی مضامین لکھ کر کی۔ کئی کتابوں میں خود کو محفوظ بھی کر لیا۔ صاحب ذوق و شوق نے ہم نشینی کے اسباب پیدا کیے۔ ادب میں نئے وارد حلقہ بگوش ہوئے۔ کئی ادیب و شاعر نے دوستی استوار کی۔ کئی شائقین ادب جنھیں باقر نے مخلص پایا ان کی قدر کی اور وہ دم آخر تک ان کا دم بھرتے رہے اور چند سے جن سے مل کر دلی قرار میں خلل پڑنے کا ڈر پیدا ہوا ان سے دلی منشا کو چھپائے بنا صاف گوئی سے کام لیا اور کہہ دیا ''بہتر ہوگا جو ہم نہ ملیں'' یا ''آپ چلے جائیے۔''

ابھی وقت چار سال کے قریب ہی بیتا تھا شادی کی ضروری باتیں عمل میں آگئیں۔ ایک قابل کالج کی پروفیسر سے ملاقات ہوئی۔ کسی ادبی تقریب میں باقر مہمان خصوصی تھے۔ اخیر میں اپنے اشعار سنائے۔ وہ محترمہ بھی موجود تھیں۔ اشعار نے مع باقر ان کے دل میں جگہ بنالی۔ انھیں اپنی پی ایچ ڈی کی ڈگری کے لیے ان کی طرف رجوح ہونا پڑا، ملاقاتیں بڑھیں، دونوں قریب آئے اور باقر نے تذبذب میں الجھ کر وقت ضائع کرنا مناسب نہ سمجھا۔ شادی کی پیش کش کی،

انھوں نے بھی ہاں کہنے میں دیر نہ کی۔ باقر نے اس عرصے میں گھر بسانے کے لیے ایک کمرہ حاصل کرلیا تھا۔ان کے گھر سے انھیں بیوی بنا کر اپنے گھر لے آئے۔نکاح سے پہلے دو شرائط بھی باقر نے رکھی تھیں جنھیں ان کی بیوی نے منظور کرلیا تھا(مگر اس کے بعد جس درد سے گذری ہوں گی اسے سینے میں مقفل کرلیا) شرائط تھیں کہ وہ کبھی نوکری نہیں کریں گے۔ان کی بیوی کے دل میں چونکہ ادب کی چاہ تھی راضی ہولیں کہ وہ ادب کو اپنا پورا وقت دے پائیں گے اور دوسری شرط بچہ نہ پیدا کرنے کی تھی۔ان کی بیوی نے کبھی گفتگو کے درمیان کہا کہ وہ کئی بھائی بہنوں میں سربراہ پیدا ہوئی تھیں اور اس حال سے باقر بھی اپنے دیس میں گزر چکے تھے اس لیے دونوں نے اپنی زندگی کو الگ طرح سے گزارنا پسند کرلیا تھا۔یعنی نہ صرف باقر اپنے قول وفعل میں مستقل مزاج ثابت ہوئے ان کی بیوی خیر النسا نے بھی کردار کی پختگی اور زبان پر پابند رہنے کا ثبوت دیا۔شراب کا شوق پہلے ہی پڑ چکا تھا۔پھر پہلی دوستی جاں نثار اختر سے ہوئی جو اس شہر کی دی ہوئی عادتوں کو اپنائے ہوئے تھے۔باقی دوست بھی ہم مذاق شاعر وادیب تھے۔جام و مئے سے رغبت ہی نہیں جب دو چار مل بیٹھتے محفل سا سماں بندھ جاتا۔میں جب باقر سے واقف ہوا تھا چالیس کے قریب ان کی عمر رہی ہوگی۔دین و دنیا پر غور وخوض کر چکے تھے۔اب زندگی کو ناپ تول کر گزار رہے تھے۔دماغی بلوغت کو مطالعہ نے جاری رکھا تھا۔روزمرہ کی ضروریات روز بروز پورا کرتے۔ایک سے دن رات کہیں جینے ہی سے بے زار نہ کردیں زندگی کو دلچسپ بنائے رکھنا سرِ فہرست رہا۔اتنا تو انھیں یقین تھا زندگی پل دو پل کی نہیں سالہا سال اس سے نبھاتے رہنا ہے۔موت کی زندگی پر فوقیت کے بجائے زندگی کو موت پر ترجیح دی۔خوبصورت لبھاؤ کلمات جیسے۔

''سامان سو برس کا ہے، پل کی خبر نہیں''

''شمع تیری زندگی طبعی ہے ایک رات، تو اسے ہنس کر گزار یا رو کر گزار دے''

''چار دن کی چاندنی ہے پھر اندھیری رات ہے''

''انسان مسافر اور دنیا مسافر خانہ ہے'' نے متاثر تو کیا مگر حقیقت پسندی کا دامن ہاتھ سے

جانے نہیں دیا۔ زندگی کو مختلف ادوار میں منقسم پایا۔ طفلی کو مجبور و منحصر، عنفوان شباب اور جوانی دیوانی کو مائل بر خطا اور عمر زوال کو انھیں پنجرے میں قید پرندے کی طرح گزارنے سے گریز نہیں تھا۔ باقر زندگی کے تمام مراحل سے گذرا۔ مختلف ادوار کی الگ الگ میلانات سے جوجھتا رہا۔ وقت نے شخصیت میں رنگارنگی کی، مگر خود کو سادگی اور صاف دلی پر قائم رکھا۔ باقر نے دنیا کو سامنے سے مخاطب کیا۔ مانگے کی چاندی کے بجائے اپنی حاصل صلاحیت سے تھوڑی کمائی کو سونا جانا۔ معمولی زندگی کو صاف ستھری اور معنی خیز بنا کر صبح و شام کا لطف اٹھایا۔ مزاجاً بے باک واقع ہوا تھا۔ کبھی انجام سے بے پرواہ شگفتہ وقت گزاری کو بہت اہمیت دی تو کبھی طبع سے مجبور کوئی بے ساختہ کسا ہوا جملہ یا طنز ذاتی ملاقات یا جلسے میں کہہ دیا اور ہلچل پیدا کر دی۔ وارث علوی نے اس ڈھنگ کے ایک واقعے کا ذکر کیا ہے۔ دہلی کا مشاعرہ تھا۔ کسی مرکزی وزیر کی یادداشت کو یوں درست کیا کہ کسی شاعر کا شعر انھوں نے کسی دوسرے شاعر کے نام سے پڑھ دیا تھا۔ وارث علوی نے لکھا، ''میں اس وقت پنڈال کے باہر کھڑا تھا۔ نارنگ میرے پاس آئے اور کہا، ''یار، باقر کچھ نہ کچھ ہنگامہ کر دیتا ہے۔''

ہلچل لفظ سے ایک واقعہ یاد آیا۔ غیر ضروری ذکر ہے۔ پوری زندگی میں سرزد ہوئے دو ایک واقعات میں سے ہو۔ ایک مستی کی گھڑی تھی۔ ان کی شخصیت سے شاید بلکل بے تعلق چیز ہے۔ ایک شام ان کے بائیکلہ والے گھر سے سخن و مئے کی نشست کے بعد سب اٹھے۔ اس شام باقر اکیلے تھے ساتھ ہو لیے۔ ایک نے بچو سیٹھ کی باڑی کا نام لیا۔ یہاں کے سیخ کباب مشہور تھے۔ باڑی کے دروازے سے گذرنے کے بعد ہی ایک کنارے پر پر سیخوں پر لپٹے کباب سرخ آگ پر پک رہے تھے۔ بچو سیٹھ کی باڑی کی احاطے میں دو چار کوٹھے تھے۔ رقص و سرود کی محفلیں رات کی رونق بڑھاتے۔ کباب کی دوکان پر ایک جوان عورت اپنی باری کے انتظار میں کھڑی تھی۔ ابھی میری نظر اس پر پڑنی باقی تھی۔ باقر جو اس کے بہت قریب تھا، ران پر یا کمر کے نیچے چٹکی لے لی۔ وہ ایک ہلکی سی آہ کے ساتھ بھڑک اٹھی۔ کچھ زور سے سنایا اور یہ کہہ کر چلی گئی، ''ابھی بتاتی ہوں۔'' اس سے پہلے کسی کے کچھ سمجھ میں آتا محمود جو جلسہ کرانے یا ہنگامہ رفع

کرنے کا ماہر تھا فوراً سب کو اکٹھا کر کے سڑک پر لے آیا۔ ٹیکسی کی گئی، ہم وہاں سے رفو چکر ہو گئے۔ وارث علوی نے ان کی ذہنی اور فوری تبدیلی کے بارے میں جس سے اس واقعہ پر بھی کچھ روشنی پڑتی ہے، اپنی طویل روابط کی مدد سے لکھا ہے، ''باقر زندگی میں بہت ہنسوڑ تھا لیکن ہاتھ میں قلم لیتے ہی وہ سنجیدہ ہو جاتا اور سوچنے لگتا۔'' باقر کی ادبی تخلیقات پر انھوں نے دو مضامین لکھے ہیں۔ ایک محمود ایاز کی ایما پر اور دوسرا انتقال کے بعد جو 'اردو ادب' کا خصوصی اداریہ کی شکل میں چھپا۔ اپنے اس مضمون میں بھی باقر کی حیران کن جبلّی اپج کے بیان میں لکھا ہے، ''زبردست حسن ظرافت اور بذلہ سنجی کے باوجود اس نے نہایت مقطع تنقید یں لکھیں۔'' باقر کے تنقیدی مجموعے چار ہیں اور آخری کتاب 'نیم رُخ' ادھورے خاکوں کا مجموعہ مع اپنے نام مرقوم ساٹھ خطوط شائع ہوا ہے۔ کسی نے جب ان کی سوانح عمر کی طرف توجہ دلائی انھوں نے نہ کہہ دیا، ''مگر غیر ارادی طور پر اپنا خاکہ لکھ گئے جب اپنے حالات و واقعات کو ان شخصیات کے ساتھ جوڑ کر لکھا جن پر ان کے خاکے ہیں۔

''آگہی و بے باکی'' ان کی تنقیدی تصانیف میں پہلی کتاب ہے، پھر 'تنقیدی کشمکش'، 'شعری آگہی' اور آخری ہے ''تین رخی نظریاتی ادبی تنقیدی کشمکش۔''

باقر نے اپنے ایک مضمون میں علی گڑھ میں منعقد سیمی نار کا ذکر کیا ہے جہاں تنقید کے بنیادی مسائل پر مضامین پڑھے گئے اور اختتام پر یہ نتیجہ اخذ ہوا کہ تنقید ادب کی تفہیم و تشریح ہے اور جن نقاط پر بحث ہوئی وہ تھے 'ادب اور نظریے'، 'ادبی اقدار'، 'جمالیاتی فکر' اور 'اصناف ادب کو پرکھنے کے معیار'۔ ان کتابوں میں بھی مختلف ادوار میں رائج ادبی رجحانات کا جائزہ ہی ہے۔ وارث علوی ان کے تعلق سے ایک جملہ لکھ چکے ہیں۔'باقر نے نہایت مقطع تنقید یں لکھیں۔'' شمیم حنفی نے اپنے مضمون 'باقر مہدی' نیم رخ اور ایک پوری تصویر'' میں انھیں چار کتابوں کے بارے میں لکھا ہے۔'ان میں عصریت، جدیدیت، نئی تخلیقی حسیت اور ادب کی معنویت کے حوالوں کی نشاندہی ہے۔''

سرور الہدیٰ نے جس تاثر کا اظہار کیا ان کے الفاظ میں پیش ہے، ''باقر مہدی کے انتقال

سے بغاوت اور احتجاج کا ایک استعارہ اپنی تکمیل کو پہنچا۔ ان کی کتابیں اسی احتجاج اور بغاوت کا پتہ دیتی ہیں۔ اس کی مختلف صورتیں ان کی تحریروں میں نظر آتی ہیں۔ انھوں نے کئی قسطوں میں مضامین لکھے ہیں۔ اس سے یہ بھی اندازہ ہوتا ہے بعض مسائل ان کے ادبی سفر میں اہم حوالے کی حیثیت اختیار کر گئے ہیں۔''

باقر نے تنقید کو کس طرح سمجھا اور جن خیالات کا اظہار کیا ان ہی کی طرزِ اظہار میں دیکھیے۔ ''تنقید یقیناً ایک معلوم طریقۂ کار نہیں ہے۔ یہ زندگی اور ادب کو پرکھنے کا ایک معنی میں دستور العمل ہے۔ تنقید کی بنیادی شرط اگر معروضیت ہے تو دوسری طرف داخلی اثرات کا اظہار بھی اس کے فرائض منصبی میں شامل ہے۔ تنقید ادب اور زندگی کے رشتوں کو واضح کرنے کے ساتھ ساتھ ادب کو بھی آئینے کے روبرو لاتی رہتی ہے۔ تنقید نقطہ چیں ہی نہیں ہے بلکہ انسانی زندگی کے مسائل کو سمجھنے کا ایک ذریعہ بھی ہے۔ ادب کی دنیا میں باقر کو شاعر یا نقاد کی حیثیت سے الگ الگ نگاہ سے دیکھا گیا کسی نے شاعر کو اور کسی نے نقاد کو بہتر جانا۔ ویسے ان کی ادب میں پہچان پہلے شاعر کی حیثیت سے ہوئی۔ ترقی پسند مصنفین کی انجمن کے سیکریٹری خلیل الرحمان اعظمی تھے مگر باقر کی ادبی خدمات بھی برابری کے تھے۔ ''شہر آرزو'' ۱۹۵۸ء میں شائع ہوا اور پیش لفظ میں پروفیسر احتشام حسین نے باقر کے فہم و ادراک پر ان کے اشعار کی روشنی میں جن خیالات کا ذکر کیا ہے ان کی ادائیگی کا شرف ان ہی کو پہنچتا ہے۔ اس اقتباس میں ان کی معنی خیز تحریر ملاحظہ ہو'' ماحول نے انھیں ایک ایسا احساس الم دیا جس کی شدت زمانے نے کبھی کم نہ ہونے دی۔ لیکن اس الم سے انھوں نے فرار اور شکست خوردگی کے بجائے عزم اور امید کے جوہر نکالے۔ اس طرح وہ ذہنی حیثیت سے ایک تباہ کن رومانی انفرادیت کے غار کے سامنے کھڑے ہونے کے باوجود ہمیشہ اس میں گرنے سے بچتے رہے۔'' اس بیان میں باقر کی کردار و استقلال کی بے حد عمدہ نمائندگی مضمر ہے۔

باقر کی شعر و شاعری میں جو شبیہہ ابھری ہے عام دھارے سے ہٹ کر ہے۔ اس شاعر کی ہے جس نے اوائل کے بعد جو روپ دھارا دوسروں سے الگ کھڑے نظر آئے۔ یوسف ناظم کے الفاظ میں'' اگر سب لوگ پانی کی تلاش میں دریا کی طرف جا رہے ہوں اور صرف ایک شخص

ریگستان کی سمت جارہا ہو تو وہ تنہا شخص سوائے باقر مہدی کے اور کوئی نہیں ہوسکتا۔ باقر مہدی صاحب نے یہ وتیرہ اس وقت سے اختیار کیا ہے جب سے انھوں نے بحروں کو توڑ تاڑ کرنالے میں ڈال دیا ہے۔" اس اقتباس سے باقر کے ذہنی رویے پر کچھ روشنی پڑتی ہے ورنہ اس میں کہی ہوئی باتیں سچ نہیں ہیں۔ وہ بھی نرم و گرم، دھوپ اور چھاؤں کے فرق کو خوب جانتے تھے۔ انھیں اپنی نظموں اور غزلوں کی اہمیت کا احساس تھا۔ کسی سے ایسی واہ کی خواہش نہیں کی کہ خودنما ہو جائیں انھوں نے اپنی راہ تنہا طے کرنے کی کوشش کی ہے۔ شاعری کو اپنے علاوہ سماج سے جوڑا۔ اپنی ذات کی داخلی کش مکش کو شعر کا تخلیقی سراپا دیا۔ ماحول، عقائد، فلسفۂ حیات اور نشاط و الم کو شعر کا جامہ پہنایا۔ ندا فاضلی نے اپنے ایک مضمون میں لکھا ہے، "ان کے اظہار و معیار کے پیمانے خود ساختہ تھے۔ ان کا شعری سفر 'شہر آرزو' سے شروع ہو کر 'کالے کاغذ کی نظمیں'، 'ٹوٹے شیشے کی آخری نظمیں' سے ہوتا ہوا 'سیاہ سیاہ' پر آ کر ختم ہوا ہے۔" ویسے ان کا شعر کہنا جب تک کہ صحت نے لاچار نہ کر دیا اور زبان نے آواز کو لفظ میں ڈھالنا بند نہ کر دیا جاری رہا۔ میری یادداشت میں ایسی کوئی شام نہیں ہے جب انھوں نے سنا نہ پانے کی صورت میں کاغذ پر لکھا کوئی شعر دکھایا ہو۔ البتہ ایک شام یاد ہے جب بے بس اور کمزور تو تھے مگر بول سکتے تھے مجھے ایک نظم سنائی، عنوان تھا 'موت مجھ سے ڈرتی ہے'، آزاد نظم تھی۔ درمیانی مصرعوں کے مناظر میں رات کا وقت تھا۔ سمندر کی سطح پر اندھیرا تھا۔ فضا خاموش تھی۔ دروازے سے دستک کی آواز آجاتی۔ موت کو جب لوٹتے دیکھا تو تعاقب کیا، تھک کر لوٹ آئے۔ میں نے ان کی موت سے بے خوفی پر جب ان کے کم دن بچے تھے غور کیا تھا۔ ان کو پرانی یادوں نے کسی سے گلے ملتے وقت چاہے رلا دیا ہو، لیکن موت کسی دن ان سے گلے آلگے گی کے ڈر سے بے نیاز پایا۔

انھیں خدا کا بھی ڈر نہیں تھا اس لیے کہ اس پر یقین نہیں تھا۔ مجھ سے کبھی اس موضوع پر بات نہیں کی۔ البتہ ایک انگریزی میں لکھی کتاب دی۔ کہا یہ ممنوع ہے لیکن اس میں حقائق بھی ہیں۔ اس کتاب میں حضور کے زمانے کی باتیں ہیں۔ دم تحریر یاد نہیں ہیں۔ ان کی خواہش تھی کہ انتقال کے بعد انھیں آگ کے سپرد کیا جائے۔ اپنی اس وصیت کو ایک کاغذ پر لکھ کر میرے

پاس محفوظ کر دیا تھا اور ڈاکٹر سجنانی کو گواہ کرلیا تھا۔ اس بات کا علم یعقوب راہی کو بھی تھا۔ اس نے صاف لفظوں میں باقر سے انکار کر دیا تھا۔ چونکہ رقعہ میرے نام تھے میں فکر مند ہوا۔ انھیں بیماریوں نے احساس دلا دیا تھا کہ ان کی باری مجھ سے پہلے آئے گی۔ لیکن دم آخر سے قبل کیا حالات ہوں گے کسی کو علم نہیں تھا۔ دھیرے دھیرے جان جاتی رہی، چیزوں پر سے شوق اٹھ گیا۔ ایک شام جب باقر کی زندگی کے چند دن بچے تھے میں نے انھیں تدفین پر راضی پایا۔ میری موجودگی میں یعقوب راہی نے ان سے دوبارہ انھیں تدفین کیے جانے کی بات کی۔ وہ بول نہ سکتے تھے لیکن چہرے پر کسی انکار یا اختلاف کی کیفیت نظر نہ آئی نہ میری آنکھوں میں دیکھ کر راہی سے اختلاف کا اظہار کیا۔ وہ اپنے خیال میں تبدیلی لا چکے تھے جسے میں سمجھ چکا تھا۔ جب ڈاکٹر سجنانی نے مجھ سے وصیت کا ذکر کیا میری یقین دہانی پر کہ وہ اپنا ارادہ بدل چکے تھے مان گئے۔ باقر کو ایک چادر میں رکھ کر ہم دوستوں نے سیڑھیوں سے نیچے اتارا۔ انتقال سے کچھ عرصے پہلے راہی نے مجھ سے کہا تھا کہ کیوں نا باقر کو اختر الایمان کی قبر میں دفن کیا جائے۔ پھر خود ہی شیعہ سنی کے معاملے پر سوچ کر ارادہ ترک کر دیا تھا۔ ہم باقر کو شیعہ قبرستان رحمت آباد لے گئے۔ وہیں انھیں نہلا کر مٹی کے حوالے کیا گیا۔ پھر مولانا نے ان کی نجات و جزا کے لیے دعا مانگی۔

میں ان سے ان دنوں میں بھی ملتا رہا ہوں جب کمزوری حد سے بڑھ چکی تھی۔ بستر سے جڑ گئے تھے۔ روح کے تعلق سے کبھی کوئی بات نہیں کی۔ مگر زندگی جو ہاتھ سے نکل رہی تھی کے غم میں ملول نہیں پایا۔ میں سمجھتا ہوں وہ آخری دم تک اس خیال پر قائم رہے کہ اس زندگی کے بدلے میں انھیں کسی کے آگے جواب دہ نہیں ہونا ہے۔ زندگی یا دنیا کی دیگر راحتوں کو مرحمت فرمائی ہوئی نعمتیں ماننے سے گریز تھا۔ ان کے نزدیک دنیا کی ہر چیز مرکبات سے مل کر بنی ہے۔ ان میں نمو اور فروغ پانے کی خود ساختہ صلاحیت ہے۔ کلی سے پھول، بیج سے پھل، جڑ سے درخت، چرند و پرند سے لے کر حیوان و انسان تک کا راز کروڑھا برس پرانی دنیا کی ہوتی آئی رد و بدل میں مضمر ہے۔ حیاتی وجود کی کروڑوں کڑیاں ہیں جو الگ الگ لڑیوں میں پروتی چلی گئی ہیں اور ہر لڑی تشکیل و تکمیل کی طرف رواں رہی ہے۔ ہم نے شاید ہی کبھی دنیا اور انسان کے

رشتے پر کوئی بات کی ہو مگر انھیں اس بات پر متجب پایا اگر انسان سب سے الگ اور بہترین ہے تو باقی جانداروں کی طرح اسے بھی پیشاب کی جگہوں کا مرہونِ منت کیوں ہونا پڑا۔ وہ زندگی کو خالص اس دنیا کی مانتے تھے۔ اسے اعتدال سے گزارنا انھیں فن لگتا تھا۔ جس طرح سونے جاگنے، کھانے کے اوقات ہیں اسی طرح ان سے بچا ہوا وقت بھی دیگر کاموں میں بانٹ کر صرف کرتے تھے۔ شاعر ہونے کی حیثیت سے سوچ وفکر سے اخذ کی ہوئی باتوں کو کاغذ پر کسی خاص پیرائے میں لکھنا دلی تسکین کا باعث اور سنانا لطف دیتا تھا۔ میں نے انھیں مشاعرے میں صرف ایک بار سنا تھا گھریلو نشستوں میں کئی بار۔ انھوں نے مجھے اپنے مجموعے بھی نذر کیے تھے۔ 'شہر آرزو' کے پیش لفظ نے اشعار کی اہمیت کو بڑھایا ہے۔ پروفیسر احتشام حسین ایک جگہ لکھتے ہیں ''وہ فلسفی بھی ہے، شاعر بھی، خیال پرست بھی ہے عمل پسند بھی، دکھی بھی ہے مسرور بھی۔ کیونکہ زندگی خطِ مستقیم نہیں ایک پیچیدہ رہ گزر ہے۔ ایک آئینہ خانہ ہے جو حیران بھی بناتا ہے اور جلوے بھی دکھاتا ہے۔ اس میں اندھیرا روشنی سے الجھتا رہتا ہے اور نئے نئے موڑ آواز دیا کرتے ہیں۔ یہ متضاد کیفیات جذبات کی اس کش مکش کی تصویر کشی ہے جس میں شاعر اپنا راستہ تلاش کر رہا ہے۔ اس طرح وہ اپنے ذہنی سفر کی ان مختلف منزلوں کی نشاندہی کرتا ہے جہاں ان کا کاروانِ خیال ٹھہرا تھا۔''

یعقوب راہی کی مرتب کردہ 'باقیاتِ باقر مہدی' میں ان کے لکھے ہوئے اور ان پر لکھے کل پینتیس مضامین یکجا ہیں۔ پہلا حصہ باقر کے زورِ قلم کا نتیجہ ہے۔ نہایت سنجیدہ موضوعات پر غور وفکر سے کام لیا ہے۔ تنوع کا بھی حامل ہے۔ ایک طرف ناول نگاروں اور ناولوں کی فنکارانہ جھلکیاں ہیں، دوسری طرف مختلف ادوار میں افسانوی صورتِ حال پر تنقیدانہ نظر سے کام لیا ہے۔ دوسرے حصّے میں ان پر لکھے تیرہ مضامین ہیں۔ میں سمجھتا ہوں ان کی ادب میں گزاری زندگی پر پوری طرح محیط ہیں۔ چونکہ ان کے کسی نا کسی دور کے ساتھیوں کی نگارشات ہیں دل اور دماغ سے کاغذ پر آئی ہیں۔ ان کو پڑھ کر باقر کے کردار و شخصیت کے کئی نقوش سے آگہی ممکن ہے۔ اگر نجی زندگی پر بھی گہری نظر ڈالی جائے تو ان کی زندگی کے خاکے کو فریم کیا جاسکتا ہے۔ اس ضمن میں راہی کی

ترتیب شدہ ''احتجاج کا دوسرا نام - باقر مہدی'' کو صفِ اول میں رکھا جا سکتا ہے۔ اس میں باقر پر مشہور و معروف ادبا و شعرا کے مضامین کے علاوہ ان کی کئی یادگار تصویریں بھی ہیں۔ ایک نوجوانی کی مع اراکین خاندان اور باقی دوست واحباب کے ساتھ ہیں۔ ایک بولتی تصویر بھی ہے۔ باقر بطورِ خاص مسکرا کر بیوی سے مخاطب ہیں اور وہ بھی ویسی ہی مسکراہٹ کے ساتھ ان کی آنکھوں میں آنکھیں گاڑ رکھی ہیں۔ میں بھی ایک تصویر میں ہوں۔ اس وقت کی ایک شام کی ہے جب کشور ناہید ان سے ملنے آئی تھیں۔ وہ جب بھی ممبئی آتیں باقر سے ضرور ملتیں۔

خیر النسا مہدی میں بھی باقر کے بعد بہت کم جان نہیں بچی تھی۔ ان کی زندگی بھی اب اپنے آپ میں ایک کہانی تھی۔ باقر کے ساتھ وہ کتنا دکھی رہیں اور کتنا سکھ بھوگا اور باقر نے ان کے ساتھ اپنی قناعتی زندگی گزار کر کتنی خوشی حاصل کی اور کتنا غم سہا، اس خاکے میں ان باتوں کے لیے بہت کم جگہ ہے۔ ویسے دیکھیں تو ان کی شادی شدہ زندگی بحسن و خوبی اور تلخی کے ساتھ گزر کر انجام کو پہنچ گئی۔ اگر خیر النسا مہدی کی موت پہلے واقع ہوئی ہوتی تو ان کی یاد میں جو نظم باقر کہتے شاید ان کی تخلیق کا مرقع ثابت ہوتی۔ انھوں نے اپنے کتنے ہی بچھڑے ہوؤں پر نظمیں کہی ہیں اور بہت پر اثر رہی ہیں۔ امثال کی یہاں گنجائش نہیں ہے پھر یہ بھی خیال گزرتا ہے شاید نہ کہہ پاتے۔ انھوں نے جب اپنے نہایت قریبی دوست وارث علوی کا خاکہ لکھنا چاہا تو اس کی تیاری میں چند پرانے مضامین پڑھے، شخصیت پر کوئی کتاب پڑھی مگر دماغ اور قلم دونوں قاصر رہے۔ ان کی اپنی ہی ذات اور نفسیات آڑے آئے اور جب تک کہ گتھی کو سلجھا نہ لیا، نہ لکھ پائے۔

بیوی کے ساتھ بھی ایسا ہی معاملہ تھا۔ ان سے تو دن رات کا ساتھ تھا۔ جان سے زیادہ قریب رکھ کر ان پر شاعری کیا کر پاتے۔ خود پر میرے مضامین پڑھنے کے بعد صرف ایک بار مجھ سے پوچھا تھا میں نے باقاعدگی سے قلم کو اپنی روزمرہ کا حصہ کیوں نہیں بنایا، یعنی ادیب بننے کی کوشش کیوں نہیں کی۔ مگر میں اپنے ذکر سے بچونگا، صرف اتنا کہہ دوں کہ ابھی تک جو کچھ لکھا ہے انھی کی بدولت ہے۔ وہ مجھے بطور دوست اپناتے نہیں میں قلم کو اپناتا نہیں۔ ایک شام مجھ سے کہا ہر سنیچر میں کچھ لکھ کر لاؤں اور ان کو سناؤں۔ میری آسانی کے لیے کہا کوئی موضوع پاس نہ

صحیح اپنی ہی زندگی کو شروع سے لکھوں۔اس طرح کی ترغیب دلانا ان کے لیے نیا نہیں تھا۔ جب وہ بائیکلہ میں مقیم تھے کتنے ہی نوعمر ادب سے کچھ سیکھ کر اس میں نام کمانے کے خواہش مند ان کے دروازے پر دستک دیا کرتے تھے۔ان کے کردار میں کوئی بات تھی اور شخصیت میں ایسی کشش تھی کہ سب ان کے پاس بیٹھنا پسند کرتے اور خدمت پر ایسے تیار جیسے فوج نے وردی پہن رکھی ہو۔ان میں سے اکثر آج اکادمیوں کے انعام یافتہ ہیں۔

میں ہر سنیچر کچھ لکھ کرلے جاتا اور ان کو سناتا۔جب سنیچر کی شام ان سے ملنے والوں میں میں اکیلا رہ گیا تھا، صبح ان کا فون آجاتا اور شام کے پکوان کے نام سے بھی واقف ہو جاتا۔ یہ سلسلہ ان کی عمر کی اختتامی دور تک جاری رہا۔مجھ میں آئی اس قلمی عادت نے یہ گل بھی کھلایا، میں نے ان کے سامنے الفاظ کا انبار لگا دیا اور صاحبِ کتاب ہونے کا جائز یا ناجائز فخر حاصل کیا۔ہمت کی اڑان کا بھی جواب نہیں، اپنے شکریہ کے پھول پیش کرنے کی خاطر کئی ادبی اصناف میں طبع آزمائی کے رنگ آزمایا۔ وہ ہوتا تو ہمیشہ کی طرح خاموش رہ کر قبولیت کا احساس دلایا ہوتا، اب دربارِ عام میں جو بھی انجام ہو۔میں نے اپنے دل کی بات رکھ لی۔جب ان پر پہلا مضمون لکھا تھا ان کو سنایا۔اپنی پسند کا اظہار الفاظ سے نہیں کیا مگر 'کتاب نما' کے لیے ارسال کروایا اور پھر شاہد علی خان کو فون کیا اور دباؤ ڈال کر اس کی اشاعت کی کوشش کی۔میں نے اس مضمون کو کسی کے کہنے پر نہیں لکھا تھا۔ایک بات دل میں آئی اور اسے قلم بند کیا۔باقر کی سادہ دلی، مزاج میں یاری، عمل میں استقامت اور دل سے محبتی انسان کو جیسا میں نے پایا تھا ویسا ہی پیش کیا۔سچ کو جتانے کی خواہش نے اسے لکھوایا تھا ورنہ ان کی ذات سے بعض ایسی باتوں کو جوڑا گیا تھا جو حقیقت میں برعکس تھیں۔اس مضمون کو جس شخص سے پوچھا کہ پسند آیا؟ جواب کہیں زیادہ ستائش میں ملا۔کبھی خیال گزرتا ہے جو باقر اسے 'کتاب نما' کا حصہ نہ بنواتا تو بہت اچھا مضمون وقت کے ساتھ ردّی کی نذر ہو جاتا۔

ویسے تو ان کی آخری کتاب 'نیم رخ' ہے لیکن اب 'باقیاتِ باقر مہدی' آخری کتاب مانی جائے گی۔ایک دنیا ہے یہاں جو صرف باقر مہدی کی اپنی ہے، جس میں ادب و ادیب پر مختلف

موضوعاتی رنگارنگی اور باقر کی شخصیت وفن پر جس انداز کی گفتگو ہے کہ قاری خود بھی ان سے جڑ جاتا ہے۔یعقوب راہی نے جب باقر کی باقیات کی طباعت کی خواہش کا اظہار کیا میں فوراً راضی ہو گیا۔ خیر النسا مہدی کی اجازت ضروری تھی۔ان کی صحت اور ذہنی توازن پر اثر پڑ چکا تھا۔میں اور راہی برابر ان کے گھر جایا کرتے۔اس کتاب کی اشاعت پر انھوں نے فوراً حامی بھر لی۔لیکن ان کی چھوٹی بہن عائشہ کو جو امریکا میں مقیم ہیں اعتراض تھا مگر انھوں نے اپنی بہن کی پرواہ نہیں کی۔ان کی موجودگی میں مجھ سے جو کہا جیسے اپنے دل کی بات کی ہو۔''باقر نے ساری زندگی لکھنے پڑھنے میں گزاری، اسے چھپنا چاہیے۔'' میز باقر کی بہن فاطمہ نے راہی کی مدد کی۔ باقر کی تحریروں کو مختلف جگہوں سے ڈھونڈ کر نکالا گیا۔خیر النسا مہدی نے اس کتاب کی اشاعت کا خرچ اپنے ذمہ لیا اور ''باقیات باقر مہدی' کا ظہور ہوا۔جب باقر ساتھ تھا تب بھی اور اس کے بعد بھی وہ مددگار ہی ثابت ہوئیں۔ بہتر ہوتا جو باقر نے انھیں سپردِ خاک کیا ہوتا مگر ایسا نہیں ہوا۔ان کی عائشہ بہن کے منصوبے کے مطابق تدفین ہوئی۔مجھ سے یا راہی سے کوئی رابطہ نہیں رکھا۔جب وہ چلنے لائق نہیں رہیں کسی دن شہر سے بہت دور ایک چرچ سے متصل اسپتال میں داخل کر دیا تھا، گھر پر تالہ لگا دیا۔ فاطمہ نے اس اسپتال میں پہلے دم توڑا اس کے بعد خیر النسا مہدی نے۔مرتے دم تک ان کی زندگی کا Triangle انھیں تین نقاط پر ٹکا رہا، کالج کی پروفیسری، کتب بینی و نگاری (کتابوں اور ریڈیائی ڈراموں وغیرہ کی مصنفہ) اور باقر مہدی۔

عمر کے اخیر میں ایک واقعہ دکھ بھرا ثابت ہوا مگر عارضی اور بے ضرر تھا۔ یہاں اس کے ذکر کی ضرورت نہیں ہے۔مجھے ایک بار جب بیگم باقر حیات تھیں ان سے استپال میں ملنے کا موقع حاصل ہوا تھا۔گھر کے دروازے پر جب تالا دیکھا تو پڑوس کے دروازے پر دستک دی۔ان سے تعاون ملا۔اسپتال کا پتہ معلوم ہوا۔میں اور راہی ان کی عیادت کو گئے۔نیم تاریک کمرے میں آنکھیں بند لیٹی ہوئی تھیں۔جب ہمیں پہچان لیا تو باقر ہی کی تصویر ان کی ڈوبی ہوئی آنکھوں میں تھی۔ان سے دوبارہ ملنے کی غرض سے جب فون کیا تو وہ دنیا کو الوداع کہہ چکی تھیں۔ہمیں ان کی آخری دن کی بھی خبر نہیں دی گئی۔جب خاموش کمرے میں آخری دن

گزارے تھے اس سے کہیں زیادہ خاموش اور تاریک قبر میں رکھ دی گئیں۔ اگر ہماری دسترس میں ہوتا تب بھی انھیں باقر کی قبر میں جگہ نہ دے پاتے۔ شیعہ اور سنی کا فرق تھا۔ شاید مذاہب نے جہاں انسانیت کی بنیاد پر لوگوں کو یکجا کیا ہے وہیں بانٹا بھی ہے۔ باقر کی کتابوں کے ذخیرے سے بھی ہمیں لاعلم رکھا گیا۔ مجھے یاد ہے جب باقر کے آخری ایام تھے ان کو پسند نہیں تھا کوئی ان کی کتاب وہاں سے لے جاتا۔ لیکن ان کو کہتے سنا تھا 'میرے بعد تمھیں لوگوں کو دیکھنا ہے۔' یعقوب راہی نے کسی کالج میں ان کی کتابوں کا گوشہ کی گنجائش نکالی تھی لیکن اسے پائے تکمیل تک نہ پہنچا سکے۔

باقر سے میرے مراسم خالص دوستانہ تھے۔ میں الفاظ سے، ان سے بنائے جملوں سے، ان میں خیال آرائی سے بہت متاثر ہوتا اور اس کے وصف و معنی کو کسی سے بھی کہہ کر خوش ہوا کرتا تھا۔ میری مادری زبان پشتو تھی، مگر ماحول اس سے مبرا تھا۔ صرف والدین کو اس میں کبھی باتیں کرتے سنا تھا۔ میں درسی کتابوں کی وجہ سے اردو ادب سے واقف ہوا۔ اور اس کے زیر اثر دھیرے دھیرے اسے اپنی مادری زبان مان لیا۔ میری غور وفکر کی زبان بھی شروع سے اردو ہی رہی۔ یہی وجہ ہے شاعر و ادیب کے لیے میرے دل میں عزت و احترام پیدا ہوا اور میں ان کی دوستی کا خواہاں رہا۔ مگر صرف اسی وجہ سے میرے مراسم باقر سے نہیں بڑھے اور میں ان سے تواتر سے ملا کہ انھوں نے مجھے ادب کا کوئی جانکار مانا تھا، بلکہ بطور انسان مجھے عزیز گردانا۔ دوستی کا جذبہ ہمارے درمیان رغبت کا باعث ہوا۔ مجھے اس کا کوئی اندازہ نہیں ہے ہم ساتھ گزارے اوقات کو کیوں اس قدر پسند کرتے تھے۔ سال بھر کی دوری کے بعد جب دوبارہ قریب آئے تو ہماری دوستی پہلے سے زیادہ دلچسپ اور مستحکم ہوئی۔ ہم میں دو ایک مشترکہ شوق بھی تھے۔ مجھ میں مئے نوشی کا شوق جب ان سے ملا نہیں تھا پڑ چکا تھا۔ پھر کسی شاعر کے ساتھ مل بیٹھنا اور کبھی ادبی نشست میں شعر و شراب کا پہلو بہ پہلو ہونا، اس لطف و انبساط کی کوئی حد مقرر نہیں کی جا سکتی۔ اس کے علاوہ گھڑ دوڑ کا شوق بھی ہم میں باہم تھا۔ ہر ہفتے ایک دن کے لیے ہماری دنیا بدل جاتی۔ ایک کشادہ احاطہ جہاں درختوں کے گھنے سائے ہوں۔ سمندر کی ہوا آ رہی ہو۔ توانا خوبصورت

گھوڑوں پر رنگین لباس گھڑسوار اپنی اپنی نمائش میں مصروف اپنی طرف رغبت دلا رہے ہوتے۔ درمیان میں منٹ دو منٹ کی فیصلہ کن ریس شروع ہوتی جس کی آخری ساعتوں میں نہایت کم فاصلے سے ہار جیت ہوتی، دل کو اچھال دیا کرتی تھی۔ ہماری بہت سی یادیں اس کھیل اور اس جگہ سے وابستہ ہیں۔ دو یا تین سے متعارف کراتا ہوں۔ باقر ایک صاحب مسٹر جسدن والا سے واقف تھے جو کئی گھوڑوں کے مالک تھے اور شاید شعر بھی کہتے تھے۔ وہ باقر سے اپنے جس گھوڑے کے لیے کہتے کہ اس کی جیت کی امید بہت کم ہے وہی جیت جاتا اور باقر رہ جاتے۔ محمود ایاز جو بنگلور سے 'سوغات' نکالتے تھے ریس کے گھوڑے ان کے پاس بھی تھے۔ باقر ان کے بتائے ہوئے پر کھیلتا مگر وہ ہار جاتا۔ فون پر پوچھتا تو وہ اس کے ہار کی وجہ بتاتے کہ ریس سے چند منٹ پہلے طے پایا کہ اسے اس دن جیت کے لیے نہیں دوڑنا ہے۔ ایک مرتبہ مگر ایسا بھی ہوا ہم دونوں نے مل کر ٹنالا کھیلا، یعنی قطار میں تین چنے ہوئے گھوڑوں کو آگے پیچھے آنا تھا۔ چونکہ چار گھوڑوں نے ایک ساتھ Wining post پار کیا تھا۔ ہار جیت کا فیصلہ فوٹو سے اخذ کرنا تھا۔ نتیجہ ہمارے حق میں نکلا۔ منافع کی رقم اتنی بڑی تھی کہ انکم ٹیکس کا فارم بھرنا پڑا تھا۔ دھیرے دھیرے باقر کو کئی شوق سے ہاتھ دھونا پڑا۔ سگریٹ یا پائپ نے جو مزا دیا تھا پہلے اس سے محروم ہوئے۔ پھر مئے کی باری آئی۔ اس نے زندگی کو نہایت مسرت میں گزارنے کا موقعہ دیا تھا۔ اس شغل میں گزارے اوقات کی ان کے دل میں بہت قدر و قیمت تھی۔ پھر ریس کورس جانا بند ہوا۔ اس امید و بیم کی دنیا میں شام کرنے کے بعد ریستوراں کی چائے، بسکٹ، سموسہ، سینڈوچ پر اپنی ہار جیت کا محاسبہ کیا جاتا۔ پھر ایک خاص تھکن کے ساتھ گھر لوٹتے۔ دل دکھانے اور سکھ پانے کے اتنے سامان کچھ کم نہ تھے، پھر کیا وجہ تھی باقر نے کبھی اداس ہو کر انھیں کھونے یا پانے پر بات نہیں کی۔ شاید یہ ان کی شخصیت کی ایک جداگانہ پہچان تھی۔ صبر و تحمل کو زندگی کا جز جو بنالیا تھا۔ زندگی کو اس طرح ہنسی خوشی گزارنا کسے پسند نہیں، لیکن بیماریاں ان کی صاف اور راست زندگی کے آڑے آئیں۔ چہرے پر لکوا کا اثر ہوا تو کبھی دل تک خون کی رفتار کم ہوگئی۔ کبھی دماغ کی کوئی رگ بجھ گئی تو کبھی بولنے کی صلاحیت نہ رہی۔ کم از کم چار بار اسپتال میں

رہ کر اداسی کا شکار ہوئے۔ اخیر میں ان سب نے ایسا گھیرا کہ کھانا چبانا مشکل ہوگیا۔ مایوسی پاس آ کر بیٹھ گئی۔ اس سے کہہ نہیں پائے، آپ جائیے... مجھے آپ سے ملنا پسند نہیں۔ کسی وجہ سے ڈاکٹر سے ملنا غیر ضروری مان لیا۔ بیوی بضد تھیں کہ دوا بند نہ کریں۔

میں انھیں اس شرط پر ڈینٹسٹ کے پاس لے گیا کہ وہیں سے وہ میرے ساتھ ڈاکٹر سجنانی کے پاس چلیں۔ وہ راضی ہو گئے۔ ڈینٹسٹ نے معائنہ کر کے کہا ان کا ڈینچر درست نہیں کیا جاسکتا منہ کی اندرونی ساخت میں تبدیلی آگئی ہے اور نیا اس لیے نہیں بنا سکتے کہ وہ بھی کچھ ہی عرصے بعد پہننے قابل نہیں رہے گا۔ وہاں سے ڈاکٹر سجنانی کے دواخانہ گئے۔ پھر گھر لوٹے اور میرے لوٹنے کے بعد مایوسی نے ان کے پاس گھر کرلیا۔ ایک مرتبہ کیتلی کو دیکھ کر میری طرف ہلکے سے مسکرائے جیسے کہا کہ اس کی ٹھونٹی سے اپنا بھوک مٹاتا ہوں۔ شاید کبھی اس منظر کو سوچا ہو جب بچہ ماں کے سینے کے درپے رہتا ہے۔ ایسے شب و روز کا خاصہ عرصہ گزرا لیکن میں نے ان کے ذہن میں اس دنیا کی معنویت کو بدلتے نہیں دیکھا۔ کبھی مجھ سے روح کے بارے میں بات نہیں کی۔ اپنے وجود کے انجام کو صرف خاک جانا۔ بالفرض جو غالب کا ہم خیال ہوتے تو یہ شعر ان پر بھی موزوں ہوتا۔

درد منت کش دوا نہ ہوا
میں نہ اچھا ہوا برا نہ ہوا

زندگی چاہے دی ہوئی ہو یا مل جائے اس کی قدر کرنے میں کمی نہیں کی۔ جب تک خاندان کا فرد رہے روایات کی پابندی کی۔ جب انحراف پر اتر آئے اپنی دنیا کی تجسس میں پورا اترے۔ زندگی کو بھرپور گزارا۔ مخالف جنس سے قول و قرار کر کے خود کو تنہائی سے بچالیا۔ جنس سے دلچسپی شاید کبھی ماند نہ پڑی۔ ایک مرتبہ کہا ڈرامہ Vagina Monoloque دیکھا ہے۔ دوستوں کی یاد میں نظمیں لکھیں۔ کتابوں کو اردگرد رکھا۔ شعر کہا تو غزل مکمل کرنے کی غرض سے کاغذ پر لکھ کر سرہانے رکھا۔ دن کے اوقات کو اپنے ساتھ مصروف اور رات کو نیند کی گولی کھا کر زیرِ خواب کیا۔ چونکہ باقر بیسویں صدی کے غور و فکر کے پروردہ تھے۔ مطالعہ وسیع تھا۔ مارکس کے

فلسفۂ حیات وسماج کو پڑھا تھا۔ زندگی کو دنیا کی کروڑھا سال پرانی تاریخ اور فضائی وزمینی ردو بدل کارد عمل اور انسان کو ہزار ہا طرز کی ظہور میں آئی زندگیوں کا جز مانا، شاید اسی لیے خیر وشر پر کبھی تبادلۂ خیال نہیں کیا۔

یہ دن بھی ان کے کتنے عجیب تھے۔ گھر سے کم نکلنا۔ صبح کی ساحلی چہل قدمی چھوڑ دی۔ سمندر کا کچھ حصّہ کھڑکی سے نظر آتا تھا۔ باقر نے ساحل سے 'چوپاٹی' پر نظم کہی تھی۔ شہری زندگی کی کئی قصّوں کی مصرعوں میں جھلکیاں ہیں۔ مفلس لوگوں کی کہانیوں کے کردار ارد گرد پھیلے ہوئے ہیں۔ باقر ایک ٹوٹی بنچ پر بیٹھا ہے۔ خود بھی ان مناظر کا حصہ ہے۔ دوسری نظم 'شام' بھی ساحل سے کہی ہے۔ ایک منفرد داخلی کش مکش کا عکس ہے۔ ہیت ومعنی کے اعتبار سے پہلی کی ضد ہے۔ چند مصرعے ملاحظہ ہوں ؎

جانے دن کس طرح گزرتے ہیں
شامیں اکثر اداس رہتی ہیں
کوئی امید جب نہیں باقی
یادیں کیوں دل کے پاس رہتی ہیں
ایک خمیدہ سے پیڑ کے نیچے
میں ساحل کے پاس بیٹھا ہوں

ان خارجی اور داخلی اوصاف کی نظموں کے ساتھ ان کی ایک نظم ''ایک سنہری شام'' پیش ہے۔ ان دونوں سے مختلف ہے۔ یہ بھی ساحل سے کہی ہوئی ہے، پہلا مصرعہ ہے ''پاس خاموش سمندر میں اترتا سورج'' اس نظم میں حسن وعشق نے روبرو بات کی ہے۔ جذبات شگفتہ ہیں۔ کچھ اندیشۂ فردا بھی ہے۔ نظم کا ایک حصہ پیش ہے ؎

چائے کی پیالی سے ابھری
وہ سنہری شام
ہنستی آنکھوں سے اڑے رنگ برنگے جگنو

سانس کی بیل پہ الفاظ کی بوندیں ٹپکیں
ایک انجانی سی خوشبو پھیلی
میری سگریٹ کا دھواں
اس کے رخسار کو چھو کر گزرا
بجلیاں ٹوٹ پڑیں
وہ -میری محبوبہ نہ بن جائے کہیں

اس نظم میں زندگی خوش الحان ہے۔حال اور مستقبل سے دل پر اُمید ہے۔

میری ان امثال سے یہ مراد ہے کہ وہ بطور شاعر بھی نقاد کے ہمراہ رہے۔زندگی کی پرت در پرت پر نگاہ ڈالی۔فروغ اور ارتقا کے سفر میں رہے۔اپنی شاعری میں زندگی کی حقیقتوں کی نقش کاری کی اور پر معنی زندگی گزاری۔جس شہر آرزو پر خود کو ارپن کیا اس کی ساحل سمندر پر نظم لکھ کر اسے آئینہ دکھایا۔صرف آخری دنوں میں خاموشی سرائت کر گئی تھی۔اس لطف سے بھی محروم ہو گئے جب میں کسی تلفظ کو ان سے کہلوانے کی کوشش کرتا۔وہ کئی بار کی کوشش کے بعد کچھ کامیاب ہوتے، ہم سب خوش ہو جاتے اور وہ مسکراتے۔اب اس پر سے بھروسہ اٹھ چکا تھا کہ کبھی بولنے لگ جائیں۔دن اور رات کی اہمیت نہ رہی کہ کون کس کے تعاقب میں ہے۔گھر میں ویرانی در آئی تھی۔بیوی کی لب و رخسار کی بچی کچی تازگی جیسے ڈاکو لوٹ کر چلے گئے تھے۔باقر کا پورا خیال رکھتیں۔باقر نے جب کھانا ترک کر دیا، خوف کی ایک لہر ان کے دل میں اتر گئی۔ان کی شب آخر میں دونوں بہنوں کی مدد سے باقر کو ذرا اٹھا کر پانی پلانے کی کوشش کی اور ان کو سمجھایا اس طرح چمچ سے انھیں کچھ کھلاتے پلاتے رہیں ورنہ اسپتال منتقل کرنا پڑے گا۔اگلے دن کا وعدہ کر کے لوٹ گیا۔جانے وہ رات ان پر کیسی گزری۔کتنا جاگیں کتنا سوئیں۔کاش ان سے پوچھا ہوتا نیم شب کے بعد کوئی ان کے سرہانے تھا۔آیا ان کا ہاتھ کسی نے اپنے ہاتھوں میں تھاما تھا جب زندگی نے آخری بار سانس لی تھی یا آخری بار دل زور سے دھڑکا تھا۔کیا خاموش احتجاج کیے بنا فرشتے کی انگلی پکڑی اور چل پڑے۔اس سے کہہ نہ سکے۔"آپ جائیے...میں

آپ کو پسند نہیں کرتا۔'' ایک مرتبہ کا ذکر ہے جانے کیا دل میں آیا مجھ سے کہا،''آپ میرے لیے روؤ گے۔'' آخر تک صاف گو رہے۔ ان کی وسیع دنیا میں انھیں میں ہی نظر آیا جو ان کی یاد میں دو آنسو بہائے گا۔ لیکن شاید میں ایسا نہیں ہوں جو رو کے ہاتھ دھو لیتے ہیں۔ میں ان کی دوستی کو پاس رکھنا چاہتا ہوں۔ اگر وقت کو دہائیوں میں بانٹوں تو میرا کام بھی تمام ہونے آیا ہے۔ باقر نے اپنے دوست راجندر سنگھ بیدی کی یاد میں کہا ہے 'جیسے بھی ہو میں تم سے ملنے آؤں گا۔'' ایسی باتیں شاعری میں کتنی اچھی لگتی ہیں۔ اگر صاف گوئی سے کام لوں تو ''باقر میں تم سے ملنے آؤں گا... اگر ممکن ہوسکا۔''

ابھی تک جتنی باتیں باقر کے تعلق سے کی گئی ہیں ایک طرح سے پیکر ترازی ہے۔ قلم اور الفاظ سے ان کی کردار سازی کا کام کیا ہے۔ اسی کام کو انھوں نے بخوبی اپنے الفاظ میں دو نظموں میں کر دیا ہے۔ نہ تو خاکہ نگاری کے لیے مناسب ہے کہ اپنی کسی بات کی مکمل تاثیر کے لیے پوری نظم کو بطور اقتباس پیش کروں اور یہ بات تو بے جا ہے ہی کہ شاعری اور خاکہ کو مشترک کر دوں۔ لیکن کوئی نظم اگر خاکہ کا جز نظر آئے اور مرکزی کردار سے مکمل آگہی کا احساس دلائے تو کیوں نہ ان کے درمیان کی دیوار تھوڑی دیر کے لیے توڑ دی جائے۔ نظم 'میرا تعارف' کے چند اشعار ہی پیش کروں گا۔

میرے نالے کی کوئی لَے نہیں ہے
مشینی شور کی ایک نغمگی ہوں
میرا منصب ہے رہبر سے الجھنا
میں فطری زندگی کی سرکشی ہوں
مجھے دشمن سے اپنے عشق سا ہے
میں تنہا آدمی کی دوستی ہوں
میری آنکھوں کو میری جستجو ہے
میں ٹوٹے آئینے کی خودکشی ہوں

دوسری نظم کا عنوان ہے 'سیلف پورٹریٹ'۔ آزاد نظم ہے۔ پہلا حصہ خد وخال کی نذر ہے اور دوسرے حصّے میں ماضی، حال اور مستقبل پر ایسی نظر ڈالی ہے کہ تینوں زمانے آنکھوں کے سامنے آموجود ہوں۔ ماضی کو راکھ، حال کو ہنگامے اور مستقبل کو بھوری شاموں سے تشبیہہ دی ہے۔ باقر نے اپنی تصویر اس طرح پیش کی ہے۔

اپنا چہرہ
اپنی ڈاڑھی
نیم گنجا سر
موٹے چشمے میں چھپی
انسومینیا کی آنچ میں جلتی ہوئی
آنکھیں
کیسے رنگوں، دائروں، ٹیڑھی لکیروں
اور لفظوں سے ابھاروں؟
راکھ کل کی
آج کے ہنگامے
آنے والی بھوری شامیں
کیسے ان سب کو ملاؤں؟
کس طرح اپنی بغاوت - قہقہے
جینے کی لگن - قید
درد - غصے کو
لفظوں، رنگوں اور لکیروں میں بدل دوں؟
آئینہ تو بارہا دیکھا مگر
آئینے میں عکس ہے زنگ ہے! ❖■❖

کچھ 'دوستی کی ایک علامت باقر مہدی' کے بارے میں

مجھے یاد نہیں ہے کہ اس مضمون کے لکھے جانے پر کون محرک ہوا تھا۔ ایسی باقر کی باتیں جو بعض اشخاص کی وجہ سے مشہور ہو گئی تھیں اور جن سے بعض ادیب و شاعر کو بھی شکایت ہے کہ یہ کبھی خود دلگیر ہوئے بنا دوست کا دل مجروح کر دیتے ہیں۔ دراصل اختلاف کی وجہ اتنی اہم نہ ہو جتنا انکا صاف صاف کہہ دینا کہ میں آپ سے ملنا نہیں چاہتا، لوٹ جائیے یا نشست کے درمیان کہنا کہ آپ کا ہونا مجھے بے سکون سا کر دیتا ہے، بہتر ہو گا آپ چلے جائیں۔ ان کو بدخو کہلوانے کا باعث ہوا۔ ورنہ اکثر تجزیہ کاروں نے یہی نتیجہ اخذ کیا کہ ارادہ ان کا کسی کو ٹھیس پہنچانا نہیں ہوا کرتا۔ اپنے درمیان کسی کمی کو شدت سے محسوس کر خود کو دماغ کے آگے مجبور پاتے تھے۔

میرے ساتھ بھی اس سے ملتا جلتا واقعہ پیش آیا تھا۔ ایک شام سنیچر کی تھی۔ ہم اپنا پورا وقت گزار چکے تھے۔ کھانے سے فارغ ہوئے ہی تھے جو ایک جملہ کانوں نے ناپسندیدگی سے سنا ''ایسا نہیں ہو سکتا کہ ہم آگے نہ ملیں۔'' میں نے جواب میں شاید دو یا تین الفاظ ہی کو استعمال کیا۔ ہاتھ منہ دھو کر حسبِ معمول دروازے پر ان سے جدا ہوا اور غالباً بارہ چودہ مہینے ہم ایک دوسرے کو بھول سے گئے۔ پھر ایک شام اتفاقاً الماطیفی ہال کے باہر میری ملاقات رقیہ نائک سے ہوئی۔ جلسہ ختم ہو چکا تھا۔ علی سردار جعفری کی شاید وہ ممبئی کی آخری تقریر تھی۔ بیمار تھے۔ تقریر میں بھی وہ جس روانی کے لیے مشہور تھے اٹک اٹک گئے۔ پہلے تو رقیہ نے ان کی مشکل کا ذکر کیا پھر مجھ سے کہا، ''آپ کو معلوم ہے آپ کے نام 'کتاب نما' میں باقر کی نظم چھپی ہے۔'' رقیہ نائک زندگی بھر مدرسہ رہی ہیں۔ ادبی ذوق گہرا رکھتی ہیں۔ باقر کے نہایت قریبی دوست محمود چھاپرا

(مرحوم) کی سالی ہیں۔ میں بھی ان کے خاندان سے کافی قریب رہ چکا ہوں۔ میں نے انھیں نفی میں جواب دیا۔ مکتبہ وہاں سے قریب تھا۔ 'کتاب نما' خریدا۔ نظم کو دو تین بار پڑھا، دوستی تو قائم ہی رہی تھی، ملاقاتوں کا سلسلہ دوبارہ شروع ہوگیا۔

ویسے اس مضمون سے پہلے بھی باقر کے تعلق سے ایک خط میں مدیر 'نیاورق' ساجد رشید کو لکھ چکا ہوں۔ واقعہ یوں ہے باقر پر انور ظہیر خان کا خاکہ ان کے سہ ماہی میں چھپا جو پسند نہیں آیا۔ خیر النسا مہدی نے اپنی ناپسندیدگی کا اظہار مجھ سے کیا اور خواہش ظاہر کی کسی نے اس کا جواب دیا ہوتا۔ ان کی بات میرے دل میں بیٹھ گئی۔ اگلی ملاقات میں اپنا جواب ان کو سنایا۔ دونوں نے مل کر سنا۔ باقر پچھلی دفعہ کی طرح خاموش رہا۔ بیوی نے کہا، ''آپ نے اچھا لکھا ہے، اعتدال برتا ہے۔'' باقر میری تحریر سے مطمئن نظر آئے۔ خواہش ظاہر کی کہ اسے میں ساجد کو بھیجوں جن کے 'نیاورق' میں خاکہ چھپا تھا۔ 'نیاورق' کے اگلے شمارے میں چھپا اور مکتبہ کی شام کی دوستانہ گفتگو میں زیر بحث بھی آیا۔

'دوستی کی ایک علامت... باقر مہدی' کو لکھنے کی خواہش میری اپنی تھی۔ جب ان کو سنایا، ان کے چہرے پر پسندیدگی کے آثار پایا۔ خواہش ظاہر کی کہ اسے 'کتاب نما' کے لیے روانہ کروں۔ ایک ملاقات میں مجھ سے کہا، ''شاہد علی خان سے کہا ہوں اگر یہ شائع نہ ہوا تو آگے سے کوئی تحریر نہیں بھیجوں گا۔'' 'کتاب نما' میں چھپا۔ لیکن الیاس شوقی نے بتایا اس کی اشاعت میں ان کو بھی دخل حاصل ہے۔ قصہ سنایا جب یہ لفافہ مدیر کے ٹیبل پر کھلا وہ بھی وہاں موجود تھے۔ انھوں نے شاہد علی خان کی یاد دہانی کرائی کہ اس مضمون کے راقم وہی عبدالغنی ہیں جو اکثر سنیچر کی شام محمود چھاپرا، فضیل جعفری، ابوبکر مرچنٹ اور زکریا شریف کے ساتھ ہم رکاب ہوا کرتا تھا۔ انھوں نے استعجاب کے ساتھ کہا تھا، ''کیا وہ بھی لکھتے ہیں!''

اس مضمون کے تعلق سے ایک اور دلچسپ واقعہ بھی وابستہ ہے جس نے باقر کو شش و پنج میں ڈال دیا تھا۔ ایک شام ان کو ٹیلی فون پر باتیں کرتے سنا۔ شاید دلّی سے گفتگو جاری تھی۔ انھو ں نے ذرا رک کر میری طرف سوالیہ نظروں سے دیکھا اور ایک ہاتھ کو موڑ کر مجھ پر متعجب بھی

ہوئے۔انھوں نے جیسے پوچھا ہو،''اب کیا جواب دوں۔''دوسری جانب سے پوچھا گیا تھا کہ وہ انھیں اس مضمون کے مصنف کا دیگر کام بھی بتائیں۔ باقر بتاتے تو کیا بتاتے۔میں ان کا کوئی ادیب دوست تو تھا نہیں۔

اس مضمون کو اشاعت کے بعد بہت پسند کیا گیا۔احباب میں سے کئی نے جواب دیا،''اچھا ہی نہیں....بہت اچھا ہے۔''مگر میری دلی تسکین کا باعث یہ واقعہ ہوا تھا۔شام گزر چکی تھی۔میں اور یعقوب راہی ان کے گھر پر تھے۔ باقر نے خواہش ظاہر کی ان کو یہ مضمون پڑھ کر سنایا جائے۔ راہی نے پہل کی لیکن انھوں نے مجھے سنانے کہا۔میں نے جب نظمؔ نئے انداز کا غمؔ کا وہ قصّہ نثر میں سنایا جب ان کی بہن کو باقر کے اس وعدے پر کہ جلد لوٹ آؤں گا یقین نہیں آیا مگر دل کے بہلانے کو اتفاق کرلیا تھا، جب میں نے پلکیں اٹھا کر ان کی طرف دیکھا ان کی آنکھیں آنسوؤں میں ڈبڈبائی ہوئی تھیں۔

زندگی کے موڑ پر*

باقر مہدی

(عبدالغنی کے نام!)

آشنا برسوں سے ہم تم تھے مگر
دور ہی دور رہے.....!
جان پہچان کی اک حد ہے۔ہمیں کیا معلوم؟
باتیں خوش رنگ لباسوں میں نہاں رہتی تھیں
اور تبسّم بھی کبھی آ کے ملا کرتا تھا۔
بس یونہی...شامیں گزرتی تھیں دبے قدموں سے
وقت نے جانے کہاں جا کے ہمیں پکڑا تھا؟
آج کچھ یاد نہیں....صرف نشاں باقی ہے!
اب بھی ہم تم سے شناسا ہیں....مگر کیا کہیے؟
گفتگو ہوتی ہے الفاظ بھی ٹکراتے ہیں
کوئی معنی کا شرارہ نہیں اُڑتا لیکن!
کب وہی رہتا ہے انداز بدل جاتے ہیں؟
لَے بدل جاتی ہے اور ساز بدل جاتے ہیں!
ساتھ چلتے ہوئے ہمراز بدل جاتے ہیں!

* نظم کا عنوان کرشن چندر کے افسانوی مجموعے 'زندگی کے موڑ' سے ماخوذ ہے۔(ب.م.)

دوستی کی ایک علامت: باقر مہدی

یوں تو ہر شخص کے دل میں خواہش پلا کرتی تھی کہ اس کی دوستی باقر سے بنی رہے۔ شاعر ہو، ادیب ہو یا کوئی اور جس کسی کے دل پر شعر و ادب کے گہرے اثرات پڑتے ہوں ان سے لوٹنے کے بعد ایک نامعلوم سی خوشی محسوس کرتا تھا جیسے اس کی خوش آگہی میں کچھ اضافہ ہوا ہو۔ میرا شمار بھی ایسے ہی لوگوں میں تھا۔

۳۵/۳۰ سال کا عرصہ ہو چکا ہے۔ میں باقر سے ملا تھا۔ میرے اسکول کے قریبی دوست محمود چھاپرا جو شہر کے اکثر ادیب و شاعر کو بے حد عزیز رکھتے تھے اور بدلے میں ان کی رفاقت کا مزا لوٹتے، مجھ کو باقر سے ملایا۔ ان کے گھر لے گئے۔ مجھے ان کی گھریلو ادبی نشستوں میں ساتھ رکھا اور جب باقر باندرہ منتقل ہو گئے تو یہ جوڑی اکثر سنیچر کی شام ان کے پاس جا بیٹھتی اور یہ جوڑی اس وقت ٹوٹی جب محمود اس دنیا سے اٹھ گیا اور مجھے دوست کے درد کا احساس اس شام ہوا جب محمود کی یاد میں باقر رویا اور آواز بھی بلند ہوئی۔ (وسعتیں غم کی، خوشی کی ساعتیں یاد آگئیں)

میں نے کئی ادیب اور شاعر کو ان کے دوستوں میں دیکھا ہے جن کی دوستی صرف شعر و ادب کی سطح پر ہوا کرتی تھی۔ کئی گھنٹے خمار کی کیفیت، شعر گوئی، ذکر گزراں اور اثبات و انکار میں گزارہ کرتے تھے اور ذہنوں کے اس میل ملاپ میں جو لطف و انبساط سب کے حصے میں آتا تھا، ان میں سے ایک میں بھی تھا لیکن کیا ان سے بیشتر کے دل پُرخلوص بھی ہوتے تھے یا لطف و خمار کی خواہش انھیں باقر کے مسکن تک کھینچ لے جاتی تھی۔ ایسے سوالوں کو وہ پوشیدہ رکھتے تھے۔ وہ تصویر کے صرف اس رخ پر نظر رکھتے جس میں پیمانے ایک دوسرے کو لبیک تو کہہ رہے ہوتے لیکن خالی بوتل کے انجام کو آنکھوں سے اوجھل پسند کرتے تھے۔ ان لمحات میں کسی کو یہ غلط گمان ہو سکتا ہے کہ باقر بھی ان کی اس آسان روی کا دم بھرتے تھے اور اس لیے ان سے الگ نہیں تھے۔

درحقیقت بات یہ نہیں ہے۔ باقر میں انسانیت کے تئیں جو جذبہ انکساری ہے وہ مہمانوں کے رخ کو روشن کیے رہتا تھا۔ وہ سب اپنی اپنی جگہ بیٹھے گرمیٔ محفل کا لطف اٹھاتے۔ باقر طبعی طور پر ہر دوسرے شخص کو قدر کی نگاہ سے دیکھنے پر مجبور ہیں، دل شکنی تو بہت دور کی بات ہے۔

اکثر ایسا ہوا ہے جب انھوں نے اپنے ملنے والوں کی قدر دانی تو کی ہے لیکن ان کی صلاحیتوں کو آزمانے سے گریز کیا ہے۔ رائے مشورہ دینے میں احتیاط برتا ہے۔ جن میں طلب ہوتی تھی ان کی ہمت افزائی کی ہے اور دوستی کا دم بھرنے والے قابل دوستوں میں سے کسی کو غلط روی پر پایا تو اسے لتاڑا بھی ہے اور کبھی تو ایسا بھی ہوا کہ کوئی شخص اپنی آنکھ میں آنسو لے کر لوٹا۔

میری دوستی ان کے ساتھ کم و بیش ہموار رہی۔ اپنے ملنے والوں سے وہ پہلے ہی ملاقات کا دن اور وقت مقرر کر دیتے تھے اور پھر جب گفتگو میں اشعار کا استعمال ہوتا تو بہت خوش ہوتے۔ اپنی نظم بھی سناتے۔ ہم عصروں کا ذکر بھی آتا۔ چند ایسے بھی تھے جن کو انھوں نے اپنا سمجھا تھا اور جی لگا کر ان سے دوستی کی تھی مگر جب ان کے اہمیات بدل گئے تو ان سے خود کو جدا کر لیا۔ انھوں نے دوستی کا معیار ہمیشہ انسان دوستی کی بنیاد پر رکھا اور آج بھی ہے اور یہی وہ جذبہ ہے جس کے سہارے آج تک میں ان کا دوست بنا رہا۔ ویسے ایک بات کا ذکر کرتا چلوں کہ میں نے اپنی اس طویل دوستی میں انھیں ہمیشہ ایک گرم جوش دوست پایا۔ اور کبھی ایسا بھی مقام آیا جب میری ملاقات ان کے لیے ایک نامعلوم سا ذہنی سکون ثابت ہوئی جیسے ان کے دماغ کی لرزش میں کچھ کمی آ گئی ہو۔ اس بات کا اظہار انھوں نے خود کیا ہے۔

ان کی نجی زندگی سے میں کچھ کم واقف ہوں اور اس کی ایک خاص وجہ یہ بھی ہے کہ ان کا اس دنیا میں کوئی نہیں ہے سوائے ایک عدد بیوی کے۔ جو خود بھی اپنی ذات میں ایک مکمل اور منفرد حیثیت رکھتی ہیں۔ اس لیے مجھے یہ کسی عمارت کے دو پختہ ستون نظر آتے ہیں جن کی پہچان تو الگ ہے لیکن پوری عمارت کا بوجھ مل کر اٹھائے ہوئے ہیں۔ باقر میں بیوی کی طرف شوہر کا روایتی جذبہ مجھے نظر نہیں آیا۔ بلکہ وہ انھیں گہرے دوست کی نظر سے دیکھتے ہیں اور مجھے تو ایسا لگتا

ہے کہ یہ جذبہ دوستی محبتی میں بدل چکا ہے۔

ان کی اپنی نجی زندگی میں ایک اور شخص بھی ہے جس کو انھوں نے کسی حد تک اہمیت دی ہے جو ان کے لیے کھلونے کا کام دیتی ہے۔ یہ ان کی پرانی مراٹھی ملازمہ ہے، جس کی غلط تلفظی، شاعری سے بے غرضی اور جاہلانہ مداخلت اور رائے زنی مزہ دے جاتی ہے۔

باقر کے دوستگان کی ایک لمبی فہرست ہے، جن کو انھوں نے درجہ بہ درجہ کس طرح اپنایا او رغیر کیا۔ جیسے جیسے وقت اور حالات بدلے دوستوں میں اضافہ ہوا اور کتنے چھٹ گئے۔ کتنے ان کے ساتھ راہِ وفا پر چلے اور پھر اپنی سمت بدل دی۔ یا کچھ ایسے بھی ہیں جن کو ابھی تک اس بات کا یقین ہی نہ ہوسکا باقر ان کے دوست ہیں بھی یا نہیں۔ باقر کے نزدیک اس حساب وشمار کی کوئی اہمیت نہیں۔ اہمیت دراصل ان کو سمجھنے میں ہے۔ ان کے اشعار میں اور ان کی نظموں میں۔ وہ کیفیات جو ان کے دل پر اتریں اور شعر کا جسم اختیار کرگئیں، ان کی زندگی کا حاصل ہیں مگر چونکہ یہاں ان کے ادبی مراحل سے بحث نہیں ہے اور نہ اس رشتہ سے جو ان کے اور شعر کے درمیان ظہور میں آتے رہے ہیں اور ان کی مختلف ادوار کا اظہار کرتے رہے، خیالات اور موضوعات کے اعتبار سے۔ اس لیے ان کی شاعری کے صرف انہی اشعار پر غور کیا جائے گا جو اس مضمون کے عنوان کو زیادہ اجاگر کرسکیں۔

دوستی کا جذبہ ان کی انفرادیت کا ایک اہم جزو ہے۔ ان کی ۱۹۵۳ء کی نظم 'نئے انداز کا غم' جسے انھوں نے اپنی بہن کے نام معنون کیا ہے۔ ایک نہایت تاثر ترین نظم ہے۔ اگر اس نظم کے پہلے دو مصرعے مٹا دیے جائیں جن میں شاعر نے اپنی بہن کو مخاطب کیا ہے تب بھی نظم معنوی اعتبار سے مکمل ہے اس لیے کہ نظم کے پہلے حصے میں زندگی کے حقائق کا اظہار ہے اور آخری حصے میں کشمکش حیات، آزمائش اور پُر اُمید زندگی کے کرن کی جھلکیاں ہیں۔ نظم کا درمیانی باب ان اشعار پر مشتمل ہے جہاں انھوں نے دوبارہ اپنی بہن کا ذکر کیا ہے ان کا نام لیے بغیر، یعنی اس بند کا رُخ کسی اور طرف بھی موڑا جاسکتا ہے۔ اس بند میں باقر نے سوز و کرب کی انتہا کردی ہے۔ گو وہ اپنی بہن سے مخاطب ہیں اور محبت کے رشتے میں دونوں بندھے ہوئے ہیں لیکن اگر ان اشعار

کونظم کے پہلے دو مصرعوں سے الگ کر کے پڑھا جائے تو قاری شاعر کو کسی بھی دوست کی محبت میں غرقاب پا سکتا ہے یعنی ایک جذبہ دوستی ہی ہے جو ان کے دل میں بسا ہوا ہے۔ اگر ان اشعار کو نثر میں بیان کیا جائے تو کچھ یوں ہے:

''جب میں گھر چھوڑ رہا تھا تو زندگی کس قدر سخت جانی کا تقاضہ کر رہی تھی اور دنیا تمام دیوانگی کے ساتھ گھور رہی تھی۔ خشک آنسو اور آرزوؤں کی راکھ کے ڈھیر راہ میں منتظر تھے لیکن زندگی سے الجھ کر سر اٹھانے کی خواہش جہد مسلسل کے لیے کافی ہے۔''

اس نظم کے چند اشعار نقل کرتا ہوں جس سے شاعر کے ذوقِ سلیم اور فکر کی گہرائی کا اندازہ ہوتا ہے:

تیرے آنسو میرے دامن سے لپٹ جاتے تھے
ہر قدم صبر کی منزل سے گزر جاتا تھا
میں تجھے اپنے عزائم کا سہارا دے کر
رازِ ہستی نئے انداز سے سمجھاتا تھا
کیا خبر تھی کہ ہیں یہ آخری باتیں اپنی
جانے کیا سوچ کے ملنے کی قسم کھاتا تھا
آج تک یاد ہے وہ آخری ساعت مجھ کو
جب کہ اشکوں میں تبسم کی چمک پاتا تھا

ان اشعار میں بھائی اور بہن کے دلوں کا دلگیر تکلم، خلوص، امید کا دلاسہ اور زندگی کی گتھی کے سلجھنے کا امکان اور دل میں ان کی لایقینی کا درد دماغ پر گہرا اثر چھوڑ جاتا ہے۔ بہن دل سے مجبور ہو کر دوبارہ مل سکنے کی قسموں کو قبول تو کر لیتی ہے لیکن آنکھ اس نادانی پر رو دیتی ہے۔

انھوں نے کئی نظمیں اپنے دوستوں کی یاد میں لکھی ہیں۔ ان میں سے ایک ''سوالوں کا سوال'' جو ان کے ایک عزیز دوست داؤد غازی کے وصال پر سیاہ پوش ہے۔ زندگی کے المیے کی پُرسوز حکایت ہے۔ یہ نظم دوست کے رشتے کو نہایت قریب سے محسوس کراتی ہے اور زندگی کی فریب

کاری کا مزہ بھی چکھاتی ہے جو کبھی امیدوں کی پریوں کا ناچ دکھاتی ہے اور کبھی ناامیدی انھیں اڑا لے جاتی ہے اور زندگی کا ماحصل نفی رہ جاتا ہے۔

ایک اور نظم ''آرکیڈیا'' جو ایک مکان کا نام ہے جس کا ایک کمرہ استاد خلیل کا ہوا کرتا تھا۔ یہاں باقر مہدی بھی قیام پذیر ہوئے تھے۔ گوکہ اس نظم کو انھوں نے استاد خلیل کے نام نذر کیا ہے۔ لیکن یہ نظم اس رشتہ طرب کا نہایت والہانہ اظہار ہے۔ جب وہ اپنے کچھ شناساؤں کو فرشتوں کا نام دیتے ہیں جو شام ہوتے ہی وہاں جمع ہوجاتے اور اپنے پروں کا بوجھ کاندھوں سے اتار کر فرش پر رکھ دیتے اور بے تکلفانہ گفتگو میں محو ہوجاتے۔ اس نظم میں دوستی کے احساس کا شدید اظہار ملتا ہے۔ جب یارانہ قربتیں بے معنی ہنسی کو بھی جلا بخشتیں۔ نظم کے دوسرے حصے میں اس محفل کا پُر درد زوال پذیر منظر آنکھوں میں بس جاتا ہے جب زندگی اپنی بے کسی پر مغموم ہے اور سارا منظر ایک دوست کے اٹھ جانے پر صرف دھواں بن کر رہ گیا ہے۔

چند آنسو، آرزو کی راکھ، ٹوٹا دل کا جام
ہیں یہی اب غمکدہ میں میکشی کی یادگار

محبت میں ڈوبی ایک اور نظم بھی ہے۔ ''اریب''، جن کے انتقال کو ان کا دل یقین کی حدوں سے دور رکھنا چاہتا ہے۔ وہ ان کو آواز دیتے دیتے تھک جاتے ہیں۔ دلاسہ بھی دیتے ہیں کہ موت کی گھنٹی کی آواز تو یوں ہی فضا میں گونجا کرتی ہے۔ نصف شب میں تیز بھی ہوجایا کرتی ہے لیکن کسی مخصوص شخص کی تلاش میں نہیں گھومتی، گمراہ ہے۔ پھر اپنی گفتگو کو بڑھاتے ہوئے کہتے ہیں کہ ابھی تو ان کے درمیان کی بات بھی ادھوری ہے۔ رات بھی ابھی ان کے جام کے خالی ہونے کا انتظار کر رہی ہے۔ کچھ وعدے بھی وفا ہونے ہیں۔ بالآخر ان کی آواز اریب کو پکار کر ٹکڑوں میں بٹ جاتی ہے۔ اسی روز سولہ اکتوبر ۱۹۷۰ء کے دن باقر نے جب یہ نظم لکھی تھی، ایک غزل کے چند شعر بھی کاغذ پر اترے تھے۔ اور آخر شعر میں یوں اریب سے جدا ہوتے ہیں۔

وقت کی ریت میں کھوجائیں گے ہم سب لڑ کر
ریت پر لکھ کے ترا نام مٹاتا ہوں اریب

اور بھی چند نظمیں ہیں جن کو انھوں نے حسن نعیم، محمد علوی، محمود ایاز اور دیگر دوستوں کے نام نذر کی ہیں۔ ایک نظم جو قاضی سلیم کے نام ہے، غیر معمولی طور پر قابل توجہ ہے جیسے انھوں نے اس دوست کی شاعری اور قربت کو نہ صرف اہمیت دی ہے بلکہ ایک خاص نظر سے دیکھا ہے جیسے قاضی سلیم کی پوری شاعری اس نظم میں اتر آئی ہے۔ شاعر کی تمام فکر اور جذبے کے ساتھ ان کی شاعرانہ صلاحیت کے رنگ روپ، بے تابی، وحشت اور بکھرے خیالات کی تاثیر اس نظم میں جلوہ افروز ہیں۔ اس نظم کے چند مصرعے پیش کرتا ہوں جن کو پڑھ کر قاضی صاحب کے تخلیقی پیکر کی اچھی خاصی تصویر آنکھوں میں کھنچ جاتی ہے۔

ہاتھ میں اک قلم ہے جیسے ایک خلش
فکر و جذبہ، رنگ، روپ، دونوں کی آویزش
اور قلم کی جنبش جاگی ایک لکیر چمک چمک کر رینگی
ایک خیال، ایک تصویر
نظم کے ٹوٹے شیشے، ریزہ نظریں، بکھرے جلووں کو
ندرت کی تاثیر سے جوڑا
اڑتے طائر شاخوں پر آبیٹھے
اور شفق افسردہ آنکھوں میں اتری

میرے نزدیک اس نظم نے قاضی سلیم کی قوتِ قلم کو ادبی سالمیت بخشی ہے۔

دلی قربت اور ذہنی ربط وضبط کا اظہار ان کی کئی اور نظموں میں بھی نہایت درد آمیز انداز میں ملتا ہے۔ جو انھوں نے اپنے کچھ اور دوستوں کے نذر کی ہیں یا ان کی یاد میں لکھی ہیں۔ مرزا عزیز جاوید وہ شاعر ہیں جن کو باقر نے غزل اور نظم دونوں صنف میں یاد کیا ہے۔ ایسی باتیں جو ماضی ہو چکی ہیں۔ دل کی نادانی سے مجبور ہو کر مرزا کو حال میں مخاطب کرنے کی یاس بھری امید کرتے ہیں اور ان سے ان باتوں کو دہرانے پر اکساتے ہیں جب وہ بے تکلف دوست ہوا کرتا تھا اور اس طرح ایک ایسی خواہش ان کے دل کے نہاں خانے سے ابھرتی ہے کہ وہ

دوبارہ خود کو اس دورِ انبساط کی گزرگاہ میں پاتے ہیں، جب کبھی دونوں کے روزانہ کے معمولات یکساں ہوا کرتے تھے۔ دوستانہ گفتگو، فٹ پاتھ پر نرم روی، گپ شپ، شراب نوشی اور شعر گردانی اُن کا تیسرا دوست ہوا کرتا تھا۔ جب دونوں مفلسی کے خلاف جہت کے چراغ روشن کرتے تھے اور پھر باقر گردشِ دوراں کو یاد کر کے حقیقت میں لوٹ آتے ہیں اور جائے پناہ ان کو مرزا کی کتاب 'شہر مدفون' کی ورق گردانی میں ملتی ہے۔

اس غزل کا حسن نہ تو خیال کی بلندی میں ہے نہ فکر کی گہرائی میں اور نہ غزل آگہی کے کسی راز کو افشا کرتی ہے۔ اس کے معیار کی بلندی، اس کی سادگی، خلوص دل اور جذبہ اُنس و انبساط ہے جو دو افراد کو دوست ہونے کا فخر عطا کرتا ہے۔ مرزا کی یاد میں جو نظم ہے اس کے برعکس ہے۔ اس میں وہ مرزا سے ہم کلام نہیں ہیں۔ خود سے برہم ہیں اور ان لوگوں سے جو مرزا کی مفلسی کو قریب سے جانتے ہیں لیکن خود کو مرزا سے الگ اور بہتر حیثیت کے درجات میں پاتے ہیں۔ باقر خود کو بھی بے حسی کے کٹہرے میں کھڑا پاتے ہیں اور اپنی کی ہوئی ہمدردی کو بورژوائی رنگ دیتے ہیں۔ نظم کے آخر میں مرزا ان کے ذہن میں ایک جانباز فاتح کی طرح ابھرتا ہے جس کی پرچھائی کو آج بھی مدنپورہ کی گلیوں میں دیکھا جاسکتا ہے، خندہ زن!

وہ بھی ایک زمانہ تھا جب ان کی اور اختر الایمان کی دوستی سات ستاروں کے جھمکے کے پاس سے اس دنیا کا نظارہ کرتی تھی۔ ساتوں آسمان کی سیر پر جاتی اور موسیقی کے ساتوں راگ ان کے ہم نشیں ہوا کرتے تھے۔ آرزوئیں جنم لیتی تھیں۔ نظم 'زرد پھول' انھیں کے نام سے منسوب ہے اور پھر جانے وہ کون سا لمحہ تھا جب کانوں میں صور کی آواز گونجی اور سب ختم ہوگیا۔ رہائش گاہیں قریب ہوتے ہوئے بھی ایسے جیسے میلوں دور بستیاں بسائی ہوں۔ چونکہ یہ دلی معاملات نہایت نجی طرز کے ہیں ان پر رائے زنی مناسب نہیں ہے۔ باقر کے اس شعر پر اکتفا کرتا ہوں۔

لاکھ گہرے تعلقات سہی
ایک لمحے میں ٹوٹ جاتے ہیں

یا یہ اشعار جو دل کے ٹوٹنے کی صدا بھی رکھتے ہیں:

لہروں میں چاندنی کا مکاں جگمگا اٹھا
ساحل پہ ایک حسرت تعمیر کھنچ گئی
ایک شام ڈوبتی ہوئی مجھ سے لپٹ گئی
ایک صبح جیسے سینے میں شمشیر کھنچ گئی

ان کی بعض نظمیں خاص جذبوں کی حامل ہیں۔ ن م راشد کی یاد میں جو نظم ہے غم خون کی صورت میں ٹپکتا نظر آتا ہے، جو دھیرے دھیرے رگ و پے میں سرایت کر گیا ہے۔ اس نظم کو پڑھ کر دل یقین کر لیتا ہے کہ موت میں وہ بات کہاں جو کسی دوست کو اس کی رفاقت سے دور کر سکے۔

پروفیسر احتشام حسین کی اعلیٰ، بلند اور مشفقانہ شخصیت نے نہ جانے کتنے لوگوں کو اپنے زیر سایہ پروان چڑھایا ہے۔ ان کے وصال سے اب وہ بے سہارا ہو گئے ہیں۔ اس نظم کے سہارے باقر اپنے شکریہ کے پھول ان کی نذر کرنے میں کامیاب ہو گئے ہیں کہ ان سے جو کچھ سیکھا تھا اس میں زندگی کی کڑواہٹ کو گھول کر جینے کا ہنر سیکھ لیا ہے۔

اور بھی دو شخصیتیں تھیں جن کے باقر بہت گرویدہ تھے۔ ان دوستوں کی سنگت وقت کے ساتھ ساتھ دھیرے دھیرے پروان چڑھی تھی اور اس لمبی مسافت کی کوئی منزل نہیں تھی۔ بس راہ میں ملی ہوئی چھاؤں، پھول کی پتیوں پر چند شبنم کے روشن قطرے، جن کو دیکھ کر آنکھوں کی پیاس بڑھ جائے اور آرزوئیں جو رشتۂ دوست کو کستی جائیں سفر کے سامان ہوا کرتے تھے۔ اس سے زیادہ کی تمنا سے دل شفاف رہا کرتا تھا۔

راجندر سنگھ بیدی وہ تنہا شخص ہیں جن کی یاد میں کہی ہوئی نظم صرف غم، صرف آنسو اور صرف بے کسی کی ایسی پُر درد داستان ہے جس کے اثر نے باقر مہدی کو منجمد کر دیا تھا اور اس غم سے وہ تب ہی نکل پاتے ہیں جب تک بیدی کو مخاطب کر کے یہ نہ کہہ لیں کہ موت انھیں جدا کرنے میں ناکام ثابت ہوئی ہے اور زندگی کا اختتام ان کی ملاقات ہی پر ہوگا۔

باقر اور بیدی کے باہمی تعلقات کی ایک جھلک ان کی بیوی خیر النسا مہدی کی کتاب ''مجھے بھی کچھ کہنا ہے،، میں بھی قلمبند ہے، جس کا آخری جملہ جدائی کے غم کی پُر نور عکاسی کرتا ہے۔ ’بیدی کے چلے جانے کے بعد باقر اپنا منہ چھپا کر اتنا روتے کہ اس کا بیان میں نہیں کر سکتی‘۔

دوسرا فرد انسانیت کا وہ مجسمہ ہے جس کا خاک دل کوہِ طور کے سرمے سے کم اہم نہیں اور جن کی شاعرانہ صلاحیتوں کا سکّہ اردو دنیا میں ہمیشہ رائج الوقت رہے گا۔ منکسر اور جاں نثاری ایسی کہ دوست دشمن ان کے مال کو ایسی ویسی بولی لگا کر اٹھائے جائیں اور یہ صرف مسکرا دیں۔ باقر جب اس شخص جاں نثار اختر سے پہلی بار ملے تھے وہ ان کا اس شہر میں پہلا دن تھا۔ اس شہر کا پہلا تجربہ۔ ایک پائیدار دوستی کی ابتدا اور دو حساس شاعروں کی اس شہر سے آگہی کی پہلی جستجو۔

برستی خامشی میں در بدر فٹ پاتھ پر پھرنا
بگولوں نے ہمیں شہروں میں بھی آوارگی دی ہے

باقر کی جاں نثار سے دلی اور ذہنی یکسوئی کی کوئی حد مقرر نہیں کی جا سکتی۔ ان کی صاف اور شفاف جھلکیاں ان کے اشعار میں سورج کی پہلی کرنوں کی طرح پوری معنویت کے ساتھ نمایاں ہیں۔

یہ تجھ سے ٹوٹ کر ملنا گھٹاؤں سے نہیں سیکھا
چٹانوں نے ہمیں شرمندہ ہو کر خستگی دی ہے
ہمارے قہقہوں میں آنسوؤں کی گنگناہٹ ہے
نہ جانے کس تڑپتی روح نے یہ خوشدلی دی ہے
کتابوں کی فسردہ زندگی کیا گمرہی دیتی
ہمیں لفظوں نے عاجز آ کے الجھی سادگی دی ہے

باقر کے دل میں جاں نثار اختر نے اپنے گھر کی تعمیر کی تھی اور باغ لگائے تھے۔ اس راز سے بھلا کون واقف ہو سکتا تھا۔ اردو شاعری بھی اپنی بد نصیبی پر روتی، اگر جاں نثار اختر کے اٹھ جانے کے بعد باقر ان لمحات سے نہ گزرتے جب دل نے رسنا شروع کیا تھا اور آنسوؤں کی بارش ہوئی تھی اور چند قطرے موتیوں کی طرح اشعار میں ڈھل گئے تھے۔ اس نظم میں فکر کی تاثیر،

احساس کی چبھن، دل آزاری، امنگوں کی خاک، دنیا کی آگہی، لبوں کی تا حیات تشنگی اور جان کنی جیسی تمام نعمتوں سے شاعر کا دل خدا کا شکر گزار ہے۔ آخر تم اس کی کون کون سی نعمت کو جھٹلاؤ گے۔

اس نظم کا صرف پہلا اور آخری شعر دہراتا ہوں:

جانے کیسی بجلی چمکی جب وہ زلفِ یار گری
ایک میرے سینے میں اتری ایک افق کے پار گری
پاس بلا کر جس نے مجھ کو برسوں تک ترسایا تھا
باقر میری قبر پہ آکے وہ روحِ اشعار گری

باقر کے کئی اور دوست بھی ہیں جو صاحب قلم ہونے کے علاوہ ممتاز ہستیوں کے مالک ہیں۔ اگر ان میں سے چند کا ذکر اس مضمون میں آنے سے رہ جائے تو باقر کے تعلق سے کوئی بھی کہی بات ادھوری رہ جائے گی۔ اس وقت جو نام میرے ذہن میں آرہے ہیں ان میں سب سے اول شام لال ہیں جو ۱۹۷۷ء میں نوکری سے سبکدوش ہو کر دہلی جا بسے ہیں۔ ٹائمز آف انڈیا کے چیف اڈیٹر تھے۔ مفکر، مدبر اور علمی دنیا کی جانی مانی ہستی، جب تک ممبئی میں رہے باقر حتیٰ الامکان بلاناغہ ہفتے میں دو بار ان سے ملنے جاتے اور ہر بار اس اہتمام کے ساتھ کہ ان کی ڈاڑھی منڈھی ہوئی ہو، جسم پر استری شدہ کپڑے ہوں اور دماغ علم و آگہی کی تکرار کے لیے تیار۔ ایک اعتبار کا رشتہ ان کے درمیان پروان چڑھا اور جذبہ رفاقت میں بدل گیا اور آج ان کے پیکر کے روپ کچھ ایسے نظر آتے ہیں جیسے کسی لافانی کہانی کے لازوال کردار ہوں۔ یہ سلسلہ آج بھی ٹیلیفون یا خط کے ذریعے پچھلی یادوں کی لڑی کے ساتھ جڑا ہوا ہے۔ کچھ عرصہ ہوا شام لال نے باقر کو دہلی مدعو کیا تھا۔ ان کے مہمان رہے اور ان کی لائبریری کی خوب خبر لی۔

دوسرے شخص یعقوب راہی ہیں۔ شاعر ہیں اور شعر گوئی میں اپنی الگ پہچان رکھتے ہیں۔ بلکل منفرد چار شعری مجموعوں کے مالک ہیں۔ ان کی فکر اور شعر گوئی کی اہم خوبی یہ ہے کہ ضخیم اور گمبھیر خیال کو کم سے کم الفاظ اور مختصر پیرائے میں نہایت پُر اثر انداز میں کہہ جاتے ہیں۔ اردو کے علاوہ ترجمے کے ذریعے مرہٹی شاعری کے رنگ روپ کو بھی اردو قالب میں ڈھالا ہے۔

دلت شاعروں کی نظموں کا ترجمہ ان کی ہیئت، اصل اور معنی کو زک پہنچائے بغیر نہایت موثر انداز میں کیا ہے۔

پہلے جب انھوں نے باقر کی طرف دوستی کا ہاتھ بڑھایا تھا پھر اس کی گرفت سے آج تک آزادی نہیں مانگی، جو قدم بڑھالیا تھا سو بڑھالیا۔ بڑے شیدائی ثابت ہوئے۔

باقر کے دم سے اکثر ادبی اور دوستانہ محفلوں کا انعقاد ہوتا۔ راہی کا ان میں ہمیشہ اشتراک رہتا، کچھ ایسی تھیں جن کی جگہ اور تاریخ کا پہلے ہی اعلان کر دیا جاتا۔ باقی بے تکلفانہ محفلیں باقر کے گھر کی محتاج ہوا کرتی تھیں۔ کسی مہمان ادیب یا شاعر کے اعزاز میں یا یوں ہی باقر کے ساتھ مل بیٹھنے کی خواہش، چند قلم کاروں اور شناساؤں کو ان کے گھر کے دروازے پر لا کھڑا کرتی۔ ان محفلوں کی یادوں کا ہر فرد ہمیشہ گرفتار رہے گا۔ ایک روایت جواب قدیم ہو چکی ہے اس کا ذکر اس لیے ضروری ہے کہ اس کی تفصیل اور تشکیل کو راہی نے کتاب کی شکل دی ہے۔ اپنی کتاب 'بات سے بات چلے' کے 'عرضِ حال' میں لکھتے ہیں ''ایک زمانہ تھا جب ممبئی کے شاعر و ادیب، نیز ادب نواز حضرات مکتبہ جامعہ (ممبئی) کے دفتر میں سنیچر کی شام بلا ناغہ جمع ہوا کرتے تھے۔ شعر و ادب کے موضوعات پر بحث و تکرار ہوا کرتی اور اس کے نتیجے میں متعدد ادبی نشستیں ہوتیں۔'' یہ کتاب چند رپورتاژوں پر مشتمل ہے۔ باقر مہدی کے ساتھ ایک ادبی شام میں ان کے شعری رویے پر یوں رقم طراز ہے۔ ''باقر مہدی کا دوسرا نام احتجاج ہے۔ باقر ایسی احتجاجی ذہنی رویے کی وجہ سے شاعر و ادیب کی فکری و ادبی آزادی اور فطری سرکشی کے علمبردار بن گئے ہیں۔''

اس سے پہلے ایک اور رپورتاژ 'بحث و تکرار' کے نام سے تصدیق بھائی (مرحوم) لکھ چکے ہیں۔ راہی کی یہ کتاب اس کی دوسری اور آخری کڑی ہے۔ سنیچر کی شام 'مکتبہ جامعہ' ادبی نشستیں، دوستانہ محفلیں سب ماضی میں کھوگئی ہیں۔ وقت کی خاک نے بہتوں کے چہروں کو دھندلا دیا ہے یا ہمیشہ کے لیے روپوش کر دیا ہے۔

اس سلسلے کی ایک نہایت اہم کڑی محمود چھاپرا (مرحوم) بھی ہیں۔ ایسی کئی ادبی نشستیں تھیں جو ان کی مروہن منت ہوا کرتی تھیں۔ گھر کے ہال میں یا مکان کی چھت پر جلسے منعقد ہوتے۔ لوگ

شہر کے اطراف سے ان کے ہاں جمع ہوتے۔ خاطر تواضع دروازے پر ہاتھ باندھے کھڑی رہتی۔ محمود کو اگر کسی میں تخلیقی صلاحیت کا احساس ہو جائے تو اس کے قدردان ہو جاتے۔ اردو پر جان دیتے تھے۔ اپنے بیٹوں کی تعلیم اردو میڈیم سے پوری کروائی اور اردو کے ان قلم کار حضرات پر ایک طنز ثابت ہوئے جنھوں نے اپنے بچوں کی تعلیم کے لیے انگریزی میڈیم کا انتخاب کیا تھا۔ باقر کو دل سے چاہتے تھے۔ کئی ادیب و شاعر سے نجی تعلقات تھے۔ گھر میں آنا جانا تھا۔ وقت ضرورت کام بھی آتے تھے۔ راہی نے 'بات سے بات چلے' میں ایسی تین نشستوں کا تفصیلی ذکر کیا ہے جو ان کے گھر پر شہاب جعفری (۱۹۷۰ء) آل احمد سرور (۱۹۷۴ء) اور جاں نثار اختر (۱۹۷۵ء) کے اعزاز میں منعقد ہوئی تھیں۔ باقر سے محمود کی ملاقات کا سلسلہ ان کی زندگی کے آخری دنوں تک جاری رہا۔

اس شہر کی ایک اور اہم جاذب نظر شخصیت جن کے گھر شہرت کا بھی ڈیرا ہے، ندا فاضلی ہیں۔ اپنے اشعار میں تاثیر رکھتے ہیں۔ ان کی اب اردو دنیا میں عالمی پہچان بھی ہو چکی ہے۔ جب باقر کے دلی دوست ہوا کرتے تھے، وہ زمانہ ہی مختلف تھا۔ یارانہ دل کی تہوں میں تیرا کرتا تھا۔ اس کے علاوہ جس بات کو میں نے محسوس کیا ہے وہ ندا کے دل میں باقر کی اہمیت اور وقار کا جذبہ ہے۔ ایک مرتبہ آل انڈیا ریڈیو کے مشاعرے میں جب باقر کا نام کلام خوانی کے لیے پکارا گیا تو اپنی نشست پر کھڑے ہو گئے اور تالیوں سے ان کا استقبال کیا۔ میں نے ہمیشہ انھیں باقر کے تئیں سنجیدہ پایا۔ ویسے یہ بھی سنا گیا ہے کہ وہ اپنی دوستی میں پیچیدگیوں سے کام لیتے ہیں۔ ایک عرصے سے ان کی راہیں مختلف سمتوں کا رخ کر چکی ہیں لیکن اعتبار اور اعتماد کا رشتہ آج بھی قائم ہے۔

باقر کی ایک نظم ہے ''میرا تعارف'' اگر باقر کی جستجو اس نظم سے شروع کی جائے تو ان کے ذہن کی تہوں تک پہنچنے کی کوئی راہ نکل سکتی ہے۔ یہ نظم خود میں مکمل اور معنی کے اعتبار سے بھرپور ہے۔ باقر ایک شعر میں حیرت زدہ بھی ہیں اور خود سے یوں ہم کلام ہوتے ہیں۔

گمراہیوں کے خار ہیں وحشت کے پھول ہیں
دشتِ بلا میں آئے ہیں جانے کدھر سے ہم

باقر کے کلام میں ایسے بھی کئی مقام آتے ہیں جہاں اس طرح کے مصرعے ملتے ہیں (نئے معنی کی مجھ کو جستجو ہے) (مجھے دیوانگی ہی ڈھونڈتی ہے)۔ (میں تنہا آدمی کی دوستی ہوں)۔ (میری آنکھوں کو میری جستجو ہے)۔(سراپا گمرہی ہوں، میں نفی ہوں)۔ان مصرعوں سے ایسے اشارے ملتے ہیں کہ باقر کے نزدیک زندگی کا حاصل سکون دن، حسین گوشۂ حیات یا ثروت و دولت کی فراوانی نہیں ہے۔انھوں نے زندگی سے چھیڑ خانی کی، اپنی مرضی سے اس کو جیسا چاہا ویسا برتا اور زندگی کو صرف سفر جانا اور اس کا لطف کچھ پانے میں کم اور کھونے میں زیادہ پایا۔

ان کے چند شعر دیکھیے:

دربدر پھرتے رہے خاک اڑاتے گزری
وحشتِ دل تیرے کیا اور بھی احساں ہوں گے

گھربار، شہر، حدیں توڑ دیجیے
تخریب سی کشش کسی تعمیر میں نہیں

ایک اضطراب مسلسل کا نام ہے جینا
کہ موج موج کی شورش سے ہے سمندر بھی

ایک ان کی مختصر نظم ہے ''سرگوشی'' زیرِ نظر کرتا ہوں:

اب کوئی دوست نہیں
اس بڑے شہر میں
در و دیوار سے ایک شور میرے کانوں میں
ہر وقت گرا کرتا ہے
زہر میں ڈوبی ہوئی میری ان کہی سرگوشی
میرے ہونٹوں کو جلاتی ہی چلی جاتی ہے

آج باقر جس دور سے گزر رہے ہیں اس میں دوست کے رنگ روپ اور معنی بدل چکے ہیں۔اب علم اور آگہی نے خود ہی اپنے دروازے کھول دیے ہیں۔شعروں میں بے انتہا

توانائی اور احساس وفکر میں تجلیاتی اثر پیدا ہوگیا ہے۔ ہاں رغبت اور انکساری کا جذبہ آج بھی ان کے دل میں موجزن ہے۔

میں نے بھی ان کے بارے میں ایک رائے قائم کی ہے۔ پتہ نہیں کتنی درست ہے لکھے دیتا ہوں۔ وہ یوں ہے کہ ایک مرتبہ باقر نے بتایا کہ اسے ایک خواب نظر آیا ہے۔ وہ اپنے بیڈ روم میں چارپائی پر بیٹھے ہوئے ہیں اور آس پاس سات سفید کبوتر مرے پڑے ہیں۔ اس سے زیادہ انھوں نے کچھ نہیں کہا۔ لیکن میں نے اپنی آسان تعبیر میں یہ کہا کہ یہ سب آپ کے وہ ساتھی ہوں گے جو یکے بعد دیگرے اجل کا شکار ہو رہے ہیں لیکن میں نے جو باقر کے بارے میں رائے قایم کی ہے اس مصرعے سے اس کی تسکین ہوتی ہے۔

پرندوں کی دنیا کا درویش ہوں میں

❖■❖

ان کی (باقر مہدی) بے باکی کی داستانیں چمن ہر طرف بکھری پڑی ہیں۔ ان کی بے باکی وہ معمولی بے باکی نہیں جس کا دعوا بہت سے لوگ کرتے ہیں۔ ان کی بے باکی اور سفاکی میں ذرا سا ہی فرق ہے۔ اردو کے سارے ادیب اور شاعروں کے دلوں میں خوف کی جو ہلکی سی لہر دوڑتی رہی ہے، اس لہر کا نام باقر مہدی ہے۔

ظلم کرنے کی جو عادت تھی وہ تم کر کے رہے
آخری ظلم یہی تم نے کیا، مر کے رہے

تم کو بس عارضۂ موت نے ہی زیر کیا
کتنی مدت سے نظر آئے نہیں، گھر کے رہے

اب وہی لوگ تمھیں یاد کریں گے باقر
عمر بھر تم سے جو ناراض رہے، ڈر کے رہے

کون مانے گا یہ، قائل تھا تمھارا میں بھی
یہ الگ بات ہے کہ تم صرفِ نظر کر کے رہے

تم قدامت کے مخالف تھے، روایت کے حریف
پھر یہ کیسے ہوا، پابند مقدر کے رہے

یوسف ناظم

کچھ 'باقر اور نا گفتنی' کے بارے میں

اسے اشاعت سے پہلے سنا چکا ہوں۔ میاں بیوی نے مل کر سنا۔ یہ ان کی بیماری کا وہ دور تھا جب ان کی بولنے کی صلاحیت جا چکی تھی۔ مضمون کی تعریف میں میری جانب دیکھ کر ہتھیلی کو اس طرح موڑا جیسے پوچھا تھا ''اسے کیسے لکھ لیا۔'' اس مضمون کو لکھنے کی وجہ ایک واقعے سے ہوئی تھی۔ ان کی بیماری کے دن تھے۔ جسم کمزور ہو چکا تھا۔ آواز کو کھو دینے کا غم تھا۔ اسپتال سے بول پانے کی صلاحیت کو لوٹانے کا سبق ساتھ لا چکے تھے۔ جن الفاظ کو ادھورا بول پاتے بار بار کہہ کر مہارت حاصل کرنے کی سعی کیا کرتے۔ بعض الفاظ جن کی ادائیگی میں زبان کو تالو سے جوڑنا پڑتا ہے کہہ نہیں پاتے۔ تتلانے میں بچپنا لوٹ آیا تھا۔ ایسے الفاظ ان سے کئی بار کہلواتا اور ان کے کسی لفظ کا پورا تلفظ ادا کر دینے پر ہم سب خوش ہو جاتے اور ان کی شفا کی اُمید بڑھ جاتی۔ مدھوسدن جو باقر کے دیرینہ دوست تھے ان کے انتقال کے بعد بیگم مہدی کی خیر و عافیت جاننے برابر آنے جانے لگے تھے۔ میری ان سے دو چار ملاقاتیں ہوئیں۔ یعقوب راہی کا بھی ساتھ رہا تھا۔ ایک شام انھوں نے سوال اٹھایا کہیں باقر کے علاج میں کوتاہی تو نہیں برتی گئی۔ مگر وہ کچھ زیادہ ہی مطمئن نظر آئے جب ان کو بتایا کہ جن الفاظ کو وہ دہرا پائے ان کی ادائیگی کے اسباق وہ اسپتال ہی سے سیکھ کر آئے تھے۔

اس مضمون کو لکھنے کا واقعہ یوں پیش آیا تھا کہ ایک رات جب میں ان سے رخصت ہوا، انھیں دروازے تک پہنچنے میں کچھ دیر لگی۔ کمزوری تھی۔ اکثر ایسا ہوتا لنگی کی گانٹھ کھل جاتی اور اسے کمر پر سنبھالتے سنبھالتے قدم بڑھانا پڑتا۔ جب وہ دروازے پر پہنچے میں لفٹ میں داخل ہو چکا تھا۔ ان کو لنگی سنبھالتے دیکھ کر مذاقاً کہا، ''باقر صاحب، آپ کی لنگی میں ناڑی کیوں نہیں ہے؟'' آج بھی جب ذرا گردن جھکا کر سوچتا ہوں ان کی لبوں پر کی ہلکی مسکراہٹ یاد آجاتی ہے۔

باقر اور کرشن چندر

ایک مرتبہ کی بات ہے جانے وہ کیا لمحہ تھا جب باقر نے مجھ پر منکشف کیا کہ شہر آرزو' کی اشاعت کے بعد ایک عدد ساتھ وہ کرشن چندر کے گھر گیا۔لمبا اندھیری کا سفر تھا اور پیسے جیب میں گنتی کے ہوا کرتے تھے۔کرشن چندر نے دروازے پر ان سے کتاب لی اور چلتا کر دیا۔اس بات سے ان کو جو تکلیف پہنچی تھی اس کا کچھ علم مجھ پر ایک عرصہ بعد ہوا۔اس کے پشت بھی ایک واقعہ ہے۔ہم میں ایک مرتبہ کرشن چندر پر بات نکلی تھی'شاعر' کا کرشن چندر نمبر کا ذکر ہوا۔میں نے ان کی مقبولیت کا ایک واقعہ سنایا۔انجمن کی ہفتہ وار نشست تھی۔کرشن چندر نے کہانی سنائی۔عنوان مجھے یاد نہیں ہے۔کہانی کے ایک جملے پر انھیں تالیوں سے سراہا گیا۔ہوا یہ تھا کہ کہانی کا مرکزی کردار جب زنامنہ سے اس کا سودا کرتا ہے۔وہ اس کی لگائی قیمت اس شرط پر قبول کر لیتی ہے کہ وہ اس کے سینے کو نہیں چھیڑے گا کیونکہ بچہ اس سے دودھ پیتا ہے۔اسے سنا کر وہ معترض ہوا کہ اس جملے کی کیوں تالیوں سے تعریف ہوئی، مرد کی اس حرکت سے تو زنانہ مسرور ہوتی ہے۔ مجھ سے فوراً باقر نے پوچھا تم نے اسے وہاں کہا تھا۔میرے جواب نے انھیں بہت مایوس کیا۔ میں خود ان دنوں کرشن چندر سے بہت متاثر تھا۔ان کے چہرے پر مجھ سے ناپسندیدگی صاف نظر آئی۔اگر جو میں نے بھی کہانی پر بحث کے درمیان حصہ لیا ہوتا نہ صرف ان کی پہلی اور آخری ناراضگی سے بچ جاتا ان کی دلی تسکین کا بھی باعث ہوتا کہ ان کو دروازے سے چلتا کرنے کسی نے بدلہ تو لیا۔شاید اس کہانی کی اخیر میں علی سردار جعفری نے کہا تھا کہ اب کرشن چند کی افسانہ نگاری تنقید کی حد کو پار کر چکی ہے۔

——— ع غ

اردو میں باقر مہدی جیسے شاعر بہت پیدا ہو جائیں گے لیکن قحط الرجال کے اس دور میں ان جیسا کردار اردو ادب میں اب شاید ہی پیدا ہو سکے۔

——— ساجد رشید

باقر مہدی اور نا گفتنی

''باقر صاحب آپ کی لنگی میں ناڑی کیوں نہیں ہے؟'' یہ سوال ایک روز ان سے رخصت ہوتے وقت پوچھا تھا لیکن اس کا ذکر اخیر میں۔ باقر مہدی پچھلے چند ایک سالوں سے بیماری کے ہاتھوں بہت پریشان رہے ہیں۔ ایک ایک کر کے دوست چھوڑ گئے یا انھوں نے خود کو الگ رکھنا پسند کیا یا زندگی کی سختی کو اس طرح جھیلنا چاہتے ہیں کہ اپنا بوجھ اپنا کاندھا۔ حلقۂ احباب سے بھی کھنچا رہنا مناسب سمجھتے ہیں۔ ہمدردی کے چند جملوں سے مستغنی اپنی خود ساختہ ڈگر کو موڑنے سے انحراف ہے۔ سب جانتے ہیں کہ انھوں نے بے لاگ زندگی گزارنے کی کوشش ہمیشہ کی ہے۔ ان چند سالوں میں بھی ہمیشہ کی طرح اپنی ملاقاتوں میں وقفہ، وقت اور دن کا تعین اپنی مرضی پر ہی رکھا۔ چونکہ میری ملاقاتوں کا سلسلہ پچھلے لگ بھگ پینتیس اڑتیس سالوں میں صرف ایک بار منقطع ہوا تھا غالباً سال بھر کے لیے ورنہ پچھلی صدی کے گزرنے سے پہلے پھر سنیچر کی شاموں نے خود کو رنگین کر لیا تھا۔

جو باقر مہدی کے شعری سفر سے واقف ہیں، ان پر وہ تمام نظمیں مظہر ہیں جن پر دوستوں کی یاد میں انھوں نے آنسو ٹپکائے ہیں۔ مجھ سے چونکہ مختصر مدت کے لیے قطع تعلق رہا، کسی فرض کی ہوئی بات سے نتیجہ اخذ کر لینے کی بنا پر، بے ساختہ تو نہیں مگر خود ساختہ سی نظم 'کتاب نما' میں چھپی۔ لکھا تھا ''عبدل غنی کے نام'' اور عنوان تھا ''زندگی کے موڑ پر''۔ نظم سے بے غرض صرف اپنا نام عنوان کے ساتھ دیکھ کر میں نے انھیں خط لکھا۔ ان سے ملنے کی خواہش کا اظہار کیا تھا۔

گو ان چند سالوں میں باقر مہدی کم صحت یافتہ رہے مگر ورق گردانی میں کوئی فرق نہیں آیا۔ شعر گوئی بھی ذہن و دل کے ساز پر مترنم رہی۔ بعض مضامین کو مکمل کیا اور ہر سیمی نار سے انکار کر دیا کہ شہر سے عارضی منتقلی بھی گوارہ نہیں کی مگر دوسری بار دہلی جانے کی تمنا پوری نہ ہو سکی۔ اسی سال اکتوبر کی بات ہے۔ ہوائی ٹکٹ بک کرانے سے ایک روز پہلے موجودہ بیماری نے آ گھیرا

جس کے دائرے کی دیوار کو آج تک توڑ نہیں پائے ہیں۔ پچھلی بار شام لال نے مدعو کیا تھا۔ اس مرتبہ ان کی بیماری کی خبر سن کر ان کی دل بستگی کے لیے جانا چاہتے تھے۔ ساتھ میں ان کا دل بھی بہل جاتا۔ پتا نہیں ماضی کی کس کس کھڑکی کو ان پر وا کرتی۔ نصف صدی پرانی دوستی ہے۔

پچھلی بیماری کے دن جب گزر رہے تھے موت کو شاید خواب میں دیکھا تھا۔ باہر دروازے پر کھڑی تھی۔ دستک دیے بنا لوٹ گئی اور باقر کے قلم نے اس کا تعاقب کیا تھا۔ ایک تازہ نظم لے کر دوڑا تھا۔ عنوان تھا ''موت مجھ سے ڈرتی ہے۔'' اس مرتبہ پھر موت دروازے تک آ کر رک گئی تھی۔ مگر دستک دینے کی ہمت جٹا کر آئی تھی۔ صرف کھٹکھٹا کر لوٹ گئی۔ کافی دنوں سے ان کی پریشانی کو بڑھا گئی ہے۔

کم صحت یابی کے دن تھے جب اس دماغی بیماری نے ان کی شکل وصورت پر بُرا اثر ڈالا تھا اور اُن سے ان کی نہایت پسندیدہ چیز کو ڈاکٹر نے سختی سے چھڑوا دیا تھا۔ سگریٹ نوشی سے پہلے پائپ پیتے تھے۔ زندگی بھی جیسے پائپ میں تمباکو کی طرح کس کر بھری ہوئی تھی۔ دونوں ایک دوسرے کا خوب لطف اٹھاتے۔ اب سگریٹ سے بھی محروم ہو گئے۔ کبھی کبھی جب جی میں آتا تھا تو مجھ سے جلی ہوئی سگریٹ لے کر اور انگلیوں کی تہہ میں دبا کر اور بیوی کے احتجاج کو نظر انداز کر کے ایک گہرا کش لینے سے پہلے سر کو چاروں طرف یوں کئی بار گھماتے جیسے زمین نے محور پر اپنی رفتار تیز کر دی ہو اور پھر دم اس وقت تک کھینچتے رہتے جب تک کہ سانس ساتھ دے جائے۔ پھر دھوئیں کو ہوا کے حوالے کرنے کا مزہ کچھ اور ہی ہوتا۔ مگر اب اس شوق کو موت کی طرح گھر میں داخل ہونے سے منع کر دیا ہے۔

جس دن باقر مہدی اس بیماری کا شکار ہوئے تھے کشور ناہید صاحبہ کسی نمایش کے سلسلے میں دہلی آئی ہوئی تھیں اور ممبئی کے قیام کے دنوں میں باقر مہدی سے ملنے ان کے گھر آنے والی تھیں۔ اس دن بیماری کا ان پر اثر ہوا تھا۔ دوپہر ہی سے ان کو بولنے میں مشکل پیش آرہی تھی۔ کسی کسی لفظ کی صحیح ادائیگی میں کمی آ گئی تھی۔ شام کو محفل سجی۔ ساگر سرحدی، یعقوب راہی اور الیاس شوقی صاحب بھی شریک ہوئے۔ مسز مہدی کی پوشاک بھی خوش آئند تھی۔ گفتگو دیر تک چلی۔ کشور

ناہید کی غزل کو انھوں نے اس قدر پسند کیا کہ اسی ردیف قافیہ میں اپنی غزل بھی ایک قلیل وقفے میں مکمل کرلی جس کا علم مجھے اتوار کی شام کو ساگر سرحدی کی قیام گاہ پر ہوا تھا۔ باقر مہدی نے اپنی غزل ٹیلی فون پر کشور ناہید کو سنائی تھی۔ وہ مشکور تو تھیں لیکن کچھ افسوس بھی ہوا تھا کہ بیماری نے ان کے تلفظ کی ادائیگی پر برا اثر ڈالا تھا۔ اشعار کو سمجھنے میں دقت پیش آتی تھی۔ اس محفل میں کشور ناہید صاحبہ سے ملنے والوں کی تعداد زیادہ تھی۔

باقر مہدی کی ادب میں قلم کاری کا سلسلہ جاری تھا کہ اس نئی بیماری نے دماغ کو صدمہ پہنچایا۔ دماغ کی مہین رگوں کے بعض حصوں میں خون کی سرایت رک گئی تھی اور دفعتاً ان حصوں کی موت واقع ہوگئی۔ ردِّعمل یہ ہوا کہ قوت گویائی جاتی رہی اور کھانے پینے کا عمل مشکل ہوگیا۔ اب اشاروں سے اگر بات نہ سمجھا سکیں تو قلم کی مدد لینی پڑتی ہے۔ ہمیشگی کی قسم قلم آج بھی نبھا رہی ہے۔

ان کی بیوی نے کئی بار کہا کہ ان سے ان کی یہ حالت دیکھی نہیں جاتی ہے۔ بیس نومبر کی صبح ٹیلی فون پر پوچھ رہی تھیں، ''اور کتنے دن اچھے ہونے میں لگیں گے؟ کہیں ان کو دی جانے والی دواؤں میں کوئی کمی تو نہیں ہے؟'' ہومیوپیتھک کی دوائیں بھی لے آئی ہیں لیکن اس بات کا ڈر ہے کہ ٹیبل پر دھری رہ جائیں گی۔ ایلوپیتھک کے ڈاکٹر سجنانی صاحب کے نزدیک باقر اتنے عزیز ہیں کہ خود ہی ان کی مزاج پرسی کی غرض سے گھر آجاتے ہیں۔ ان کی گولیاں بھی یاد دلا کر کھلانی پڑتی ہیں۔ وہ چاہتی ہیں کہ کسی کے پاس جادو کی چھڑی ہو جس کو چھوا کر باقر کو اچھا کر دیا جائے۔ کئی بار کہہ چکی ہیں کہ ایسا بولنے والا شخص کہ دوسروں کو چپکی لگ جائے آج بے زبان ہوگیا ہے اور مجھے یوسف ناظم صاحب کا لکھا ہوا جملہ یاد آنے لگتا ہے جو باقر مہدی کی بے باکی کی وضاحت میں لکھا گیا تھا۔ ''اردو کے سارے شاعروں اور ادیبوں کے دلوں میں جو خوف کی لہر اٹھتی ہے اسی کا نام باقر مہدی ہے۔'' جس خاکے میں یہ جملہ لکھا گیا ہے وہ یعقوب راہی کی کتاب ''بات سے بات چلے'' میں شامل ہے۔ یہیں چند معاصرین نے باقر کی بلندیِ آواز پر اس طرح کا اظہار خیال کیا ہے:

''باقر مہدی کا دوسرا نام احتجاج ہے۔'' یعقوب راہی۔

''باقر مہدی انحراف کو قبول عام پر ترجیح دیتا ہے۔'' راجندر سنگھ بیدی

''باقر مہدی نے ہر حالت اور ہر قیمت پر اپنی مکمل ذہنی آزادی کو برقرار رکھنے کی کوشش کی ہے۔'' فضیل جعفری

''وہ ایک محفل میں ایک ہی موضوع کی تائید اور مخالفت میں گھنٹوں بول سکتے ہیں۔'' یوسف ناظم

''باقر ایسا شاعر ہے جس کا نام لیتے وقت دوست اور دشمن دونوں ڈرتے ہیں۔'' عزیز قیسی

''شروع ہی سے میں باقر مہدی کے نام اور کلام سے متعارف تھا۔ غزل کے خلاف بھرے جلسے میں زور سے بول گیا تھا۔ ہر طرف ایک سناٹا تھا۔ اس خاموشی میں صرف ایک شخص تھا جس نے میرا گلا پکڑا۔ کتھئی رنگ کی شیروانی اٹھی اور میرا سارا پانی اتار دیا۔'' ظ. انصاری

مسز مہدی کو ٹیلی فون پر اس طرح کی نوعیت کو واضح کر کے اطمینان دلایا تھا کہ جب وہ خود واقف نہیں کہ ان کے دماغ کی خاص برقی مشین کی مدد سے تصویریں لی گئی ہیں جس نے اس بات کی تصدیق کی ہے کہ مرض وقت کے ساتھ تحلیل ہوگا، انھیں صبر سے کام لینے کا مشورہ دیا تھا۔

جب ان کے دماغ کی تصویر لی جانے والی تھی اس موقع پر بھی وہ بہت پریشان ہوئی تھیں۔ مہاویر اسپتال، کھار میں باقر زیرِ علاج تھے۔ اس اسپتال میں خاص برقی مشین مہیا نہ ہونے کی وجہ سے انھیں ہولی فیملی اسپتال لے جانا تھا۔ وہ کبھی ایک سمت قدم بڑھاتی تھیں تو دوسرے لمحے دوسری سمت۔ اپنی بات کو اس طرح دہراتی تھیں جیسے پہلی بار کہہ رہی ہوں۔ اس وقت بھی میرا مشورہ کام آیا تھا۔ اسی موقع پر میں نے باقر کو پہلی بار اپنے آگے اتنا مجبور دیکھا تھا۔ ایمبولینس کے لوگ جب انھیں اسٹریچر پر لٹا چکے تھے تب سے تقریباً دو گھنٹے تک جب وہ مہاویر اسپتال لوٹے تھے انھیں مسلسل اور مجبوراً آسمان کی طرف نگاہ ڈالے رہنا تھا۔ ان کا ذہن چونکہ دنیاوی اور فلسفیانہ علوم پر اس قدر مائل ہے کہ شاید ہی انھیں خلا کے علاوہ کچھ نظر آیا ہوگا اور نہ ہی کوئی خیال آرائی کی ہوگی۔

موت کے سلسلے کا ایک اور سانحہ پہلے بھی ان کی زندگی پر ٹوٹ چکا ہے۔ سولہ ستمبر ۱۹۴۷ء کی رات جب خود کو کیچڑ میں لت پت دیکھا تھا۔ یہ الگ ہی طرح کا خوں ریز تجربہ تھا۔ ملک کے

ٹوٹنے کے بعد فساد برپا تھا۔ اپنے ہم سفر دوست کے ساتھ زخمی حالت میں چلتی ٹرین سے باہر اس لیے دھکیل دیے گئے تھے کہ باقی زندگی حادثے کا شکار ہو جائے۔ کیچڑ میں گرے اور اپنا سہارا آپ بن کر زندگی کو اس عمر تک موت سے لڑتے لڑاتے لے آئے ہیں۔ لیکن اس بیماری کے دنوں میں انھیں میں نے ایک چیز کے آگے بہت مجبور پایا۔ وہ اپنی لنگی کس کر نہیں باندھ سکتے ہیں۔ اگر کھل جائے تو باندھ کر جب کھڑے ہوتے ہیں تو پھر کھل جاتی ہے۔ تیرہ نومبر کی شام کو جب میں نے اُٹھ کر رخصت چاہی تو وہ بھی کھڑے ہوئے اور لنگی نیچے اترنے لگی۔ دونوں ہاتھوں کی مدد سے ناف پر روک لی۔ میں نے آگے بڑھ کر مدد کی پیشکش کی۔ انھوں نے انکار کر دیا۔ میں نے شرارتی انداز میں پوچھا، ''باقر صاحب! آپ کی لنگی میں ناڑی کیوں نہیں ہے؟'' میرے سوال میں مزاح پوشیدہ تھا۔ ہلکی سی مسکراہٹ ان کے لبوں پر آئی۔ جواب دینے سے قاصر تھے مگر میں لفٹ میں داخل ہونے تک کچھ رک کر ان سے پوچھتا رہا، ''باقر صاحب! آپ کی لنگی میں ناڑی کیوں نہیں ہے؟'' اور بیس نومبر کی شام کو ان کے گھر میں داخل ہوتے ہی انھوں نے مجھے حیرت میں ڈال دیا۔ میں نے ان کے کہے ہوئے بعض ادھورے الفاظ کو سن کر ان کی ساخت کو پہچان لیا تھا اور خوش ہو کر انھیں کو ان پر دہرا دیا۔ پھر ان کی بیوی کو اپنی کہی ہوئی بات یاد دلائی کہ وہ اسی طرح دھیرے دھیرے صحت کی دہلیز پر قدم رکھیں گے۔ مگر اُنھوں نے پلٹ کر جو کہا وہ اس حیرت سے کہیں زیادہ حیران کن تھا جو مجھے چند لمحے پہلے ہو چکی تھی۔ دو روز پہلے وہ اکیلے صرف اپنے ہی بل پر قدم گھر سے باہر نکال چکے تھے۔ رکشا کرایے پر کی تھی اور ڈاڑھی منڈوا کر لوٹے تھے۔

اب مجھے اس شام کا انتظار ہے جب ہمیشہ کی طرح لفٹ تک آ کر میری سننے کی بجائے اپنا رخصتی جملہ پرانے انداز میں کہیں گے، ''شب بخیر فورایور۔'' ان کی بیوی نے جب بھی اس جملے کو سنا ناپسند کیا تھا، وہ شاید ان کے نظریات سے پوری طرف واقف نہیں ہیں۔ باقر نے تو زندگی کو ہمیشہ ہی ایک ایسی چیز جانا ہے جو آنی جانی ہے۔ اخیر میں ان کا ایک شعر:

میں جو بولوں تو ہر ایک شخص خفا　　　اور خاموشی کو رسوا دیکھوں

کچھ 'نیم رُخ' پر مضمون کے بارے میں

یہ مضمون اُس زمانے کی دین ہے جب باقر قوتِ گویائی کھو چکے تھے۔ مضمون سنا لینے کے بعد اُن کی پسند یا ناپسندیگی کا صحیح احساس ہونے میں مجھے کچھ وقت لگا۔ اسے سن کر وہ کسی سوچ میں پڑ گئے۔ مضمون لکھے کاغذوں کو مجھ سے لے کر ذرا ہوا میں لہرایا پھر سوال کیا، ''اسے اشاعت کے لیے لکھا ہے؟'' پھر اپنے تاثرات بھی رک رک کر لکھے۔ مجھے محسوس ہو رہا تھا کہ کوئی بات انھیں پسند نہیں آئی ہے۔ لیکن میں نے اسے ہلکے سے لیا۔ مضمون 'کتاب نما' کے لیے روانہ کر دیا۔

جب ایک دن ان کے گھر گیا، دیکھا اس کی شائع شدہ کاپی ان کے ہاتھوں میں تھی۔ وہ پڑھ تو چکے تھے لیکن مجھ سے کوئی ذکر نہیں کیا۔ پر اس دن انھوں نے مجھے یقین بھی دلا دیا کہ مضمون انھیں پسند آیا تھا۔ وہ اپنی بیوی کی مرضی کے خلاف الیکٹرک بل ادا کرنے جانا چاہتے تھے۔ مجھے اس غرض سے بلایا تھا۔ گھر کے باہر نکلنا اب ان کا معمول نہ رہا تھا۔ اس کی ضد کرنا چاہتے تھے۔ میرے پہنچتے ہی اپنی عصا پیری کا سہارا لیا اور میں عصا بردار کی حیثیت سے ان کے ساتھ ہو لیا۔ چند ہی منٹ میں ہم راہ پر تھے۔ سامنے سمندر اترا ہوا تھا۔ دور دور تک اس کی تہہ کھلی پڑی اور پھیلی ہوئی نظر آئی۔ دوپہر کا وقت تھا۔ ایک خاص طرح کی بُو اس میں بسی ہوئی تھی۔ فوراً آٹو رکشا مل گئی۔ جلد ہی بجلی گھر پہنچ گئے۔ پہلے میں اترا۔ میری کچھ مدد سے وہ باہر آئے۔ عصا کا سہارا لیا اور اس طرح ہم بل ادا کر کے گھر لوٹ آئے۔ لیکن اس تمام واقعے کا اصل یہ ہے کہ میں نے 'کتاب نما' کو ہر وقت ان کے ہاتھوں میں دیکھا۔ ہم صرف بل کی ادائیگی کے لیے گھر سے نکلے تھے۔ پھر میرے مضمون کا ان کے ساتھ رہنا میرے اس سوال کے جواب میں تھا کہ انھیں مضمون پسند آیا تھا۔

باقر مہدی کی آخری کتاب؟

باقر مہدی نے اپنی کتاب 'نیم رُخ' مجھے سولہ جولائی کی شام کو اپنے دستخط کے ساتھ عنایت کی اور تئیس کی شام کو جب میں ان کی بعض باتوں کو ان کے ہاتھ کے اشاروں اور لبوں کی حرکات سے سمجھنے کی کوشش کر رہا تھا۔ ایک جملے کو آسانی سے اس لیے سمجھ گیا کہ اس سوال کا امکان میرے ذہن میں پہلے ہی موجود تھا۔ میں نے ان کے الفاظ دہرائے، ''کیا میں نے کتاب پڑھی؟'' ان کے سر ہلا کر تصدیق کرنے پر کہا کہ کچھ پڑھا ہے اور یہ کہ ان کی بعض تاثر کن تحریروں کو لکھ کر سناؤں گا۔ اس شام مجھے خیال گزرا تھا کہ شاید ان کی سماعت میں کچھ کمی واقع ہو رہی ہے۔ ایک بار کسی پچھلی ملاقات میں اس بات کا احساس ہوا تھا جب میرے دو تین بار آواز دینے پر بھی اپنی ہی کسی سوچ میں محو پایا۔ اس بار میری کسی بات کو مجھ سے دہرا کر جواب دینے کی کوشش کی تھی اور نہ سمجھ پانے پر نوٹ بک کھولی میں نے قلم بڑھایا اور حسب معمول لکھ کر اپنی بات پوری کی تھی۔ لیکن آئندہ ملاقات میں میرا یہ شک دور ہو گیا تھا۔ شاید اس خیال کے ڈر سے ایسا لگا ہو کہ گویائی کھونے کے بعد کہیں ان کی سماعت پر کوئی منفی اثر نہ پڑنے لگا ہو۔ ان کی بیوی بھی بے حد فکرمند رہتی ہیں۔ کبھی ان کی گرتی صحت کا ذکر کر کے رونے لگتی ہیں۔ مجھ سے اپنی مجبوری کا اظہار بھی کرتی ہیں کہ اب وہ اپنی کہی یا ارادہ کی ہوئی بات کو منٹوں میں بھول جاتی ہیں۔ اسی لیے شاید وہ اکثر اس بات کو دہراتی ہیں کہ الیاس شوقی صاحب کے مشورے پر باقر راضی ہو جائیں اور کسی حکیم سے اپنا علاج کرائیں مگر حکیمی علاج باقر کو منظور نہیں ہے۔ میں نے بھی جب کبھی اس بات پر راضی کروانا چاہا انکار کر دیا۔ ویسے بھی اس لفظ انکار سے انھیں خاص نسبت ہے۔ ایک شام میں مصر ہو گیا کہ وہ میری اس بات پر متفق ہو جائیں کہ مذاہب نے انسانیت کی خدمت کی ہے۔ جب جانور کے حدود توڑ کر آج کا انسان ظہور پذیر ہوا اطوار و خصائل

سے جانور ہی تھا۔ خود غرضی، جبر و استبداد، مخالف جنس سے بے وفائی اور افراط وتفریط کا ایک عرصے تک شکار رہا تھا۔ (گو آج بھی ان سے لطف اندوز ہے) مذاہب نے اسے ثقافتی زندگی کا ہوش دلایا۔ جب انھوں نے دیکھا کہ میں اپنی بات سے ٹس سے مس نہیں ہو رہا نہ جانے کیوں کر ان کے ذہن میں یادداشت کی کرن جگمگائی، کھڑے ہوئے اور کتابوں کے شیلف سے انگریزی کی ایک کتاب نکال کر مجھے دیا جو انسان کی ثقافتی ارتقا کی درجہ بدرجہ دریافت پر مبنی ہے اور جہاں مذہب اور تمدن متضاد خانوں میں منقسم ہیں اور مجھے چپ ہونا پڑا۔ کیا دماغ پایا ہے انھوں نے۔ ایک عرصے سے بیمار چلا آ رہا ہے پر تکان کی گرد کو ہوا میں اڑا دیتا ہے۔

'نیم رُخ' کے شروعات تعارفی صفحے کے اخیر میں انھوں نے اسے اپنی آخری کتاب لکھا ہے اور اپنی بے چارگی اور اداسی دل کی حمایت میں اس شعر سے مدد لی ہے۔

نہ کوئی مونس و وارث نہ کوئی دشمن جاں
بس ایک خلش کے سہارے یہ زندگی کب تک

مگر میں متفق نہیں ہوں۔ ان کی اس ذہنی کیفیت کو وقتی اور مایوس لمحات کی اختراع مانتا ہوں اور اس بات پر بھی یقین ہے کہ خلش صرف اضطراب ہی کا نام نہیں مونس تنہائی بھی ہے۔

'نیم رُخ' ان کے بہت سے شناساؤں کے خاکوں پر مشتمل ہے جنھیں انھوں نے اس لیے نا تمام کہا ہے کہ چند ہی پہلوؤں کو قلم بند کیا ہے یا ارادتاً ان کی ساکھ بنائے رکھنے کی غرض سے انھیں ادھورے خاکوں کا نام دیا ہے کہ خود ہی لکھتے ہیں کہ انھوں نے جن اشخاص کا ذکر کیا ہے سب آدھے ادھورے تھے یا یوں کہہ لیجیے اس عنوان کی مدد سے نہ صرف ان سے انصاف برتا ہے شاید خود کو بھی تشنہ کامی کے الزام سے محفوظ رکھا ہے۔

ان کے دوست خلیل الرحمن اعظمی کی داستان حیات جن سے دوست کی طرح صرف منسلک رہے ۱۹۴۶ء سے ۱۹۵۰ء تک۔ لیکن بعد کی زندگی میں بھی خوشی کے میسر آئے لمحات کا ذکر عمدگی سے کیا ہے اور جب جب ان سے ٹھیس پہنچی یا اپنی طرف سے پہنچائی ہے ان کا اظہار بھی ذاتی تجزیے کے ساتھ کیا ہے، ایک بار ان کے ساتھ فساد میں زخمی ہونے کے تجربے سے جو سیکھا اس

کا تجزیہ اس تاثر کن پیرائے میں کیا ہے 'فسادات میں زخمی ہونا میرے لیے بہت بڑا تجربہ تھا' اس نے مجھے بصیرت بخشی کہ آج تک میں تنگ نظری کا شکار نہیں ہوسکا ہوں۔ اپنی طالب علمی کی سرگرم ہنگامی زندگی کی بے معنویت کا تجزیہ یوں کرتے ہیں۔ ''آج ان گزرے دنوں کو یاد کرتا ہوں تو طالب علموں کی سیاسی سرگرمیوں کی اہمیت کا کچھ زیادہ احساس نہیں ہوتا۔ یہی صحیح ہے کہ ہم اپنے مستقبل اور زندگی سے بے خبر تھے او آگ میں جل جانا چاہتے تھے یہ نہیں جانتے تھے۔ کہ جل گئے کتنے خلیل آگ گلستاں نہ بنی۔'' خلیل الرحمن سے بے تعلق ہونے کو شاعرانہ انداز میں یوں لکھا ہے ''اگر ان سے میری نبھ نہ سکی تو اس کے معنی ہرگز یہ نہیں ہے کہ ان میں وفا ہی نہیں۔ غالب نے کیا خوب کہا ہے 'دیکھیے غیر سے کیا خوب نبھائی اس نے / گر نہیں ہم سے پر اس بت میں وفا ہے تو سہی۔' کچھ دوستیاں زیادہ دن رہ بھی نہیں سکتیں۔ ان سے الگ ہونے کے بعد میں نے اک شعر کہا تھا: ''دوستی ہی تھی بڑھی اور خشک ہو کر رہ گئی، دل کی دھڑکن سے نظر کا سلسلہ جاتا رہا۔''

اپنے اور خاندان کے مابین تعلقات کو اس طرح اجاگر کیا ہے کہ ان کا اطلاق صرف ان کی ہی نہیں اس عہد کی مختلف شخصیتوں پر ممکن ہے، لکھتے ہیں، ''خاندان کو میں بورژوا استحصال کا مرکز سمجھنے لگا تھا۔ معاشی ترقی کو ذہنی فروخت اور اس طرح میں نے 'بالغ نظر' ہونے کی کوشش ہی ترک کر دی تھی یہ جانتے ہوئے کہ فیض کا تلخ تجربہ تھا، بیکار جلایا ہمیں روشن نظری نے۔'' اس خیال کو جلا بخشنے کے لیے باقر نے احتشام صاحب کی اس تحریر سے مدد لی ہے جسے انھوں نے اپنی 'میری بہترین نظم' کی وضاحت میں لکھا ہے، ''گھر کی حالت میں وہ تضاد پیدا ہو چکا تھا جس میں حقیقت اور خیال کے درمیان جنگ رہتی تھی۔ خاندان اور ملنے جلنے والوں کا ماحول اس قدامت پسندی اور معیاری اخلاق پرستی سے بنا تھا جس میں آزاد خیالی اور آزادیِ فکر کے لیے مواد نہیں مل سکتا لیکن بغاوتوں کے لیے مل سکتا ہے۔'' ان کی اس سے زیادہ واضح تحریر یا باقر نے ان تین صفحات سے اخذ کی ہے جو ان کی کتاب 'ساحل اور سمندر' کی اخیر میں ہے۔ ان صفحات میں احتشام صاحب نے اپنی ذات کو خود سے الگ کر کے باتیں کی ہیں باقر صاحب کے مقصد پر پورا

اترتی ہیں۔ خود سے یوں مخاطب ہیں، ’’خیر تو اس طویل اور تنہا سفر میں مَیں نے اگر کچھ اور نہیں سیکھا تو اتنا ہی سہی کہ میں نے احتشام حسین کو سمجھنے کی کوشش کی۔ میں ہر وقت اس کے ساتھ رہا۔ اس سے مشکل اور نازک سوالات کیے۔ اسے چھیڑا اور اکسایا یا اسے آزمایا اور کسا اسے خلوت اور جلوت میں دیکھا۔ عجیب انسان ہے متضاد کیفیتوں کا حامل، حقیقتوں سے جدو جہد کرنے کا شائق اور خوابوں کے پیچھے چھپ کر مارا مارا پھرنے والا۔ اسے سمندر سے محبت ہے ساحل بھی عزیز ہے۔ وہ طوفانوں کی بھی خواہش رکھتا ہے اور سکون کا متمنی بھی ہے۔ ایسا محسوس ہوتا ہے کہ اس نے زندگی کے ساتھ بے پرواہی برتی، اس کی وسعتوں میں سے صرف مطالعے کو چن لیا۔ مطالعہ کتنا ہی وسیع ہو مشاہدے او زندگی کی جدو جہد میں شریک ہو کر تجربے حاصل کرنے کا بدل نہیں ہوسکتا۔ باتیں سنا سنا کر اسے کبھی کبھی منا بھی لیا لیکن اس کی اداسی اس کے فلسفیانہ غم اور اس کے احساس تنہائی کو دور نہ کرسکا۔‘‘

احتشام حسین صاحب کے انتقال پر اپنے غم کا پرسوز اظہار باقر کے الفاظ میں دیکھے، ’’احتشام حسین کی موت نے آہستہ آہستہ مجھ پر اثر کیا اور سات آٹھ دن میں مجھ پر یہ گھٹا ٹوٹ کر برسی۔ پھر ایسا معلوم ہونے لگا کہ واقعی میرے گھر میں میرے سب سے اہم سرپرست کی موت ہوگئی ہے۔‘‘ باقر مہدی نے اپنے باہمی تعلق کی باریکی پر بھی بہت اچھے جملے لکھے ہیں۔ ’’احتشام صاحب کے شاگرد نہ ہونے کا نقصان اور فوائد دونوں کا مجھے علم ہے۔ نقصان یہ ہے کہ ان کے اہم شاگردوں کی فہرست میں شامل نہیں ہوں، ورنہ میں بھی اردو کا لکچرار ہوتا اور اپنی کھال میں مست... فائدہ یہ ہے کہ میں ان سے شدید اختلاف کرکے بھی اچھے مراسم رکھ سکا اور یہ آج کے دور میں کوئی کم اہم بات نہیں ہے۔‘‘ ایک جگہ باقر نے نظری اختلاف کے موضوع پر بھی احتشام صاحب کی شخصیت کو عمدگی سے اجاگر کیا ہے۔ لکھتے ہیں، ’’وہ دونسلوں کے اختلاف کو سمجھتے تھے مگر وہ یہ نہیں ماننے کو تیار تھے کہ نظری اختلاف اتنے شدید بھی ہوسکتے ہیں کہ آدمی اپنا گھر، والدین اور جاہ وثروت کی ساری تمنائیں ترک کردے... وہ ایک اکیڈمک مارکسی تھے اور طبقاتی کشمکش کا اپنے مضامین میں بار بار ذکر کرنے کے باوجود بورژوازی سے نفرت نہیں کرتے تھے۔ مجھے

شروع شروع میں حیرت ہوتی تھی مگر کچھ عرصے کے بعد مجھے تھوڑا بہت اندازہ ہوگیا کہ طبقاتی کشمکش ادبی سطح پر تو نہایت انقلابی معلوم ہوتی ہے مگر زندگی میں اس کو اپنانے کے بعد سوائے ٹھوکریں کھانے کے اور کچھ ممکن بھی نہیں۔" ایک جگہ باقر نے ان کے چہرے کو اس طرح پڑھا ہے، "مجاز کا آخری مشاعرہ تھا۔ میں نے احتشام صاحب کو قہقہے لگاتے نہیں دیکھا۔ ان کی مسکراہٹ ہونٹوں سے پھسل کر چہرے کی مجموعی افسردگی سے ٹکرا کر چند لمحوں میں غائب ہو جاتی تھی، البتہ میں نے ان کی آنکھوں سے آنسو آہستہ آہستہ گرتے ضرور دیکھے ہیں۔"

وارث علوی پر جو خاکہ ہے وہ اپنی پیشانی پر سنجیدگی کی کافی شکنوں سے آراستہ ہے مگر ساتھ ہی بعض باتیں آسان اندازِ بیان میں مل جاتی ہیں جیسے وہ کب آشنا ہوئے، کب دوست... شاید بنے، وارث تنگ نظری، ملّائیت اور کٹّر پن کے خلاف لکھتے ہوئے خود بھی کبھی کبھی اسی کا شکار ہو جاتے ہیں۔ کہیں کہیں باقر صاحب نے ان کی شخصیت کی پہچان کرانے میں سنجیدہ خیالات کو دلچسپ پیرائے میں بھی لکھا ہے جیسے "میں تم سے کئی بار ملا ہوں کیا بار بار ملنے سے میں تم سے اچھی طرح واقف ہوں... شاید ہاں شاید نہیں۔ کیا تم کو آئینہ بتا کر میں اپنا عکس دیکھنا چاہتا ہوں۔ ایک آئینہ دوسرے آئینے کے بارے میں لکھ سکتا ہے؟ زندگی کے بازاری ماحول نے ہمیں مسخ کر دیا ہے کہ ایک دوسرے پر عیاں ہونے کے باوجود ہم آدھے چھپے آدھے غائب رہتے ہیں۔ وارث اپنے مضامین میں شائع ہونے کے بعد دوبارہ کم پڑھتے ہیں۔ اس طرح وہ کبھی کبھی اپنی پچھلی رائے کی تردید کرتے جاتے ہیں۔ شاید اسی کا نام ذہنی ارتقا ہے۔ وہ اپنے بلند آہنگ لب و لہجے کو غیر شعوری طور پر خطابت سے الگ سمجھتا ہے۔" باقر نے جہاں ان کے تنقیدی مضامین اور طرزِ تحریر پر سیر حاصل بحث کی ہے وہیں ان کی ضخامت پر ایک طنز بھرا واقعہ بھی بیان کیا ہے۔ وارث علوی کے نام کھلا خط اسی کے ذکر سے شروع ہوتا ہے۔ "چند برس ہوئے میں نے اپنے آخری رفیق دیرینہ علی حماد عباسی کو لکھا تھا کہ میں آپ کے بارے میں ایک طویل مضمون لکھنا چاہتا ہوں۔ "لفظوں کے سیلاب میں تنقیدی تنکے کا سہارا"، اس نے جواب دیا تھا "تمھیں اس قسم کے مضمون لکھنے کی ضرورت کیوں ہوئی؟ اگر لکھنا ہے تو یہ عنوان بہتر رہے گا، وارث علوی کی تحریروں

میں تنقید کی تلاش،،اس کے بعد اس طویل خط میں مختلف ادبی مسائل اپنے مختلف ادوار کے ساتھ زیرِغور آئے ہیں جو گیارہ حصوں میں بٹے ہوئے ہیں۔کبھی یوں بھی لگتا ہے دو دوست چائے کے ٹیبل پر مدمقابل بیٹھے ہوئے ہیں،ایک بول رہا ہے دوسرا سن رہا ہے۔

جاں نثار اختر پر ان کا خاکہ مختصر مگر ۱۹۵۴ء سے ۱۹۷۸ء تک کے باہمی تعلق کے سرد و گرم کا احاطہ کیے ہوئے ہے مگر ادھورا سا اور ان کے ساتھ بتائے ہوئے اوقات و احوال پر روشنی جیسے چاندی کی جالی سے چھنتی ہوئی نظر آجاتی ہے مگر ہلکی سی۔البتہ ان کی یاد میں کہے ہوئے اشعار جیسے دل چیر کر لبوں پر آئے ہیں جیسے ہر شعر کے ساتھ ان کے آنسوں بھی ٹپکے ہیں۔ان کی ایک منظر نگاری بھی بہت متاثر کرتی ہے،''جب کبھی خاموشی زیادہ ستانے لگتی تھی اور موسم اچھا ہوتا تھا تو پھر وہ خاص دلچسپ باتیں کرتے تھے۔ادبی محفلوں کے قصے، چھوٹے موٹے معاشقے،مسلم ماحول کی گھٹی ہوئی شخصیتوں کی ابھری تصویریں غرض کہ شام کا منظر آہستہ آہستہ ان کی باتوں سے ہمارے جام میں قطرہ قطرہ گرتا تھا اور ہم دیر تک مسرور رہتے تھے۔''

'یادِ رفتگاں' کے عنوان کے تحت پروفیسر مجتبیٰ حسین (پاکستان) پر ان کا خاکہ جن کی یادیں طویل عرصہ گزر جانے سے ماند پڑ چکی تھیں اچانک اس وقت تازہ ہوگئیں، جب ان کی حادثاتی موت کی خبر سنی جو لاہور کی کسی سڑک پر واقع ہوئی تھی۔اس حادثہ نے انھیں اسی ساعت اپنے گھائل ہونے اور ٹرین سے باہر پھینکے جانے والے حادثے کی یاد دلادی اور ان حادثوں کو منسلک کر کے سوچنے پر بہت افسوس ہوا تھا کہ ایک ہی حادثہ مجتبیٰ صاحب کو کاندھا دے گیا جبکہ ان کی زندگی کئی حادثوں کا شکار ہو کر بھی دونوں پیروں پر کھڑی ہے۔اس کے بعد بہت سی ملاقاتوں کا ذکر تاریخوں کے ساتھ کیا،ان کی قلمی کاوشیں، رسالے،اشاعتیں،ان کی اور اپنی تصانیف پھر ان سے کراچی میں ملاقاتیں اور اپنے لندن جانے کے ارادے کو ان کے کہنے پر ترک کرنا اور ان جیسے کئی اور واقعات کے بعد انھوں نے مجتبیٰ حسین کی تحریروں کے کثیر اقتباسات سے ان کی فکرو فہم کی قوت کا اظہار اور عمدہ ادبی مباحث سے لطف اندوز ہونے کا موقع فراہم کیا ہے۔

آل احمد سرور صاحب سے باقر کے تعلقات طالب علمی کے زمانے سے آخر عمر تک قائم

رہے سوائے اخیر کے چند سالوں کے جب یہ رشتہ ماند پڑ گیا تھا مگر ان کا استادانہ اور مشفقانہ حسن سلوک جو ہمیشہ جاری رہا کی اہمیت کبھی سرد نہ پڑنے دی۔ ان سے پیش آئے اپنے احوال کو بڑے تسلسل سے لکھا ہے۔ بعض واقعات کے ذکر نے ان کی کشادہ دلی اور ہمدردانہ رویے کی عکاسی بھی کی ہے اور ان کی شخصی صفات کو نمایاں کیا ہے۔ راجندر سنگھ بیدی کے نام ان کے تعارفی خط نے نہ صرف ممبئی شہر کے ابتدائی دنوں کو آسان کیا بلکہ بیدی صاحب اور ان کے درمیان مستقل دوستی کی بنیاد ڈالی۔

علی سردار جعفری صاحب پر سیمی نار کے لیے لکھا گیا مضمون اب 'نیم رُخ' میں شامل ہے۔ ابتدائی شعر ہی سے محسوس ہو جاتا ہے کہ جس شخص پر قلم اٹھا ہے سیاہی کے چند چھینٹے اس کے دامن پر بھی پڑیں گے۔ ان کو ادب سے مخاطب کر کے جیسے ان کی قد آور شخصیت کا اعتراف کیا ہے تو ساتھ ہی طنز کی دبی چنگاریوں کی آنچ کا احساس بھی دلایا ہے۔ اس طرح پورے مضمون میں ان کے اور اپنے درمیان تنقید و طنز کی تپش کو ٹھنڈا نہ پڑنے دیا۔ اگر ان کی چند خوش اخلاقی کا ذکر کیا جن میں ان کا شام لال سے متعارف کرانا بھی شامل ہے تو بعض اوقات اپنے تلخ جملوں سے ان کے صبر کے پیمانے کو چھلکا بھی دیا ہے۔ اس کے علاوہ ان تمام باتوں کا ذکر ہے جو جعفری صاحب کے توسط سے ان کے ساتھ پیش آئیں۔ کبھی یوں بھی لگتا ہے جیسے جعفری صاحب سے ان کا دوطرفی رشتہ ہے۔ ان سے سویت مارکسزم پر بحث کرنا چاہتے ہیں اور اپنی نظم تمام ترقی پسندوں کو حکومت کے ہاتھوں پر بکا ہوا کہا تھا۔ جعفری صاحب کے انکار پر کس قدر حق گوئی کے ساتھ لکھا، ''اگر ادیب نہیں تو پھر کون بکا؟ تاریخ شاہد ہے کہ اسٹبلش منٹ نے کبھی کسی کے آگے اپنا سرخم ہونے نہیں دیا۔'' ان باتوں کے باوجود باقر صاحب نے 'اظہار' کے اجرا کے وقت انھیں درخواست کے ساتھ مدعو کیا اور بھرے جلسے میں ان کے طنز آمیز جملوں کا خاموشی سے نشانہ بنے تھے۔ مضمون کے اختتام کو اس لیے مبہم رکھا کہ کٹر انسان کو بھی نظریاتی طور پر بدلتے دیکھا گیا ہے اس لیے کوئی حتمی رائے قائم کرنا ممکن نہیں ہے کہ وہ آج تک ناقابل حل معمہ ہی رہا ہے۔

مجروح سلطانپوری صاحب جو اردو کے مشہور غزل گو شاعر ہیں گو ان سے جان پہچان ممبئی کے

شروعات کے دنوں ہی میں ہوگئی تھی کسی وجہ سے سطحی رہی۔ اس لیے ان پر لکھے ادھورے خاکے کو پڑھ کر اس نتیجے ہی پر اکتفا کر لینا چاہیے کہ اپنی ہی کشادگیٔ دل کی مزید وسعت اور چند بیتی باتوں کو تازہ کر کے اپنے ماضی سے لطف اندوز ہونے کی کوشش کی ہے اس لیے کہ کسی شخص کو جاننے میں بے یقینی اور قریب سے دیکھنے پر تکرار کا خوف ہو تو انھوں نے صحیح نتیجہ اخذ کیا کہ وہ نہیں جان سکے مجروح کیسے آدمی تھے۔ ان کی دو غیر اہم ملاقاتوں کے بعد تیسری کچھ اہم اس لیے ہے کہ مجروح صاحب نے اپنی کتاب 'غزل' انھیں عنایت کی تھی پر جیسا کہ انھوں نے لکھا ہے یہاں بھی مجروح صاحب سے کوئی خاص گفتگو نہیں ہوئی تھی۔ چوتھی ملاقات پر اس لیے رنگ چڑھا تھا کہ ان کی کتاب 'غزل' پر باقر مضمون لکھ چکے تھے جس کا اور پچھلی ملاقاتوں کی یاد دہانی کرائی تو اس ملاقات نے طول پکڑا۔ مجروح صاحب کسی شو میں انھیں ساتھ لے گئے اور رات انھیں کے مقام پر گزاری گئی۔ لیکن ایک بار یوں بھی ہوا کہ ان کے دروازے سے بے دلی کے ساتھ لوٹ گئے اور اس شعر کی آمد ہوئی۔

کبھی جو دل نے کہا اب چلو یہاں سے چلیں
تو اٹھ کے عالم وحشت میں جا کے بیٹھے کہیں

اس کے بعد جتنی بھی ملاقاتیں جس کسی سبب سے ہوئیں اکثر میں کڑواہٹ کا امتزاج رہا اور دلوں کی علیحدگی کا فاصلہ بنا رہا اور ہمیشہ کے لیے اس دن حد پار کر گیا جب ان کے پوتے نے مجروح صاحب کے چہرے پر سے پردہ ہٹایا تھا۔ باقر صاحب کے الفاظ میں 'میں نے دیکھا وہ 'ابدی' نیند سو رہے تھے۔'

فراق گورکھپوری صاحب کے گرد جو خاکہ محیط ہے ابتدا میں ضعیفی اور بیماری کی وجہ سے ان کی پرانی یادوں کو تازہ کرنے میں دشواری پیش آئی مگر جب ان سے منسلک دیگر باتوں کو یاد کیا فراق صاحب ہاتھ میں ڈنڈا لیے ماضی کے نہاں خانہ نے نکلتے نظر آئے اور اپنی یادوں کو تواتر کے ساتھ روبرو کر دیا۔ باقر صاحب نے ان کے ساتھ بتائے دلچسپ اوقات کے علاوہ اپنے حالات زندگی کے بعض گوشوں کو بھی وا کیا ہے جن کا تعلق اس زمانے سے ہے اور کسی حد تک ان

پر تنقیدانہ نظر بھی ڈالی ہے۔ یگانہ صاحب کے تعلق سے سنجیدہ موضوع کو چھیڑنے اور ان کے غصہ ہونے پر خاموش ہو جانے کو بہتر سمجھا تھا۔ شعر گوئی میں ان کو جو بلند مقام حاصل ہے اس کے اظہار میں رشید احمد صدیقی صاحب کے مضمون 'نئی غزل' سے ایک اقتباس یوں گویا ہے۔ ''فراق کو اس صدی کے موجودہ پچاس سال کے منفرد اور ممتاز غزل گویوں کی صف میں جگہ دیتا ہوں۔ غزل کا آئندہ جو بھی رنگ و آہنگ ہوگا اس کی ساخت میں فراق کا بڑا اہم حصہ ہوگا۔'' خود باقر صاحب نے بھی ان کی یاد میں انہی کی طرح اپنی ایک طویل گیارہ اشعار پر مشتمل غزل پر مضمون ختم کیا ہے۔

ایک خاکہ ان کے دوست حسن نعیم کی حیات کے گرد بھی قلم نے کھینچا ہے۔ ان کی تحریریں اس بات کا احساس دلاتی ہیں کہ ان کو زندگی کے اتار چڑھاؤ اور امید و بیم سے گزرتے قریب سے دیکھا ہے اور اپنی تنقیدی نگاہ کی مدد سے ہو بہو تصویر سازی کی کوشش کی ہے۔ ان کی غزل گوئی، ادبی مصروفیات، بلند و بالا مراسم، صاحب ثروت ہونا اور پھر تنگ دستی کے مسائل غرض کہ اس ادھورے خاکے میں ان پر پڑی کئی پر چھائیوں کو بڑھتے اور ڈھلتے دیکھا ہے، آخر میں ایک نفسیاتی گرہ کو کھولنے کی کوشش کی ہے کہ ان کے عروج کے بعد زوال کے اسباب خود ساختہ بھی تھے جن کے اشارے ان کے اشعار میں جھلکتے ہیں۔ اس ساخت و معنی کے کئی اشعار باقر صاحب نے اپنی نظم سے پہلے پیش کیا ہے۔ انھوں نے اس نظم کو ان کی یاد میں کہا تھا جو خود بھی ان کی زندگی کی ادھوری کہانی سناتی ہے۔

انور خان جو مشہور افسانہ نگار ہیں افسانوی انداز میں ابھی بڑھاپے کو دہلیز پر ہی دیکھا تھا ایک موذی مرض کا شکار ہو کر کسی دوسری دنیا میں منتقل ہو گئے ہیں۔ جب باقر صاحب کا ٹھکانا بائیکلہ تھا ان سے گھریلو سا رشتہ بنالیا تھا اکثر ان کے گھر جاتے گھنٹوں بیٹھتے لیکن ان کی کہی اکثر باتیں باقر بھول گئے تھے۔ رک رک کر جب حافظے نے دماغ پر دستک دی تب یادوں کا دروازہ کھلا۔ انور خان اپنے دور کے ان قلم کاروں میں سے تھے جو اہم اور باصلاحیت تھے۔ اور باقر صاحب کی صحبت سے گر حاصل کیا تھا۔ ان میں مضامین لکھنے کا سلیقہ بھی تھا لیکن اس طرف

توجہ کم رہی۔ ان کی کہانیوں نے باقر صاحب کو بہت متاثر کیا۔ ان کی کئی تاثراتی تحریروں کو کہانیوں سے اخذ کرکے باقر صاحب نے اپنے خاکے میں جگہ جگہ استعمال کیا ہے اور ان کے بیانیہ اسلوب اور دیگر کئی خوبیوں پر روشنی ڈالی ہے۔ اس خاکے کو انھوں نے اس موڑ پر ختم کیا جب باقر صاحب ظ انصاری صاحب کی موت پر یادِ رفتگاں منائی جارہی تھی کے جلسے سے لوٹ رہے تھے اور انور خان اس میں شریک ہونے کے لیے رواں تھے۔

آخری خاکہ راجندر سنگھ بیدی پر ہے۔ عنوان ہے 'بیدی میرے آخری دوست' یعنی ان کی شاید آخری کتاب کا... آخری خاکہ؟ سچ ہے دوستی اور وارفتگی کا بھی موسم ہوتا ہے۔ بڑھاپے میں محبت تو ہوسکتی ہے مگر کسی کا دوست یا کسی کو دوست نہیں بنایا جاسکتا۔ ممبئی میں جب ان کی اصل زندگی کا آغاز ہوا تھا ان دو اشخاص میں سے بیدی صاحب ایک ہیں جن کے نام باقر تعارفی خط لائے تھے۔ اصل زندگی سے مراد وہ سڑکیں ہیں جن کو پکڑ کر محمود سروش کے گھر وڈالا، استاد خلیل کی کھولی بھنڈی بازار، سردار جعفری کے مقام عرب گلی اور راجندر سنگھ بیدی کے پاس ماٹنگا پیدل یا ٹرام سے سفر کیا تھا۔ پھر آل انڈیا ریڈیو، گیٹ وے آف انڈیا اور قلابہ وغیرہ کی سڑکوں سے واقف ہوئے اور اس طرح دھیرے دھیرے شہر ان سے واقف ہوا۔ چار پیسے کمانے کے لیے یہی راستے کام آئے جن کی مدد سے ٹیوشن کے مقامات تک رسائی ہوئی۔ جب آمدنی میں اضافہ ہوا تو یقین آیا کہ انھیں میں سے کسی راہ گزر سے لگ کر اپنا بھی گھر ہوسکتا ہے۔ دو چار ناموں کو انگلیوں پر گن کر آئے تھے مگر اب لوگوں کے مختلف حلقوں میں الگ پہچان بنالی۔ ایک لڑکی سے چھوٹی سی ملاقات اور جلد ہی نکاح پڑھوالیا اور اپنی پہلے شعری مجموعہ کا نام رکھا 'شہر آرزو'۔ اور پھر اس شہر کی صبح شام رات دوپہر سب اپنے لگنے لگے اور جاننے پہچاننے والے انھیں اپنا سمجھنے لگے۔ سرور صاحب کا خط لے کر آئے تھے بیدی صاحب کی ہتھیلی پر رکھا اور جب انھوں نے اپنی کتاب 'ایک چادر میلی سی' کا انگریزی ترجمہ ان کو عنایت کی تو اس پر یہ لکھ دیا کہ 'باقر میرا تنہا دوست' اب اس تنہا دوست کو اکیلا کر کے بیس سال گزر چکے ہیں۔ ان کا انتقال ۱۹۸۴ء میں ہوا تھا۔ چونکہ باقر صاحب نے اپنی زندگی کے معاملات کو ان کی زندگی سے جوڑ کر اس خاکے کو لکھا ہے اس لیے

طولانی ہے۔ اختصار کی غرض سے صرف چند واقعات کا ذکر غالب کے اس شعر کے ساتھ:

جان تم پر نثار کرتے ہیں
ہم نہیں جانتے دعا کیا ہے

۱۹۵۹ء کی بات ہے۔ انجمن ترقی پسند مصنفین کا سالانہ جلسہ عصمت چغتائی کے گھر طے پایا تھا۔ ایجنڈا مجلس انتظامیہ کا انتخاب تھا۔ باقر صاحب کا ارادہ انجمن کی کارکردگی کے خلاف تقریر کرنا تھا۔ وہ انجمن کو تحلیل کر دینے کے حق میں دلائل پیش کرنے والے تھے۔ چونکہ سخت مخالفت کا امکان تھا اپنی حمایت میں جن کو راضی کیا وہ جلسے میں شریک ہی نہیں ہوئے صرف ایک بیدی صاحب ہی تھے جو اپنے وعدے پر قائم رہے اور جس بات کے لیے باقر نے انھیں راضی کیا تھا ویسا ہی کیا کمر پر کر پان پہن کر آئے تھے۔ ۱۹۶۰ء میں ایک بار بیدی صاحب بیئر کی کئی بوتلیں لیے اچانک باقر کے گھر آپہنچے۔ سولہ ستمبر کا دن تھا، کہا آج تمھاری سالگرہ ہے۔ اس روز ان کو زخمی حالت میں ٹرین سے باہر پھینکا گیا تھا اور وہ بچ گئے تھے۔ ایک واقعے نے باقر کو داخلی طور پر بے حد خوش کیا تھا۔ بیدی صاحب کی بیماری کے دن تھے۔ فالج نے جسم کے علاوہ دماغ پر بھی اثر کیا تھا۔ یادداشت جا چکی تھی۔ ان دنوں اپنے نئے گھر کھار میں رہ رہے تھے۔ باقر سے فاصلہ کم ہو گیا تھا، وہ اکثر ان کے پاس جاتے اور باتیں کرتے اور کاغذ کے پرزوں پر ان کی کہانیوں کے با اثر جملے لکھ کر بتایا کرتے۔ یادوں کو اختصار سے دہراتے رہنے کے فوائد سے وہ واقف تھے۔ کچھ ہی عرصے بعد انھوں نے کہا یہ جملے تو میرے افسانوں کے ہیں اور باقر صاحب اپنی کامرانی پر خوش ہو کر بہتر مستقبل کا خواب دیکھتے گھر لوٹے تھے۔ ان کی یاد میں کہی ہوئی آزاد نظم کے چند سطور ؎

بیدی تم نے ایسا غم مجھ کو دیا
میں سہ نہ سکا
شاید۔ مجھ کو جینا ہوگا
سچ پوچھو۔ میں جیسے بھی

ممکن ہو

تم سے ملنے آؤں گا

ایک خاص بات جو ان تمام خاکوں سے ابھر کر آئی ہے کہ باقر صاحب نے بنا ارادہ ہی اپنا ادھورا خاکہ بڑی لگن اور سنجیدگی کے ساتھ قلم بند کر دیا ہے۔ ان کی نجی زندگی کا احوال ان تمام شناساؤں کے اذکار کے ساتھ نتھی ہے۔ ردولی، علی گڑھ، لکھنؤ وغیرہ اپنی طالب علمی کا زمانہ پھر ۱۹۵۴ء میں اپنی پوری پونجی کے ساتھ جو دو تعارفی خطوط کی شکل میں ان کی جیب میں رکھے ہوئے تھے اس شہر ممبئی میں داخل ہوئے اور احتشام حسین صاحب کی خواہش پر پورا اترے کہ مطالعہ کتنا ہی وسیع ہو مشاہدے اور زندگی کے جد و جہد میں شریک ہو کر تجربے حاصل کرنے کا بدل نہیں ہوسکتا۔

کتاب کا باقی نصف شناساؤں اور دوستوں کے ان ساٹھ خطوط پر مشتمل ہے جس نے ۱۹۴۸ء سے ماضی قریب تک کی زندگی کو جگ مگ کر رکھا ہے۔ کبھی ان کی بیوی یہ کہہ کر رو پڑی کہ کیسا بولنے والا تھا اب ایسا چپ ہوگیا ہے۔ میں نے ان کی تسلی کی خاطر کہہ دیا تاج محل تو ہمیشہ سے چپ ہے مگر اسے دیکھنے اور چاہنے والے تو کبھی کم نہ ہوئے۔ دراصل مجھے کہنا یہ چاہیے تھا کہ اگر ان کی ایک زبان چپ ہے قلم تو آج تک زبان ہی کی طرح گویا ہے اور ان کے دوستوں نے بھی خود کو اسی زبان کی مدد سے خط لکھ کر وابستہ جاں کیا ہے جنھیں دل کی نہاں خانے میں چھپا رکھنے کا باقر کا انداز بھی کم شاعرانہ نہیں ہے۔

دل کے آئینے میں ہے تصویرِ یار
جب ذرا گردن جھکائی دیکھ لی

❖■❖

کچھ ''باقر مہدی کی یاد میں:
دو پھول دو کانٹے کے بارے میں

باقر کے انتقال کے بعد ان کی یاد میں ایک تعزیتی جلسہ تو یقینی تھا۔ نہ صرف ان کے عزیز و اقارب کی خواہش تھی مقامی اردو حلقۂ احباب کا تقاضہ بھی تھا۔ اور میرا اس موقعہ پر باقر کی یاد میں کچھ کہنا ضروری تھا۔ اس بات کو بہت زیادہ عرصہ نہیں گزرا تھا جب وجہی الدین صاحب نے ٹائمز آف انڈیا کے لیے ان کا انٹرویو لیا اور مجھے باقر نے اپنا تنہا دوست کہا تھا۔ میں ان کے تعلق سے جب وہ زندہ تھے دو چار مضامین لکھ چکا تھا۔ اس موقعہ کے لیے بھی میں نے ان سے ملی یادوں کو جمع کر کے مضمون کا روپ دے چکا تھا۔ یہ جلسہ باندرہ اردو ہائی اسکول کے ایک کلاس روم میں منعقد ہوا۔ یوسف ناظم نے شاید صدارت کی اور ساگر سرحدی کے علاوہ کئی یہ صاحب قلم حضرات نے جن کا باقر سے تھوڑا بھی یارانہ تھا شرکت کی۔ اور کئی نے ان کی یادوں سے دلوں کو برمایا۔ میں نے کاغذ پر لکھا مضمون سنایا۔ اور دلی تسکین بھی حاصل ہوئی جب میری یادوں کو تحریری شکل میں بہت پسند کیا گیا۔

ایک شام جب موت ان کے بہت قریب آچکی تھی دل میں آئی ایک بات کو مجھ سے چھپایا نہیں... کہا ''آپ میرے لیے روؤ گے؟''

میں نے جب بھی باقر کو پڑھا تو خیال کے اعتبار سے مجھ میں ایک ہول اٹھا۔ ان سے نہیں، اپنے آپ سے انسان سب کچھ برداشت کرلیتا ہے لیکن اپنے روح کے اندھیرے کو نہیں۔ تمام ہُوٗ کا تذکرہ سنیں تو ایک بات لیکن اس میں خود گھر جائیں تو دوسری بات، باقر انسان کے اندر کے تمام ہُو کو محصور کر دیتے ہیں، یہاں تک محسوس ہونے لگتا ہے کہ انسان اپنی تنہائی میں بھی تنہا ہے، وہ کہاں جائے، کیا کرے؟ انسان کی انسان، مماثلت ہجوم سے نہیں، تنہائی سے ہے۔ جو چیز جیسی دکھائی دیتی ہے ویسی نہیں، ہر بات ایک الوژن ہے۔

_______ راجندر سنگھ بیدی

باقر مہدی اپنی ذات میں نہ ادارہ ہیں نہ انجمن ہیں۔ وہ ہمارے ادبی معاشرے کے شاید سب سے الگ، سب سے زیادہ غیر روایتی، غیر متوقع، غیر رسمی اور ناقابل یقین بلکہ پریشان کُن حد تک آزاد رو انسان ہیں۔ ایک مکمل Perfect Oustider۔

_______ شمیم حنفی

باقر مہدی اس وقت ہندو پاک کے ان دو تین شاعروں میں ہیں جنھوں نے ہر طرح کے حالات میں اور ہر قیمت پر اپنی مکمل ذہنی آزادی کو برقرار رکھنے کی کوشش کی ہے۔ نتیجہ یہ ہے کہ آج ہر سطح پر باقر مہدی سے کم درجہ کے شاعروں کو زیادہ اہمیت اور زیادہ نمائندگی دی جاتی ہے

_______ فضیل جعفری

جب میں باقر سے ملتا یا ان کے اشعار پڑھتا اور ان سے تبادلۂ خیال کرتا ہوں تو میرے ذہن میں یہی نسل آتی ہے جو روشنی اور تعمیر کی خواہش اپنے سینے میں لیے ہوئے مسلسل ان مواقع سے لڑتی جا رہی ہے جو اس کی راہ میں حائل ہیں۔

_______ احتشام حسین

باقر مہدی کی یاد میں : دو پھول دو کانٹے

اس تحریر کو کاغذ پر سیاہ ہونے سے چند ہی روز قبل میں ۲۴ ستمبر کی صبح باقر مہدی کی آنکھوں کو پلکوں کے غلاف سے بمشکل مستقل طور پر ڈھاپ سکا۔انھیں آنکھیں کھول کر تقریباً اسّی سال کا ہونا تھا۔اس درمیان وہ کبھی اس دنیا کی دیکھی جانے کی خواہش کو کم نہ کر سکے۔اس کے کئی پردوں کو سرکایا اور ایک اضطرابی کیفیت کے ساتھ کئی پرتوں کو الٹا اور اپنے مضامین اور شعری اندازِ تکلم اختیار کر کے سمجھنے اور سمجھانے کی کوشش کی۔ ۲۴ ستمبر لگ چکا تھا۔رات کے گھپ کالے اندھیرے میں یوں خود کو بے حرکت کر دیا جیسے جانے انجانے میں اگر کبھی کسی کا دل دکھایا ہو تو وہ اسے معاف کر دے۔اس طرزِ انتقال کی ایک اور وجہ بھی فرض کی جا سکتی ہے۔ایک بار بیماری کے درمیان 'موت مجھ سے ڈرتی ہے' کے عنوان سے ایک نظم سنائی۔موت ہمت جٹا کر صرف دستک دے پائی تھی۔یہ بھی کچھ دور تک تعاقب کر کے لوٹ آئے۔مگر اس بار وہ پاؤں پاؤں، چپکے چپکے، بادلوں سے گھری کالی رات کا فائدہ اٹھا کر سرہانے تک پہنچ گئی اور یہ جتلا کر کہ وہ آرام جاں ہے اپنے ہمراہ کر لیا۔ویسے درحقیقت نصف شب کے بعد نیند کی گہرائی میں کسی لمحے باقر گزر گئے۔ان کی نظم 'میری موت کا پہلا لمحہ' کے چند سطور ؎

ہنگاموں سے بھاگ کے میں نے
اک کمرے میں جالے بُن کر دیکھ لیا
کال پڑا ہے چاروں اور
باہر - اندر
برگد کے سائے سے دور
پیاسی دھرتی تڑپ رہی ہے

میری تنہا چیخ کی گونج

میری موت کا

پہلا لمحہ آپہنچا

چند گھنٹے قبل میں بھی ان سے ملنے گیا تھا۔ مصافحہ کر کے پاس رکھی کرسی پر بیٹھ گیا۔ بیوی پاس آ کر لوٹ جاتی تھی۔ ان دنوں ان کو کچھ کہنا یا پوچھنا ہو تو پیار سے بابا کہہ کر مخاطب کرنے لگی تھیں۔ خاموشی ہر بات کا جواب ہوا کرتی۔ ان کی سالی نے بتایا کہ اس دن کچھ کھایا پیا نہیں تھا۔ تشویش ہوئی۔ کچھ دیر میرا مشورہ سننے کے بعد ہتھیلی کو یوں جنبش دی کہ اب مجھے چلا جانا چاہیے۔ میں نے ہال میں آ کر جن خیالات کا اظہار باقر صاحب سے کیا تھا ان کی بیوی اور سالی پر بھی دہرایا کہ کسی حالت میں بھی کچھ غذا ان کو ملتی رہنا چاہیے ورنہ خون کی گردش کم ہو جانے سے دوبارہ اسپتال کی تکالیف سے گزرنا پڑے گا۔ کوئی دو ماہ پہلے ہی بلڈ پریشر اور خون میں شکر کے گھٹ جانے سے بے ہوشی کی حالت میں داخل ہوئے تھے اور ہوش آتے ہی موت کے اس علامتی گھر سے لوٹ جانا چاہتے تھے۔ جب میں پہنچا ان کی بیوی کو مخصوص وارڈ کے باہر بنچ پر لاچار بیٹھے پایا۔ ٹفن لائی تھیں اور پریشان تھیں۔ ڈاکٹر اور نرس سے جھگڑ چکی تھیں۔ باقر صاحب کو گھر لے جانے پر مصر تھیں لیکن پاس روپے نہیں تھے۔ بار بار کہتیں کہ انھیں خبر کیے بغیر پڑوس والے اسپتال لے آئے۔ بھولنا اب سرشت میں داخل ہو گیا تھا۔ جب باقر نے مجھے دیکھا تو اگلے دن کا انتظار کیے بغیر اسی شام گھر کی روانگی کا فیصلہ کر لیا۔ ہیڈ نرس نے پڑوس سے ٹیلی فون پر بات کی روپیوں کی ادائیگی کا طریقہ طے پایا۔ ایمبولنس کا انتظام بھی اُسی نے کیا لیکن اس درمیان وارڈ نرس نے کلائی کی رگ سے اُس سوئی کو نکالا تھا جسے وقفہ وقفہ سے جسم میں دوا پہنچانے کے لیے رکھ چھوڑتے ہیں۔ جانے کیا غفلت برتی کہ کچھ خون، شکایت کا ایک لفظ کہے بغیر اسپتال کی چادر کو دے آئے۔ گھر پہنچ کر اطمینان کی سانس لی اور ان کی بیوی کی باتوں سے لگا جیسے انھوں نے خود کو کہیں کھو کر اب پا لیا ہے۔

اس آخری ملاقات والی رات جب انھوں نے مجھے رخصت کر دیا تھا، ہال میں ان کی

بیوی اور سالی سے مخاطب ہوا کہ ان کا غذا ترک کر دینا خطرناک ثابت ہوسکتا ہے۔ ان دنوں کمپلان ملا دودھ، دو کھجور، دو مقوی بسکٹ اور چمچ بھر شہد ان کی جسمانی قوت کا باعث تھے۔ دانتوں کی مدد کھو چکے تھے۔ اس لیے ان کو سمجھایا کہ کس طرح اس غذا کو گھول کر پلانے کے قابل بنائیں اور کھلانے کی ترکیب سمجھانے کے لیے باقر صاحب سے پانی پینے کی خواہش معلوم کی۔ پانی اور چمچ منگوایا اور ان کی گردن اور پیٹھ کو سہارا دے کر بٹھایا۔ چند قطرے ہی وہ پی سکے۔ انھیں دوبارہ لٹا کر پھر مصافحہ کیا اور ہال میں لوٹ کر ان کی بیوی اور سالی سے اس عمل کے ذریعے غذا دینے کی ہدایت کی۔ بیوی نے یہ کہہ کر حامی نہیں بھری کہ وہ کب کسی کی سنتے ہیں اور سالی انکار کے لفظ ہی سے ناواقف لگتی ہیں۔ میں اگلی شام ان سے دوبارہ ملنے کا ارادہ کر کے رخصت ہوا۔ اس بار ان سے الگ ہوتے وقت میں نے ان کی آنکھوں کو متلاشی پایا اور ہاتھ کے اشارے سے جیسے کہا تھا کہ یہ کیا ہو رہا ہے؟

باقر مہدی پر بیماریوں کا سخت دور اس دن شروع ہوا تھا جس کی شام (۲۰ جنوری ۲۰۰۴) کشور ناہید صاحبہ ان سے ملنے آئی تھیں۔ دماغ نے کارستانی کی۔ چہرے پر اثر پڑا اور تلفظ کی ادائیگی میں مشکل پیش آئی۔ سگریٹ نوشی بھی ترک کرنی پڑی۔ زندگی سے لطف کم ہونے لگا تھا۔ خاطر داری میں کوئی کمی نہ آنے دی بلکہ کشور ناہید کی سنائی ہوئی غزل کی زمین میں ان پر بھی چند اشعار کی آمد ہوئی جنھیں دوسرے دن بمشکل اپنی زبان سے انھیں ٹیلی فون پر سنا سکے۔ اس کے بعد جب بھی میرے ساتھ گفتگو ہوتی انھیں اپنی کہی ہوئی بات کو دہرانا پڑتا۔ جب ہم تینوں سمجھنے سے قاصر ہوتے تب قلم کا آسرا لینا پڑتا۔ اسپتال سے رجوع کر کے بولنے کی مشق کی ترکیب کو آزمایا گیا۔ حروفِ تہجی کے جس حرف کو نہ بول پاتے اس کو کئی بار کہلواتا۔ کبھی کہہ لیتے کبھی محنت رائیگاں جاتی۔ ان کی دوبارہ بول پانے کی امید کم ہی ہوتی گئی۔ جسم بھی کمزور ہو چلا تھا۔ وزن گھٹ گیا۔ جس ملازمہ کی پکائی ہوئی غذا کو شوق سے کھاتے تھے وہ ہمیشہ کے لیے گاؤں چلی گئی تھی اور اپنی طویل خدمت گزاری کے صلے میں جو رقم باقر اس کے لیے وصیت کر جاتے، پہلے ہی مانگ کر حاصل کر چکی تھی۔ کمزوری، بڑھتے بڑھتے کئی بار زمین کو پیروں تلے سرکا چکی تھی۔ اپنی

حسبِ معمول ملاقاتوں میں تین چار بار ان کی سالی نے بتایا کہ آج وہ گر پڑے تھے۔ کبھی پیشانی کبھی گھٹنا یا کسی دوسرے عضو پر آئی چوٹ کو دکھاتے ہوئے بڑے مظلوم لگتے۔ ایک بار رکشا سے اترتے وقت گر پڑے۔ دوپہر لنچ کے لیے لکڑی کا سہارا لیے کھار کی ایک نہایت عمدہ ویجی ٹیرین ہوٹل رکشا سے جاتے رکشا سے لوٹتے گوشت خوری ترک کر چکے تھے۔ اکثر ان کی بیوی ساتھ ہوتیں جنھیں اس بات کا قلق ہوتا کہ وہ ویٹر کو ضرورت سے زیادہ کا ٹپ دیتے ہیں اور ان کا مقصد صرف یہ ہوتا کہ گھر کی دیواروں سے نکل کر زندگی کے لمحہ گزرتے اوقات کو کیونکر خوش گوار بنایا جاسکتا ہے۔ جب کمزوری بڑھ گئی اِڈلی سانبر گھر پہنچ جاتا۔ آخری دو سالوں میں تین بار تین مختلف اسپتالوں میں چند دن بے دلی سے گزار چکے تھے۔ ہر بار اخراج سے پہلے ڈاکٹر مختلف دواؤں کے اوقات کے چارٹ بنا کر دیتا۔ مگر اس کو عمل میں لانا مشکل ہوا کرتا۔ انھیں بھی کچھ کم ہی پرواہ ہوتی۔ صرف نیند کی گولیاں سوائے چند راتوں کے ہمیشہ یاد رہیں۔ الیاس شوقی نے کوشش کی تھی کہ وہ حکیمی علاج پر راضی ہو جائیں۔ ایک حکیم کو ساتھ بھی لائے۔ مگر اس تجویز کو اخیر تک مسترد رکھا اور ان کی لائی ہوئی دوا میز پر ہی پڑی رہ گئی۔ کبھی یہ کہہ کر میں ان کے چہرے پر مسکراہٹ لے آیا کہ اگر حکیم مرزا حیدر بیگ زندہ ہوتے تو ان کا معجون ضرور انھیں شفا دے جاتا۔ ایسی مسکراہٹ کے لیے ماضی سے کسی دلچسپ بات کو ڈھونڈ کر نکالنا پڑتا۔ کبھی ان کی مرہٹن ملازمہ اپنے غلط تلفظ سے زیرِلب مسکراہٹ کا باعث بنتی۔ کسی چھیڑ پر شرارتی کی جگہ کہتی 'آپ بڑے شراری ہیں'۔ غیر ادیب یا غیر شاعر دوستوں میں ان کا قریبی دوست محمود چھاپرا تھا جس کے جدا ہونے پر ایک بار وہ بآواز بلند رو پڑے تھے۔ اس کی بھی کوئی پچھلی بات دلچسپی کا باعث ثابت ہوتی کچھ آرام دہ ساعتیں انھیں اپنی مرہٹن ملازمہ کی خدمت گزاری سے بھی حاصل ہوئیں۔ کبھی کسی پُر اثر بات پر چونکہ تعریف کرنے سے قاصر تھے تالی بجانے لگتے۔ منہ دانتوں کا صدمہ سہار چکا تھا اگر کبھی ہنس دیے تو چہرہ معصوموں جیسا لگتا۔ ان کی بیوی کے پاس اب صرف چند جملے ہی رہ گئے تھے۔ (کیسا بولنے والا کتنا خاموش ہوگیا ہے) (ان کو کس اسپتال میں داخل کرایا جائے) (روپیہ کوئی مسئلہ نہیں ہے) چونکہ بھولنا عادت بن چکا تھا اپنی بات کئی بار

دہرانے سے اس کا سننا ناگوار گزرتا۔ باقر میری طرف دیکھ کر ہاتھ کے اشارے سے کہتے انھیں کیا ہوگیا ہے۔ اسپتال سے اتنی چڑتھی کہ ہاتھ اٹھا کر یوں ظاہر کرتے کہ ابھی اٹھ کر ماروں گا۔ وہ بھی ویسا ہی اشارہ کرکے دوسرے کمرے میں چلی جاتیں۔ ویسے ان کی بیوی نے بیاہتا زندگی کے فرائض کو خوبی سے نبھایا تھا۔ خدمت اور قربانی کا جذبہ اپنے گھر سے لے کر آئی تھیں جہاں تمام بھائی بہنوں میں بڑی تھیں اور نگہداشت کی حیثیت رکھتی تھیں۔ نکاح کے بعد بیوی کے فرائض کی ادائیگی ہی کو افضل سمجھا۔ تعلیم یافتہ، باعمل اور اردو ادب پروارفتہ، مدرّسی اختیار کی اور پھر صوفیہ کالج میں فارسی کی معلّمہ کی حیثیت سے سبکدوش ہوئیں۔ باقر اردو کے شاعر اور ادیب تھے۔ ان کی طرف اپنی پی ایچ ڈی کی سند کے لیے رجوع ہوئیں اور دو تین ملاقاتوں ہی میں شادی کا فیصلہ طے پا گیا اور یہ رشتہ کچھ ایسا کسا ہوا گانٹھ ثابت ہوا جس کے کھل جانے کا امکان پہلے شاید کسی کو ہوا بھی ہو، اب ناممکن ہوگیا ہے۔ ویسے ان کی بیوی کی زبانی سن چکا ہوں کہ کبھی وہ نصف شب اپنی ذاتی چیزوں کو جمع کرکے بیگ میں رکھ لیتیں اور انتظار کرتیں کہ وہ لوٹیں اور یہ الوداع کہہ کر ان سے جدا ہوجائیں۔ باقر آتے اور پوچھتے ''آپ کہیں جاری ہیں''، جانے اس لفظ 'آپ' میں کیا احترام پوشیدہ ہے جس کی وجہ سے یا کسی اور وجہ سے بائیکلہ گھر کی کمزور دیوار کے ساتھ باقر صاحب کی کھڑی کتابوں سے ٹیک لگا کر بیٹھ رہتیں۔ اب عالم ہی کچھ اور ہے۔ بار بار کہتی ہیں گھر کتنا سونا ہوگیا ہے اور یہ کہ وہ ان کو چھوڑ کر کیوں چلے گئے۔ کبھی بے اختیار ان کے بستر پر لیٹ جاتی ہیں۔ ان کی بہن نے بتایا روتی بھی ہیں۔ میں نے انھیں بستر پر لیٹے پاس کی خالی جگہ کو سہلاتے ہوئے دیکھا ہے۔ ان سے بولتی رہتی ہیں، مجھے چھوڑ کر کیوں چلے گئے؟

تضادات سے زندگی کے مختلف معنی اجاگر ہوتے ہیں۔ ورنہ صراطِ مستقیم کی بوریت سے ڈر لگ جائے اور گلی کوچہ کی نیرنگ زمانہ سے آنکھیں محروم رہ جائیں۔ ان کی بیوی نے ادیبہ کی حیثیت سے ان پر ایک مضمون لکھا ہے۔ ابتدائی شعر ہی نے ان کے دل کے ٹوٹنے کی خبر دی ہے۔ یعنی چاہا تھا کیا، کیا مل گیا۔ ان کے چند جملے یوں ہیں: ''میں نے چالیس سال نہ جانے کیسے باقر مہدی کے ساتھ گزارے ہیں۔ جانے کس کمزور لمحے میں بیدی صاحب نے یہ جملہ لکھا

ہوگا ُصرف - باقر میرا دوست‘ باقر مہدی اس جملے کو اپنی زندگی کا سب سے بڑا تمغہ سمجھتے ہیں۔“ باقر صاحب بھی متضاد افعال کے مالک رہے ہیں۔ان کی زندگی میں جو تضادات پیش آئے مختلف ادوار کا تقاضہ تھے۔ویسے احباب سے مراسم کو ہر دور میں استوار رکھنے کی کوشش کی اور اس کے بلکل برعکس بھی کیا۔ان کی دوستوں سے اختلاف کی بنیاد غیر سنگین ہوا کرتی۔اچانک دیرینہ تعلقات کے باوجود خود کو منقطع کر لیتے اور دوستی ایک لمحے میں اپنے وجود سے محروم ہوجاتی۔انھیں اس بات کا بھی خیال نہ رہتا کہ کسی خام خیالی نے ان کے تدبر کو الجھا دیا ہو اور اس طرح کی قطع تعلقی کسی کا دل دکھا دے۔باقر صاحب کی اس طرز رفاقت کا اظہار یوسف ناظم صاحب کے ان اشعار میں بھی ہوا ہے جو انھوں نے باقر صاحب کی یاد میں لکھے ہیں:

اب وہی لوگ تمھیں یاد کریں گے باقر
عمر بھر تم سے جو ناراض رہے ڈر کے رہے
کون مانے گا یہ، قائل تھا تمھارا میں بھی
یہ الگ بات کہ تم صرفِ نظر کرتے رہے

اس تعلق سے باقر کے اشعار:

لاکھ گہرے تعلقات سہی
ایک لمحے میں ٹوٹ جاتے ہیں
وعدہ کرتے ہیں عمر بھر کا مگر
دوسرے لمحے چھوٹ جاتے ہیں

اثبات و نفی کی ان کیفیات سے گزرنے کے عوض، میں ان کی خدمت میں ایک پھول پیش کرتا ہوں جس کے ساتھ کانٹا بھی نتھی ہے اس لیے کہ ایک کانٹا باقر نے اپنے پہلو میں بھی چھپا رکھا تھا جس کا راز اس شعر سے کھلا:

مہک ہے ہلکی سی رک رک کے پھیلتی بڑھتی
میں اپنے پہلو میں بے وجہ خار کیوں رکھتا

زندگی کے چند آخری دنوں میں دل و دماغ پر جو اثرات حاوی ہوا کرتے ہیں اس کی تصویر کشی باقر نے ۱۹۵۳ء کی نظم میں یوں کی تھی:

میرے احساس کے شعلے بھی بجھے جاتے ہیں
میری تخیل میں پرواز کی طاقت نہ رہی
دل کی دھڑکن میں وہ پچھلی سی حرارت نہ رہی
میرے انفاس کی گرمی بھی مٹی جاتی ہے
آج افکار کے پھولوں کو بھی جلنا ہوگا
ہے یہ وہ آگ کہ رگ رگ کو پگھلنا ہوگا
جانے کس طرح کی رونے کی صدا آتی ہے
موت کی وادیٔ ظلمت سے ہوا آتی ہے

اُس آخری رات باقر کے بستر سے لگے اپنے بستر پر لیٹی ان کی بیوی نے مجھ سے کہا 'ان کی کنپٹی دیکھیے کتنی دھنس گئی ہے'۔ میں نے دونوں جانب دیکھ کر کہا تھا صرف ہڈی ہڈی رہ جانے کی وجہ سے یوں نظر آتے ہیں۔ مگر مجھے اس بات کا بھی خیال گزرا تھا شاید انھیں ان کی آخری رات کا احساس ہوگیا ہو۔ اس طرح کا دھیما خیال یعقوب راہی کے ذہن میں بھی ابھر چکا تھا۔ صرف پندرہ روز قبل ہم دونوں ان کے پاس بیٹھے تھے۔ انھوں نے ان سے لکھ کر پوچھا تھا: ''آج دن کون سا ہے؟'' جب کہ انھیں معلوم تھا وہ صرف سنیچر ہی کی شام ان سے ملنے آتے ہیں۔ اس شام راہی نے اپنی تین تازہ غزلیں ان کو سنائیں۔ ایک غزل میں انھوں نے خدا کو یوں مخاطب کیا ہے:

اے خدا! تو تو سب سے واقف ہے
حالِ دنیا تجھے سناؤں کیا

باقر صاحب، صرف نظروں سے یا کبھی ہاتھ کے اشارے سے داد دے سکے اور راہی منکسر کہ سب آپ ہی کا طفیل ہے۔ یعقوب راہی ان احباب میں سے ہیں جو باقر سے بے خوف ملا

کرتے تھے۔ ورنہ کتنوں ہی کو ان سے ملنے میں جھجک ہوتی، جانے کن الفاظ میں استقبال ہو گا۔ چند احباب کے نزدیک قدر و قیمت بنائے رکھنے میں کچھ درمیانی دوری کی اہمیت ہوا کرتی ہے جسے ربط کہتے ہیں اور جو ان کے اور صرف ندا فاضلی کے بیچ نظر آئی، بائیکلہ پل کی فٹ پاتھ سے لے کر باندرہ اور کھار کی ساحلی رہائش گاہوں تک۔ جب آخر میں ملاقات کا سلسلہ ٹوٹ سا گیا تھا ان کی ننھی بچی ٹیلی فون کیا کرتی اور باقر بچہ بن کر اس سے باتیں کرتے۔ باقر بچوں جیسی نادانی کرنے کی خواہش نہ صرف رکھتے ہی تھے، اسے پورا بھی کرتے۔ ایسی کچھ باتوں کا ذکر ان کی کی بیوی نے بھی کیا ہے۔ دو تین بار ان کی ان دلچسپ حرکات میں، میں بھی شامل رہا تھا۔ ہوتا یوں، جب میاں بیوی میں کسی بات پر اختلاف رہا ہوتا مجھے جج کے فرائض ادا کرنا ہوتے۔ جب ان کی بیوی اپنا بیان جاری رکھتیں یہ پیروں پر صرف سیدھا کھڑے رہنے کے بجائے دونوں پیروں پر جھومتے جھامتے۔ درمیان میں بولنے پر روک ہوا کرتی۔ چونکہ فیصلہ باقر کے حق میں جاتا وہ تو خوش ہوتے مگر مجھ پر الزام آتا کہ میں ان کا طرف دار ہوں۔ کبھی شاید فیصلہ ملتوی کرنا پڑتا۔

ان چند تفریحات کے علاوہ ایک مشغلہ شام کے لیے مختص ہوا کرتا۔ سرہانے ٹرانزسٹر رہا کرتا تھا۔ اس پر تیس منٹوں تک پرانی فلموں کے گانے سنتے۔ آخری دنوں میں مگر ان کا دل ہر دلچسپی سے اچاٹ ہو گیا تھا۔ اکثر لیٹے رہنا پسند کرتے۔ تنہا کیا سوچا کرتے تھے اس کا علم نہیں لیکن کبھی موت سے ڈرا ہوا نہیں پایا۔ نہ کبھی ان کی آنکھوں کو عجز و انکساری میں مبتلا دیکھا۔ نہ شکستہ اور مسکین نظر آئے۔ میں دیر تک ان کے پاس بیٹھا کرتا۔ ایسا بھی نہیں ہوا کہ اپنے ماضی پر شرمندہ ہوئے ہوں۔ کبھی کسی دیرینہ عزیز سے مل کر اپنے حال پر رو تو دیا ہو لیکن 'موت انھیں لپک لے گی' کا خوف یا غم ان میں نہیں پایا۔ اپنے تیقّنات پر ہمیشہ قائم رہے۔ اس بات کی صداقت ان کی بیوی سے استفسار کر کے جان چکا ہوں۔ صرف ایک خواہش جسے چند سالوں سے کہتے آئے تھے، اپنی وصیت میں درج کر کے ڈاکٹر سجنانی کے پاس رکھ دیا تھا اور مجھ سے رقعہ کے ذریعے خواہش ظاہر کی تھی کہ اس وصیت کو حاصل کر کے ان کی خواہش کے مطابق ان کے جسم خاکی کو آگ کے سپرد کرواؤں۔ مگر انتقال سے چند ماہ قبل اس خیال کو غالباً ترک کر دیا تھا۔ زندگی کی

آخری رات بھی مجھ سے اس خواہش کا اظہار نہیں کیا اور میں اس لیے چپ رہا کہ اپنی نشستوں میں وہ دو تین بار اسے غیر اہم مان چکے تھے، ساتھ ہی چاہتے تھے کہ ان کی بیوی کسی تذبذب میں نہ پڑے اور نہ انھیں کسی کی مخالفت جھیلنی پڑے۔ آخری ملاقات میں یعقوب راہی اپنے مخصوص بے باک انداز میں میری موجودگی میں انھیں دفنانے پر خاموش بھی کرا چکے تھے۔ ۲۴ ستمبر ۲۰۰۶ء کی صبح مجھ سے پہلے یعقوب راہی، شفیق عباس، شمیم عباس، علی امام نقوی اور باقر کی بیوی کے رشتہ داروں کو موجود پایا۔ باقر کی روانگی کا انتظام مکمل ہو چکا تھا۔ صرف ڈاکٹر سبجنانی اور ایمبولینس کا انتظار تھا۔ رحمت آباد کی زمین میں دو گز قبر کی جگہ کا تعین ہو چکا تھا۔ میں نے راہی کو پچھلی ملاقات کی بات یاد دلائی کہ باقر کے لیے ان کے دوست اختر الایمان کی قبر کھلوانے پر ہم متفق ہوئے تھے لیکن ان کی وضاحت کی پیش نظر شیعہ سنی کے تنازعے کو پرے رکھنے کے لیے انھوں نے ٹھیک ہی کیا تھا۔ ڈاکٹر سبجنانی نے میری گواہی کو قبول کیا کہ باقر صاحب اب دفنانے کو ترجیح دے چکے تھے اور اس طرح باقر اپنے تعاقب میں آئے آہ وزاری کی پرواہ کیے بغیر اپنے رفقا کے ساتھ روانہ ہوئے۔ رحمت آباد میں آخری رسومات ادا ہوئیں۔ آسمانی سفر میں جانے سے پہلے میں نے انکی آنکھوں کو کھلا پایا۔ پلکوں کو انگلیوں سے دبا کر آنکھوں کو ڈھانپے رکھا اور کہا: جس کسی سے ملنا، اسی طرح ملنا' جانے کس بجلی سے سامنا ہو جائے۔

ردولی سے ان کی وابستگی ہمیشہ رہی۔ اپنی نظم 'پردیسی' میں وطن پہنچنے پر لکھا:

بوڑھے برگد کی شاخوں نے حیرت سے مجھے دیکھا
میرا بچپن اس کے سائے میں گزرا تھا
آخر پہنچا اپنی حویلی کے در پہ
وحشت نے میرا سواگت بڑھ کر کیا
گھر کے اندر سایوں نے سرگوشی میں جانے مجھ سے کیا پوچھا
میں گھبرا کر چیخ پڑا
میرے بیگ میں برسوں پہلے کی یادیں تھیں

میں نے بیگ کو کھول کر الٹا
کچھ بھی نہ تھا
میں نے آہستہ سے کہا
جانے مجھ سے کس نے سب کچھ چھین لیا ہے

باقر صاحب سے متعلق اشخاص میں اکثر کو ان کے خاندانی پس منظر کا علم ہے۔زمین داری تھی، بڑی حویلی، بڑے بڑے کمرے، باغات، چاول کے کھیت، ملازمین، مگر اس ماحول سے ان کی بے تعلقی، بعض رشتوں میں دراڑ، والد سے اختلاف، سوتیلی والدہ (سگی خالہ) سے کشیدہ خاطری اور خاندان کو بورژوائی استحصال کا مرکز سمجھتے تھے۔انجمن ترقی پسند مصنفین کے مقاصد پر یقین تھا۔لیکن آپ اپنا مستقبل بنانے کے لیے نئے انفرادی تجربات سے گزرنا اور نئے انداز کے غم کو اپنانا چاہتے تھے۔تنکوں کے سہارے شہروں کے خواب کی حسین تعبیر کی۔مگر اپنی ایک نثری نظم میں اس زندگی سے جو درد آلودہ لمحات ان کے ہاتھ آئے ان کی تصویر بھی دل کے آئینہ خانے میں کچھ کم اہم نہ تھی:

صدیوں بعد- میں اپنی پرانی حویلی میں داخل ہوا
آج ٹوٹی دیواروں کا ملبہ مجھے خوش آمدید کہہ رہا تھا
پھر میں اپنے ضعیف باپ کے روبرو پہنچا تو میرا سرکشی کا سارا غرور
آنکھوں سے قطرہ قطرہ گرنے لگا
آہ- کیا اس گھڑی کے لیے میں نے بغاوت کی تھی
ان کے خاکستری چہرے کی تاروں جیسی جلتی بجھتی آنکھیں
میری بے خواب آنکھوں کو پہچاننے کی کوشش کر رہی تھیں
کیا تمام سرکش بچے بڑے ہو کر
شہروں شہروں ملکوں ملکوں
اپنے باپ کا سایہ ڈھونڈتے پھرتے ہیں

آخر کیوں

مجھے اپنا پہلا سبق یاد آیا۔ بغاوت کا پہلا سبق

میں نے غصے میں آ کر اپنی پہلی کتاب چاک کر کے ہوا میں اڑا دی تھی

جس کی سزا یہ ملی ہے کہ میں اپنی آنکھیں، ذہن و دل

کاغذ قلم اور کتابوں میں ڈھونڈتا پھرتا ہوں

ردولی سے ان کا رشتہ ہمیشہ قائم رہا۔ بہن سے خط کے ذریعے بات کر لیتے۔ ایک مرتبہ ان کے کمرے میں بیٹھا تھا۔ میری بائیں جانب میز پر رسالوں، کتابوں اور اخباروں کا ڈھیر لگا ہوا تھا۔ ان میں سے ایک خط اٹھایا جو ۱۹۷۲ء کا لکھا ہوا تھا۔ مختلف حصوں سے کئی جملے پڑھ کر سنائے۔ خط ان کی ماں کا تھا۔ پورا خط وہ شاید وقفہ وقفہ سے پڑھتے رہے ہوں گے۔ دوسری بار جب ان سے ملا، میں کرسی پر بیٹھا ہوا تھا۔ باقر فرش پر کسی چیز کو تلاش رہے تھے۔ ان کی بیوی آئیں اور بتایا کہ ان کی بہن (ناہید) کا انتقال ہو گیا ہے۔ انھوں نے سر اٹھا کر میری طرف دیکھا۔ ان کا چہرہ فریاد کرتا نظر آیا۔ مجھے لگا جگہ جگہ سے ٹوٹ کر فرش پر آ گرے گا۔ ایک طوفانِ غم تھا جو ایک لمحے کے لیے ان کے چہرے پر رک گیا تھا۔

امیدوں والی، خوابوں والی، امکانوں والی، تفریح اور انبساط کا رس رکھنے والی، عارضی یا دیرپا تعلقات سے وابستہ رکھنے والی اور جانے کن خشک و تر، تلخ و شیریں، پانے یا کھونے کے متنوع کیفیات سے گزارنے والی اس بے اعتبار زندگی کے علاوہ، انھوں نے اس سے ذرا ہٹ کر جو شعری اور نثری زندگی گزاری ہے ان کی نغماتی فکر کئی شعری مجموعوں پر مشتمل انتخاب کی سعی سے آراستہ 'سیاہ سیاہ' میں یکجا کر دی گئی ہیں اور تنقیدی و تجزیاتی فکر جو کئی کتابوں میں بکھر کر یوں مختلف ادبی مسائل کو خود میں سمیٹے ہوئے ہے کہ انھیں معتبر شاعر ہونے کے علاوہ ایک نہایت باا ثر تنقید نگار کا منفرد مقام بھی عطا کرتی ہے۔ ان کی ان ادبی کاوشوں، فکری رویوں، خیالات اور اسلوب بیان کی جداگانہ خوبیوں کو مشاہیر نے سراہا بھی ہے۔ صرف چند جملے جو ان کی قوتِ قلم کی غماز ہیں، پیش ہیں۔

(۱) ان کے موضوعات، ہیئت، اسالیب کے تجربے، لفظیات، غرض کہ ہر لحاظ سے نہ صرف مختلف ہیں بلکہ جدید تر عناصر سے لیس ہیں۔ اپنے آپ کو دہرانے کے بجائے انھوں نے اپنے شعری سفر کو آگے بڑھایا ہے۔ اس سفر کی سمتیں بدلی ہیں۔

(۲) باقر مہدی کی شاعری ایک ایسے حساس اور خود سے سچ بولنے والے شخص کی شاعری ہے جو عصرِ حاضر کی ذہنی کرب سے گزرتا ہے۔

(۳) باقر مہدی ہماری زبان اور نارسیدہ اردو دنیا کے سب سے بڑے آؤٹ سائیڈر ہیں۔ ہمارے عہد کے لکھنے والوں میں ایسی کوئی مثال مشکل سے ملے گی جس نے باقر مہدی کی طرح زندگی اور شاعری کی حدیں ملانے کی ایسی کوشش کی ہو.... زندگی بھی گردوپیش کے لیے بیگانہ سی، کچھ افسانہ سی، اور شاعری بھی۔

(۴) وہ احساس کی مختلف سمتوں کے شاعر ہیں۔ اپنے معاصرین میں اپنے عہد کی منفرد آواز بن گئے ہیں۔

اب ایک دوست کے خیالات جو باقر کو صرف دوست کی حیثیت سے مخاطب کرتا ہے:

(۵) باقر اپنے شعروں سے اس قدر حساس نظر آتے ہیں کہ ان سے خوف آنے لگتا ہے۔ اگر انھوں نے خودکشی نہ کرلی جس کی طرف راہنمائی ان کے شعر، ان کا کردار اور گفتار کرتے ہیں، تو وہ یقیناً نظر و فکر کے اعتبار سے ہماری شعری ادب کے لیے نئے راستے نکالیں گے۔

باقر کی نظم اسی دوست راجندر سنگھ بیدی کی یاد میں، کے آخری چند سطور اس طرح ہیں:

موت ہمیں جدا کرنے میں ناکام رہی
اب بھی میں تیرا ہنستا چہرہ
آنکھیں بند کیے دیکھ رہا ہوں
بیدی! تم نے ایسا غم
مجھ کو دیا، میں سہہ نہ سکا
شاید مجھ کو جینا ہوگا

سچ پوچھو، میں جیسے بھی
ممکن ہو، تم سے ملنے آجاؤں گا

زندگی کے ان آخری لمحوں میں جب رات کا کالا سناٹا اور کالا اندھیرا چھایا ہوا تھا، کالے بادل بھی گھر آئے تھے، ممکن ہے انھوں نے بیدی کا ہنستا چہرہ دوبارہ دیکھا ہوا اور اپنا وعدہ پورا کر دینے کی خوشی میں ان سے چمٹ گیا ہو۔ یار کی اس والہانہ محبت اور باقر کی خدمت میں خلوص و دل کے ساتھ ایک پھول پیش کرتا ہوں اور ایک کانٹا بھی، اُس خار کی یاد میں جس کی خوشبو نے ہمیشہ ان کے پہلو سے ہو کر دل و دماغ کو مہکائے رکھا۔

مہک ہے ہلکی سی رُک رُک کے پھیلتی بڑھتی
میں اپنے پلو میں بے وجہ خار کیوں رکھتا؟

اور جس نے موت کے پہلے لمحے میں دل کے پار جا کر زندگی سے کہا ہو: 'اب بس!'

(مطبوعہ: 'تکمیل' دسمبر ۲۰۰۶ء)

"A Hundred Encounters" اس انتخاب نے ان سیکڑوں شاموں کے لیے میرے نوسٹلجیا کو پھر سے تازہ کر دیا ہے جو میں نے باقر مہدی کے ساتھ گزاریں۔ ایک ڈگر سے ہٹا ہوا شاعر اور نقاد جو کہیں زیادہ وسیع تر اعتراف کا حق رکھتا ہے۔ یہی میرے دوست تھے جن کے ساتھ معاصر آرٹ اور فلسفے کے نئے میلانات پر گفتگو میں مجھے مزہ آتا تھا۔

——— شام لال

اخترالایمان کے تعلق سے اضافی تحریر

زیرنظر اقتباس باقر مہدی کے مضمون کا ایک جز ہے اور نظم 'تنہائی' کا دل افروز تجزیہ بھی۔

"میں نے کئی بار مختلف اوقات میں اس نظم کو پڑھا ہے۔ اس میں گہری افسردگی ہے اثر کرکے ہی رہتی ہے اور قاری اپنے غموں کو شاعر کے آلام، مصائب، محبت کی ناکامی، زندگی کی ارزانی اور دل شکن حالات کے شکنجے سے ہم آہنگ پاتا ہے۔ اس نظم پر قنوطیت کا الزام نہیں لگ سکتا گو کہ اس میں افسردگی اور شکست خوردگی کا گہرا احساس ہے۔ مگر حالات سے شکست کھانے والا اپنی روح کی کربناکی کو پوری شاعرانہ کیفیت کے ساتھ الفاظ میں منتقل کرنے میں کامیاب ہے۔

—— ع غ

باقر مہدی سے محبت اس لیے تھی کہ وہ شور وغل کے اس شہر میں اکیلے ایسے تھے جن سے سیاست، ادب، فلسفہ، نفسیات پر مکالمہ ممکن تھا۔ باقر صاحب دل کی لَے کے قائل تھے۔ ان کے اظہار ومعیار کے پیمانے خود ساختہ تھے۔ ان کی شاعری اور نثر کی فکری ترجیحات اور اظہار و بیان کے معیارات اپنے تھے۔ باقر مہدی کسی سے زیادہ قریب کسی سے کم قریب تھے اور کسی سے قریب ہوکر بھی دور تھے۔ وہ ایک بے چین مزاج کے آدمی تھے۔ باقر مہدی کی خارجی دل آزاریوں کو لوگوں نے دیکھا، ان دل آزاریوں کے پیچھے جو دلداریاں تھیں ان تک رسائی مشکل تھی۔

—— ندا فاضلی

باقر مہدی کے انتقال سے بغاوت اور احتجاج کا ایک استعارہ اپنی تکمیل کو پہنچا۔ جیتے جی اپنے ضمیر کی آواز سے سمجھوتہ نہیں کیا اور کئی دہائیاں ایک آؤٹ سائڈر کی حیثیت سے گزار دی۔ اس کے باوجود وہ اپنے حال پر قانع اور خوش تھے۔

—— سرور الہدیٰ

کہانیاں

کچھ کہانی ''چاندی کی روٹی'' کے بارے میں

یہ خواہش مجھ میں طویل عرصے سے تھی کہ میں باقر کی شعری تخلیقات پر مختصر کہانیاں لکھوں۔ یہ خیال دھیرے دھیرے پختہ ہوا، اور اس کا احساس بھی رہا اگر جو شعر کا اثر پیدا نہ ہوا تجربے کا ضائع جانا ناگزیر ہے۔ اسے عملی جامہ پہنانا تو تھا ہی، تکمیل پانا اس وقت شروع ہوا جب اس کی تشکیل کا ارادہ مصمم ہو گیا۔ کہانی ''چاندی کی روٹی''، نظم ''خودکشی'' سے کافی حد تک اخذ ہے۔ لکھنے کے بعد احساس ہوا پلاٹ میں کوئی کمی رہ گئی ہے اور یہ بات ایک مخصوص نشست میں ابھر کر بھی آ گئی۔ ان مخصوص نشستوں کے بارے میں جان لینا نہایت اہم ہے۔ الیاس شوقی کی اعانت کی بدولت جب وارث علوی کی زندگی کے چند مہینے بچے تھے ان کے اپنے شہر احمد آباد جا کر دو ملاقات کا موقعہ میسر آیا۔ پہلی بار جب ان کی زندگی اور ادبی خدمات پر اردو اکاڈمی نے سیمی نار رچا تھا۔ استقبالیہ جلسہ کھچا کچھ بھرے ہال میں منعقد ہوا۔ ہم مہمانانِ مجلسی کو اسٹیج پر بلا کر گلدستہ پیش کیا گیا۔ جب میری باری آئی وارث علوی نے مجھے ذاتی خوشی کے ساتھ گلدستے سے نوازا کہ میں ان کے دوست باقر مہدی کا بہت قریبی تھا اور ان پر میرے ان مضامین کا اثر تھا جو باقر کے تعلق سے 'کتاب نما' اور 'نیا ورق' میں شائع ہو چکے تھے۔ سیمی نار والی شام اُنھیں دیر تک اسٹیج پر شائقین نے گھیرے رکھا۔ سوالات کا جواب دیا کیے۔ کئی بار ڈنر کا وقت یاد دلانے پر اسٹیج کو خالی کیا۔ میں اُن کے ہم قدم تھا، وہ ڈنر پر نہیں آئے۔ جب گھر کے لیے آٹو میں بیٹھ چکے تھے، ترنم ریاض جذبات کی لَے میں اُن سے سر جوڑ کر روئیں۔ اگلے دن جب اُن سے اِس بات کو دوہرایا، جواب پیار سے دیا ''مجھے بہت چاہتی ہیں۔''

دوسری بار کئی ساتھیوں کے ساتھ شریک ہو کر ان کی نجی نشست اور روبرو گفتگو کی خاطر پہنچا تھا۔ یہ ملاقات جاوید صدیقی صاحب کی اگوائی میں بہت دلچسپ رہی۔ کئی گھنٹے ہال میں

دائرے کی شکل میں بیٹھ کر باتیں ہوئیں۔تصویریں لی گئیں۔میرے،الیاس شوقی اور محمد اسلم پرویز سے لمبے مراسم ہیں۔جاوید صدیقی صاحب سے بھی قربت پیدا ہوگئی۔ہم میں ممبئی لوٹ کر ڈیڑھ دو مہینوں میں ایک ادبی نشست کی داغ بیل پڑگئی۔باری باری اپنی تخلیقات کو سناتے۔صدیقی صاحب کی تحریر الیاس شوقی پڑھتے۔ایسی ہی نشست میں اپنی اس کہانی کو پڑھا۔سنانے کے بعد جو تاثرات ملے وہ یوں ہیں۔صدیقی صاحب نے کہا اچھی ہے،مگر پلاٹ کے درمیانی حصّے میں خلا کا احساس دلایا۔الیاس شوقی نے کسی کے تازہ شائع شدہ کہانیوں کے مجموعے سے موازنہ کرکے کہا،ان سے تو بہتر ہے،لگتا ہے کہ کہانی ہے۔اسلم پرویز نے ناپسندیدگی تک پر اکتفا نہیں کیا۔کہا یہ کہیں سے کہانی نہیں لگتی،کہیں کہیں کوئی جملہ اچھا ہے۔لیکن اگلے دن موبائیل پر صدیقی صاحب نے ہمت افزائی کی کہ اسلم پرویز کی تنقید کو سنجیدگی سے نہ لوں۔کہانی اچھی ہے۔میں نے پلاٹ کے درمیانی حصّے کی خلا کو اضافی تحریر سے پُر کرنے کی کوشش کی ہے۔ویسے بھی تین ذہین مصنفین میں سے دو نے اسے اچھی کہا ہے۔

پہلے باقر مہدی کی نظم ''خودکشی'' کو پڑھ لیجیے۔

خودکشی

باقر مہدی

میرا خودکشی کا

کوئی ارادہ نہ تھا

چلتے چلتے............ایک چوٹی پہ پہنچا

نیچے وادی میں..............دیکھا

میری زندہ لاش کے گرد پالتو بھیڑیے

.... زبانیں نکالے کھڑے ہیں

جیسے میں کبھی

.... حکمرانوں کا نوالہ نہیں بن سکا

مرا خودکشی کا کوئی ارادہ نہ تھا

........ایک خاموش.....جیم....سین....تے

..........اور قصّہ..........کیا؟

..........ادھورا..........رہا

بہت آسان ہے اس جسد خاکی کو ایک جست (جیم...سین...تے) میں انجام کو پہنچا دینا۔ معاشرے پر دست درازوں کا شکار بننے کے بجائے خودکشی کر لینا۔لیکن ایسا نہ کرنا اس بات کا غماز ہے رواں دواں زندگی ہی مقصدِ حیات ہے۔ (ع غ)

چاندی کی روٹی

اس دفعہ تو وہ مجھ سے لڑ ہی پڑا۔ آواز میں گرج، لہجے میں شدت، الفاظ ایسے ابل پڑے کہ ان کی حدت سے اس کے ماتھے پر پسینے کی بوندیں ابھر آئیں۔ آشناؤں میں قربت اور محبت سے کون واقف نہیں۔ جوانی میں جانساری کو سینے میں لیے پھرتے ہیں۔ انسیت سازِ دل پر نغمہ زن ہوا کرتی ہے۔ پھر یہ کیسے ہوگیا۔ ہم دونوں پیسے سے غریب تھے مگر جی لینے کی روزی بہ آسانی کما لیتے تھے۔ تنہائی کے اوقات نکالا کرتے۔ ان میں شعر کہتے۔ پھر سنتے سناتے۔ کبھی صرف دلچسپی کی ایسی باتیں کرتے جو صرف ایک دوسرے ہی سے کہہ سکتے۔ کوئی دوسرا سنتا تو نہ جانے کیا خیال کرتا۔ ہمارے وقت ضائع کرنے پر افسوس تو کرتا ہی۔ وہ شام بھی انھیں میں سے ایک تھی۔ ہم فٹ پاتھ پر چہل قدمی کر رہے تھے۔ پھر اس کی دیوار پر بیٹھ گئے۔ میں نے کہا کل میں جنگل میں تھا۔ ٹھوکریں کھا رہا تھا۔ درخت کی جھاڑیوں کے نیچے اندھیرے میں دو آنکھیں نظر آئیں۔ معصوم سی تھیں۔ خوبصورت چمکتی، بھیگی ہوئیں، میری جانب دیکھتیں پھر پلکیں انھیں ڈھانپ دیتیں۔ ان پر رنگوں کی باریک باریک بوندیں ٹپک کر غائب ہو جاتیں۔ پھر میرا پیر کسی پرند پر پڑ گیا۔ میں ڈر گیا۔ بھلا یہ ہوا کہ وہ پہلے ہی مرا ہوا تھا پھر بہت سے پرندے میری طرف لپکنے لگے۔ دور سے ہیبت ناک رفتار سے، درختوں میں سے راہ نکالتے میری طرف اڑتے اور قریب آ کر ہاتھی شیر بن جاتے مگر پاس سے گزر جاتے۔ پھر تمھاری آواز سنائی دی۔ تم نے عجیب سا گیت گایا۔ تم نے خواہش کی کہ یہ دنیا بدل گئی ہے۔ تمام چیزیں بے رنگ ہو چکی ہیں۔ احساس و جذبات بے اثری کا شکار ہیں۔ خیالات دماغ سے نکل کر الفاظ کے بجائے کیڑوں میں بدل کر رینگ رہے ہیں۔ حسن سیاہ اور لمس تباہ ہو چکا ہے۔ پھر تم نے گیت کا آخری بند گایا۔ تمام آرام پہنچانے والی دل لبھانے والی چیزیں معطل ہیں۔ یہ کوئی اور ہی دنیا ہے۔ یہاں کی میّسر

چیزیں سکون کے بجائے بے چین رکھتی ہیں۔اس دنیا کا مالک جدا ہے۔اپنی مخلوق کو جس حال میں پیدا کیا اس سے خوش ہے۔انھیں کے کام کاج میں خود کو مصروف رکھتا ہے۔مگر میں نے تمھاری اس بات کو آگے بڑھایا۔ابھی کسی انسان کا اصل شکل میں آنا باقی ہے۔صرف دو آنکھیں بنا کر چھوڑ دیا ہے۔ان پر رنگ برنگے قطرات ٹپکا رہا ہے۔کیوں نا ہم اس دنیا میں منتقل ہو جائیں۔ابھی اس نے صرف آنکھیں خلق کی ہیں۔ہمیں دیکھ کر وہ اپنی تصویر مکمل کرلے۔کیوں نہ ہم ادھر سے ادھر کے فاصلے کو ناپ لیں۔پٹریوں کے درمیان کھڑے ہو جائیں۔دور سے آتی ٹرین کی گرج دار گھنگھناہٹ کو گنگناہٹ میں بدل دیں۔ایک گیت گائیں اور اپنی خواہش کو اس میں گھول دیں۔خودکشی کرلیں۔ہم دیوار کی دوسری طرف اُتر گئے۔کچھ فاصلہ چل کر جیسے ہی ایک پٹری کو پار کیا کہ اچانک اُس نے چیخ کر گالی دی اور وہیں بیٹھ گیا۔پھر کھڑے ہو کر مجھ پر برسنا شروع کر دیا۔پٹری پر پہیوں کی رگڑ کا احساس ہونے لگا تھا۔اپنے اوپر ٹرین کی گھنگھناہٹ کا بوجھ محسوس ہوا اور دور سے نیم اندھیرے میں اس کی سیٹی کی لپکتی آواز نے ہمیں ہلکے سے کپکپا دیا۔وہ تیزی سے پٹریوں سے باہر نکلا، بڑبڑاتا ہوا دیوار چھلانگی اور میری طرف دیکھے بغیر فٹ پاتھ کا ہولیا۔میں بھی وقت ضائع کیے بنا دیوار کی دوسری جانب آچکا تھا اور اپنے گھر کی طرف لوٹتے ہوئے بہت مغموم تھا۔بے خیالی میں قدم اٹھ رہے تھے۔احساس بھی ہوتا رہا کہ کچھ غلط ہونے جا رہا تھا۔

ایک اہم بات جو اس دن واقع ہوئی کہ اب ہم مخالف سمت میں چل پڑے تھے۔ہم نے ایک دوسرے کی طرف پشت کرلیا تھا۔اس کے جدا ہونے کے بعد مجھے اس کو کھو دینے کا دکھ نہیں ہوا۔اپنی خوشیوں کا مدار میں خود ہوں۔افسوس اس بات کا ہوا کہ اپنی زندگی میں مجھے اپنا دوست کہنے والے کئی تھے مگر میں نے صرف دو چار ہی کو اپنا دوست مان کر اپنی راہ ان سے استوار کی تھی۔ان میں سے ایک یہ تھا۔اس شہر میں وہ اپنی پچھلی کہانی کو آگے بڑھانے شامل ہوا تھا۔ایسا ہی میں نے بھی کیا تھا۔ایسا ہی تمام لوگ اپنی اپنی کہانی کو مستقبل سے جوڑنے اس شہر میں داخل ہوتے ہیں اور اسے مختلف المزاج بنا دیا ہے۔ہم دونوں کی مسافرت میں

یکسانیت ہے۔ہمارے پاس الفاظ کی دو بولیاں ہیں۔ایک سے باتیں کرتے ہیں۔دوسرے سے زمانے کو مخاطب کرتے ہیں۔جیسا زمانے کو دیکھا ویسا ہی اسے دکھلایا۔آئینہ بن جاتے ہیں۔شعر کہتے ہیں۔بس جانے انجانے میں اپنی اپنی انگلیوں کو ایک دوسرے میں پہنا دیا۔ جب میرے قدم گھر کی طرف بڑھ رہے تھے میں مختلف الخیالی میں الجھا ہوا تھا۔خودکشی پرکس نے کس کو آمادہ کیا۔کیا خود ہی کو قصوروار مان لوں۔کیا وہ موت کو بغل گیر کرنے کی خواہش کا محرک نہ تھا۔اس تجربے سے گزرنے کی خواہش کو پہلے کس نے محسوس کیا۔اس کی طرف پہلا قدم کس کا بڑھا تھا۔کیا اس واقعے نے زندگی کی قدر و قیمت میں اضافہ نہیں ی کیا۔لیکن میں کیوں ان باتوں کو اس سے کہوں۔اس نے تو مجھ میں جیسے تخریب کاری کا عنصر دیکھ لیا تھا اور تنہا اپنے مستقبل کے امکانات کی طرف روانہ ہولیا۔ادھر میں اپنی زندگی کے حاصل پڑاؤ سے مطمئن تھا۔اپنی روٹی روزی پر قانع تھا۔ہاں مگر اسے شاید اپنی روٹی پر مکھن کی تلاش تھی۔

ایک طویل عرصہ گزر جانے کے بعد ایک رات اس نے میرے دروازے پر دستک دی۔بیوی دستک کی آواز پر کچھ گھبرائی کہ پھر کوئی دوست نیند خراب کرنے آگیا۔جب اس نے صدا لگائی بیوی کی گھبراہٹ میں اضافہ ہوگیا۔یہ میاں خوش رہو کی الاپ لگا کر لوٹنے والوں میں سے نہیں ہے۔میری طرف اس لیے حیرت سے دیکھا کہ میں کہہ چکا تھا اس سے میری دوستی ہمیشہ کے لیے ٹوٹ چکی ہے۔مگر نہ جانے کیوں مجھے نامعلوم سی خوشی کا احساس ہوا۔اس نے داخل ہوتے ہی کمرے کا جائزہ لیا اور ذرا اونچی آواز میں کہا،''یہ کیا...سونے کی تیاری بھی ہو چکی۔'' بیوی پاس والے کچن نما کمرے میں چلی گئی۔میں نے اسے بیٹھنے کے لیے کہا۔وہ پاس آ کر اس طرح بیٹھا جیسے کئی دن کی تھکن اتارا ہو۔کچھ پی رکھا تھا کچھ جیب میں رکھ لایا تھا۔ ''بہت دوڑ دھوپ کر رہے ہو۔شہرت بھی کما چکے۔میرے پاس کیا ہے۔'' میں نے چبھتا ہوا جملہ استعمال کیا۔

اس نے میری بات ان سنی کی اور کہا'' گلاس لے آؤ۔''

''میں نہیں پیوں گا،'' میں نے فیصلہ کن لہجے میں جواب دیا۔

اس کے چہرے پر گرم ریت بکھر گئی۔ وہ اٹھا اور دو گلاس لے آیا۔ پھر اس کے لبوں پر لفظ 'پانی' آیا۔ وہ دوبارہ اٹھا اور پانی کی ٹھنڈی بوتل لے آیا۔ ''میں نہیں پیوں گا۔'' میں اپنی بات پر اڑا رہا۔

میں نے اسے غصہ ضبط کرتے دیکھا۔ اس نے پیگ بنانا جاری رکھا۔ پانی کی مقدار کو خود ہی طئے کیا اور گلاس میں باری باری انڈیل دیا۔ اس نے اپنا گلاس اٹھایا اور Cheers کہا لیکن میرا ارادہ مصمم تھا۔ مجھے ساکت دیکھ کر بے قابو ہونے لگا۔ دوبارہ Cheers کہا اور دو سیکنڈ انتظار کے بعد گلاس کو اس زور سے پٹکا کہ شراب اچھل کر بہہ نکلی۔ غصہ اس قدر تھا کہ اٹھتے وقت میرا گلاس بھی الٹ دیا۔ وہ دروازے کی طرف قدم بڑھا چکا تھا کہ اچانک مڑا اور میرے گریبان کو پکڑ لیا۔ بے حد غصہ تھا۔ لیکن اس کے اظہار کے لیے جب چند لمحوں تک کوئی لفظ نہیں ملا اس زور سے گریبان کھینچا کہ وہ پھٹ کر دامن تک آگیا۔ اور پھر وہ غلط قدم اٹھاتا دروازے کے باہر تھا۔ میں چند لمحے حیرت میں غرق رہا پھر خود بھی دروازے سے باہر آیا کہ کہیں سیڑھی پر گرا پڑا نہ ہو۔ پلٹ کر دیکھا کہ بیوی فرش پونچھ رہی ہے۔ خود پر خاموشی طاری رکھا۔ اندیشہ تھا کوئی ایک لفظ چنگاری کا کام نہ کر جائے۔ پھر دیر تک اپنے کرتے کو دیکھا کیا۔ ایسا ہلکا ملائم دھاگے سے بنا ہوا کرتا میرے پاس ایک ہی تھا۔

اس بار ایک طویل عرصے کے بعد وہ خود تو نہیں آیا مگر اس کا خط پوسٹ مین دروازے پر کے نیچے سرکا گیا۔ اس میں نہ پتہ نہ نام لکھا تھا۔ مگر جن الفاظ کو میرے پاس بھیجا اس کے مطالب سے صرف ہم دو ہی واقف تھے۔ مجھے اس کے لفظ کی لکھاوٹ اور نقطوں کی سجاوٹ یاد ہے۔ اُس نے اس خط میں مجھ سے صرف خیالی باتیں کیں۔ وہ ایک گھنے جنگل میں ہے۔ وہاں چیزوں کو بے ربط، خود سے نالاں اور غیر وابستہ پایا۔ درخت سوکھ گئے ہیں۔ ہوا اپنا احساس دلائے بنا گزرتی ہے۔ بے رنگ پتوں کا فرش پھیلا ہوا ہے۔ کسی بھی راہ کی شناخت ناممکن ہے۔ میں کسی ڈال سے لٹکا ہوا ہوں۔ اور میری گردن سے ناگ لپٹا فضا میں جھول رہا ہے۔ میں اس کے خوابوں میں آتا ہوں۔ مجھ سے پوچھتا ہے میں سانپ کی زبان کی طرح متحرک کیوں نہیں۔ میں درخت کے

تتنے کی طرح زندگی کیوں گزارتا ہوں۔ میں چیونٹی کی طرح ہر وقت غذا جمع کرنے کی مسافت میں کیوں نہیں رہتا۔ کیوں کسی کے نیچے کچل نہیں جاتا۔ خودکشی کیوں نہیں کرلیتا۔ مجھ سے مدد بھی مانگتا ہے۔ جن باتوں کو وہ پسند نہیں کرتا۔ وہی سب اسے کیوں پیش آتے ہیں۔ جن خواہشات میں وہ دن گزارتا ہے خواب اس کے برعکس کیوں ہوتے ہیں۔ اس نے اپنی نظم پر میری رائے پوچھی ہے۔ مجھے اس کے ساتھ گزارے لمحات یاد آئے۔ زمین کی خوبصورت ترین چیز 'پھول' کو عنوان کیا ہے۔ لکھا ہے:

حسین گل تر

اس پر

صبا کی لہر
جنبشیں پنکھڑیوں کی

خیالِ آمدِ فردا

سے

لرزاں ہیں

بیتے دنوں میں ہم میں سننا سنانا ایک دوسرے کے لیے ہوا کرتا تھا۔ اب سنا ہے اس کی جیب میں شہر شہر سے دعوت نامے ہوا کرتے ہیں۔ چلتے پھرتے کچھ گنگنایا کرتا ہے۔ شعرگوئی اب اس کے روزگار سے جڑ گیا ہے۔ وہ حقیقت جو شاعر کے آگے شمع رکھ کرا جاگر کی جاتی کہ وہ بھی تخلیق کے لمحات میں شمع ہی کی طرح خاموش کرب سے گزرا ہے شاعر کو ارشاد کہہ کر شعر کا جادو جگانے پر راغب کیا جانا اب قصّہ دیرینہ ہو چکا ہے۔ اب وہ ہجوم کو مخاطب کرتا ہے اور اس سے داد کی مانگ کرتا ہے۔ اب قبولیت حاصل کرنے کے پیرائے پیتروں میں بدل گئے ہیں۔ میں نے خط پلٹ کر اس پر وزن رکھ دیا۔ بیزار سا ہو گیا تھا۔ اس کی باتوں سے دل اچٹ گیا۔ اس نے میری یاد میں جتنا وقت گزارہ بے مصرف کا تھا۔ میں اگر اس کا دوست رہا تھا تو اب نہیں ہوں۔ میں نے جب اپنا شہر چھوڑا تھا خود سے پریشان تھا۔ اپنے چاہنے والوں کو رلایا تھا۔

انھیں کس کس طرح سے دلاسہ دیا کہ لوٹ کر آؤں گا اور بہتری میں آؤں گا۔گو دل اس پر گواہ ہونے راضی نہ تھا۔انھیں بھی میری باتوں پر یقین نہ آتا مگر دل کو جھوٹی یقین دہانی پر راضی کر لیا تھا۔میں نے ممبئی جیسے شہر کو زندگی کا نذرانہ پیش کیا اور اس کا حصّہ بن گیا۔شاعر ہوں۔خوش آئند بات زندگی اور خوبصورت دنیا کا خواب دیکھنا میرا حق بنتا ہے۔وہ بھی شاعر ہے۔اس نے بھی اس شہر کو اپنی زندگی کا نذرانہ پیش کیا لیکن شاید اپنا شہر چھوڑنا اسے کوئی سانحہ نہ لگا۔اس نے شاید اپنی ذہنی تربیت ہی اس طرح کی تھی۔سفر پر قدم اٹھانا آسان مرحلہ جیسا تھا۔دلوں کے رشتے جذبات کو توڑے مروڑے بھی ہوں لیکن راہوں کے سنگِ میل کو پیچھے چھوڑتے جانا کچھ کم پر کشش نہ تھا۔
اس نے مجھ سے دوستی کی۔پھر میں نے کی۔دوستی اس شہر میں جتنی مہنگی ہے اتنی ہی سستی بھی۔الگ الگ معیار پر پوری اترتی ہے۔اب تو وہ بھی طرح طرح کی یاری کو جاننے لگا ہو۔حادثاتی یا معاملاتی۔امیروں غریبوں یا عالموں جاہلوں کے درمیان پنپنے والی دوستی، زود یا دیرپا، اعلا و ادنا کی دوستی کہاں اور کہاں ہماری ٹہلنے والی، دیوار پر بیٹھ کر بتیانے والی، دن میں خواب دکھانے والی، شعر کہلوانے والی دوستی اور پھر یہ تو اب خارج از بحر بھی ہو چکی ہے۔
اس نے مجھے پھر خط لکھا۔یہ کسی دور دراز شہر سے تھا۔پتہ اس پر بھی گپت تھا۔اسے بھی پچھلے خط کے ساتھ وزن کے نیچے داب دیا۔اس کے پاس مجھے کہنے جیسا کیا رہ گیا ہے۔میں تو درخت کا تنا ہوں۔مجھے میرے ہی پتوں نے زیرِ سایہ رکھا ہے۔میں سانپ کی زبان کی طرح متحرک کیوں نہیں ہوں۔کیوں کر اس خط کو پڑھوں۔ماضی کی پر لطف یاد اب پت جھڑ میں بدل چکی ہے۔لیکن سنا ہے اس پر بہار آئی ہے۔اس کی وضع قطع، ذہن و دل میں بدلاؤ، زورِ قلم میں اضافہ اور ذات میں مسند نشینی آ گئی ہے۔میں نے خط پڑھنے کی خواہش کو جس طرح اس کے خطوط دبے پڑے ہیں دبائے رکھا۔
پھر ایک شام یوں ہوا جب میں اس کے ڈھلنے کا منتظر تھا۔ہلکی خنک ہوا کھڑکی سے داخل ہو کر مجھے چھوتی اور خوش آئند لمحات کا پیام دے کر دوسری راہ گزر جاتی۔ملازمہ نے میز پر ان اشیا کو سجا دیا تھا جو میری خواہش کے مطابق تھا۔کسی مہمان کے وارد ہونے کا امکان بھی نہ تھا۔خوش

نما وقت کی آمد تھی کہ دروازے کی گھنٹی بجی۔ ساتھ ہی دستک بھی ہوا۔ ملازمہ دروازے کی طرف بڑھی۔ میری نگاہیں اس کی طرف دراز ہوئیں۔ ملازمہ بھی حیران، میں بھی ششدر، بیوی بھی متعجب، جس شخص کے خطوط میز پر دبے پڑے تھے وہ خود دروازے پر کھڑا تھا۔ ملازمہ نے خوش آمدید میں کچھ کہا، بیوی مسکرائی، میری حیرت قائم رہی۔ وہ اندر داخل ہو کر صوفے پر بیٹھ گیا۔ میں نے اور اس نے اس درمیان ایک دوسرے کا جائزہ لے لیا تھا۔ صحیح میں وہ بدل گیا تھا۔ ہتھیلی میں کار کی چابی تھی اور انگھوٹھیاں انگلیوں کی شان بڑھا رہی تھیں۔ ان پر نام ورہیرے جڑے ہوئے تھے۔ شام لگ بھگ ڈھل چکی تھی۔ میری نظر ملازمہ پر پڑی۔ اس نے ایک اور خالی گلاس میز پر رکھ دیا اور باورچی خانہ کا رُخ کر لیا۔ آٹا گوندھے گی اس کے گولے بنائے گی۔ ان کو چاند کی طرح گول کر کے توے پر اس طرح پھیلا دے گی جیسے چولھے پر آسمان کر دیا ہو۔ وہ چاند اور آسمان کے اشکال تو بنا سکتی تھی مگر مہمان کے شایانِ شان چاندی کی روٹی بنانے سے قاصر تھی۔ میں نے فوراً ان خیالات کو جھٹک کر اس کی طرف دیکھا۔ اس نے بھی میری طرف دیکھ کر کچھ کہنا چاہا لیکن الفاظ سے پہلے اس کا ہاتھ اٹھا اور نگینوں نے سب کہہ دیا۔ میں اٹھا، دروازہ کھولا پھر اس کی کلائی پکڑ کر اٹھنے کا اشارہ کیا اور اسے گھر سے باہر کر کے خود پر ہمیشہ کے لیے دروازے سے آڑ کر لی۔

زندگی کے نذرانوں کی تعداد بہت بڑھ گئی ہے۔ شہر بہت خوش ہے۔ نئے نئے تجربات اسے مالا مال کر رہے ہیں۔ ابھی کل کی بات ہے، ایک نووارد نے مانوس سے اجنبی پر نظر ڈالی اور رانی باغ (چڑیا گھر) کا پتہ پوچھا۔ وہ وہیں جا رہا تھا۔ دونوں ساتھ ہو لیے۔

❖■❖

باقر مہدی اور راجندر سنگھ بیدی کا دوستانہ

بیدی صاحب اکثر ہمارے غریب خانے پر آیا کرتے تھے اور باقر بھی بہت سویرے اٹھ کر بیدی صاحب سے ملنے جایا کرتے تھے۔ جب ہمارے مجگاؤں کے مکان کا قضیہ چل رہا تھا تو بیدی صاحب ہی ایک فوٹو گرافر کو لائے تھے جس نے ہمارے مکان کی اور ہماری تصویریں اتاری تھیں۔ بیدی صاحب بیمار پڑے۔ صحت مند ہوئے تو ہمارے گھر پر چند بار آئے۔ ان کی کایا پلٹ ہوگئی تھی۔ کہاں وہ پر لطف آدمی تھے اور کہاں پر درد۔ یوں تو بات بات پر ان کے آنسو نکلا کرتے تھے مگر اب وہ خشک آنکھیں رکھتے ہوئے بھی مجسم آنسو معلوم ہوتے تھے۔ وہ کہتے تھے ''باقر نہ جانے مجھے کیوں تم سے مل کر بہت سکون حاصل ہوتا ہے بیدی کے چلے جانے کے بعد باقر اپنا منہ چھپا کر اتنا روتے کہ اس کا بیان میں نہیں کر سکتی۔

______ خیر النسا مہدی

باقر مہدی اور شام لال کا دوستانہ

''شام لال سے باقر مہدی ہفتے میں دو بار ملنے جایا کرتے تھے۔'' میں سمجھ نہیں سکتی وہ کس طرح پورے ستائیس برس تک ہر ہفتہ دو بار شام لال سے برابر ملتے رہے (آندھی اور طوفان کے دوران بھی)۔ باقر مہدی کا بمبئی نہ چھوڑنے میں شام لال کی شخصیت کا دخل تھا جو کہ ان کے لیے بڑی ہی پُرکشش تھی۔ شام لال سے مل کر وہ کتنا خوش ہوتے تھے اس کا اندازہ اس سے ہے کہ وہ ہمیشہ نئی نئی کتابوں اور نئی نئی فلموں کا ذکر ان کے یہاں سے لوٹ کر کرتے تھے۔ شام لال نے اپنی کتاب One Hundred Encounters کے پیش لفظ میں لکھا ہے: ''میں نے سیکڑوں شامیں اپنے دوست باقر مہدی کے ساتھ گزاری ہیں اور ان شاموں میں اکثر گفتگو بیسویں صدی کے ادبی اور ثقافتی مسائل پر ہوتی تھی۔ حیرت ہے کہ انھیں (باقر مہدی) اب تک اردو ادب میں نمایاں جگہ حاصل نہیں ہوئی ہے۔

______ خیر النسا مہدی

کچھ 'چوتھا آدمی' کے بارے میں

اس شخص مرزا عزیز جاوید کی زندگی میں بہت تہہ داریاں ہیں۔ اس کہانی میں صرف چند آسکی ہیں۔ 'شہر مدفون' ان کے کلام کا مجموعہ ہے جو باقر مہدی کے نام معنون ہے۔ زندگی بھر کی یہی کمائی ہے جو بچ گئی ہے۔ باقی زندگی کو بانٹ کر گزارہ، اس کے اپنے حصّے میں بہت کم آئی۔ بیماری نے مہلت نہ دی اور جلد بستر بند ہوا دیا۔ ویسے بھی انجام اس کے سوا کچھ نہ تھا۔

یہ تھی نہ ہماری قسمت کے وصالِ یار ہوتا
اگر اور جیتے رہتے یہی انتظار ہوتا

میرے ان سے ذاتی مراسم نہیں تھے لیکن ان کی شہرت سے میں واقف تھا۔ دوسری شہرت جو ان کو ملی اس واقعے سے اُس کی تصدیق ہو جاتی ہے۔ سنیچر کی شام تھی۔ حسبِ معمول میں، محمود چھاپڑا، ابوبکر مرچنٹ، ذکریہ شریف اور فضیل جعفری مکتبہ سے ہو کر کھتری صاحب کی فٹ پاتھ کی کتاب کی دکان پر کھڑے تھے یا بس ہم روانہ ہوئے تھے۔ مرزا کو آتے دیکھا۔ چہرے پر مسکراہٹ تھی۔ آنکھوں میں جو خواہش تھی اسے کہنے کی ضرورت نہیں پڑی۔ محمود کی زبان سے نکلا 'دو روپے' جسے کسی نے ادب کے ساتھ پیش کیا۔

اس کہانی کو بھی جاوید صدیقی صاحب کی آفس والی نشست جس میں حسبِ معمول محمد اسلم پرویز اور الیاس شوقی شریک تھے میں نے سنایا ہے۔ جاوید صدیقی کا لکھا خاکہ الیاس شوقی نے سنایا اور محمد اسلم پرویز نے تحقیقی مقالہ جس کی تعریف میں صدیقی صاحب نے اسلم پرویز کی تنقیدی صلاحیت کو سراہا کہ انھیں مضمون نگاری پر توجہ دینی چاہیے۔ میری کہانی کی بھی تعریف کی 'اچھی ہے' لیکن اس مرتبہ اسلم پرویز کو اسے خراب کہنے میں مشکل پیش آئی۔ کہانی ختم کر کے جب میں نے ان کو دیکھا وہ آنکھیں ملانے کے بجائے دوسری طرف دیکھنے لگے۔ مگر جب بولے تو خراب ہی

کہا اور تلافی بھی ان کی اس بات نے کر دی۔ ہم جب آٹو رکشا سے لوٹ رہے تھے موضوعِ گفتگو کے سلسلے کو آگے بڑھاتے ہوئے جب میں نے کہا، ''اچھا ہوتا جو اس زمین پر کروڑھا برس بارش نہ ہوئی ہوتی۔ چاند کی طرح یہ بھی بے روح اور بے جان ہوتا۔' تب اس نے کہا، 'تو پھر 'چوتھا آدمی' کس نے لکھا ہوتا۔' باقر مہدی نے مرزا کی یاد کو ایک نظم اور ایک غزل میں منتقل کیا ہے۔ جنھیں پڑھ کر میرا قلم متکلم ہوا اور یہ کہانی پیش ہے۔ پہلے مرزا کی یاد میں کہے چند اشعار ۔

بھیگے بھیگے ہوئے لہجے میں سنیں تیری غزل
کاش ایسا ہو کہ پھر تجھ کو غزلخاں دیکھیں

دوست پھر تیری رفاقت سے جھجک کر رہ جائیں
عشق کو بھی سرِ بزم پشیماں دیکھیں

تیرا ماتم نہ کریں جام کو چھلکائیں، ہنسیں
'شہرمدفون' میں پھر رقصِ غزالاں دیکھیں

کسی فٹ پاتھ پر بیٹھیں یونہی گپ شپ کرنے
اور آئینہ صفت لوگوں کو حیراں دیکھیں

پاس بیٹھی ہوئی افلاس کی تصویروں میں
رنگ اشکوں کا بھریں اور چراغاں دیکھیں

چوتھا آدمی

'تم بہت جلد مرجاؤ گے' میں نے اس سے ملتے ہی کہا۔ وہ چپ رہا۔ دو چار قدم جب ہم اپنی سمت بڑھ چکے پھر کہا''تم بہت پینے لگے ہو، مر کر جادو کا کھیل دکھانا چاہتے ہو' وہ چپ رہا۔ اس طرح کا سخت اور کرخت انسان میں کبھی ہو جاتا ہوں۔ اسے سب میری بدخوئی کہتے ہیں۔ مجبور ہو جاتا ہوں۔ جو شخص مجھے اپنا عزیز یا دوست سمجھتا ہے اسی کا دل دکھانے میں مجھے دیر نہیں لگتی۔ جدا کر دینے کا مجھے افسوس بھی نہیں ہوتا۔ اس سے میں بہت دنوں بعد ملا تھا۔ شاید اسی لیے اس دن میرے لب و لہجے میں غیریت کم اور پچھلے تعلق کی قربت کا احساس زیادہ تھا۔ اسے میری سخت کلامی کا علم تھا۔ جان گیا مجھ میں بیٹھا کوئی اور شخص تھا جو اس سے اس طرح بول رہا تھا۔ کچھ رُک کر جواب دیا'' جانتا ہوں میں.... مرجاؤں گا میں۔'' پھر کچھ سوچنے لگا۔ ہمارے قدم دھیرے دھیرے بڑھ رہے تھے، معلوم تھا کہ کدھر جا رہے ہیں۔ میں نے نہ جانے کیوں خود کو بدلتا پایا۔ مجھ میں خود کو درست کرنے کی خواہش پیدا ہوئی۔ ڈھنگ بدل کر کہا'' میں نے غلط کہا۔ مجھے ایسا کہنا تھا تمھاری طرح جو پیتا ہے، مرجاتا ہے۔'' وہ چپ رہا مگر لگا کچھ کہنا چاہتا ہے۔ ہمارے قدم برابر دھیرے دھیرے بڑھ رہے تھے۔'' کیا فرق پڑتا ہے، ایسا کہا کہ ویسا کہا... مرنا تو مجھی کو ہے۔'' میں خاموش رہا۔ وہ پھر بولا'' میں تو چین پالوں گا کہ پی پی کر مرگیا۔ مجھے جام میں پورا پورا چاند نظر آیا اور گلاس میں رقاصہ۔ میں تو آگاہ ہوں خود سے۔ مگر تمھیں تو اپنی بے خبری پر افسوس بھی نہیں۔''

میں خاموش ہی رہا۔'' میں جن کا خوراک بنوں گا انھیں مجھ سے لذت میسر آئے گی، نشہ سا لگے گا۔ میں مر کر کچھ اچھا ہی کر جاؤں گا۔'' میں نے اس کی فضول باتوں پر خاموش رہنا ہی ٹھیک سمجھا لیکن مجھے اس پر نشیلا رنگ چڑھتا نظر آیا۔ جگہ پر پہنچنے کے بعد وہ مجھے اپنی غزل سنائے گا۔ دو

چار گھنٹوں کا ساتھ رہے گا۔ ہم دھیرے دھیرے اپنی جگہ کے قریب پہنچ چکے تھے۔ یہ اس لمبی فٹ پاتھ پر پڑنے والا پہلا موڑ تھا۔ یہاں کی بات نرالی تھی۔ متواتر ہوا کی لہر یہاں ٹکرا کر اپنا رخ بدلا کرتی ہے۔ اس جگہ کی درو دیوار کو ہوا نہلاتی گزرتی ہے۔ فضا صاف وشفاف بنی رہتی ہے، کوئی موسم ہو ہم یہاں دیر تک کھڑے یا بیٹھ کر باتیں کیا کرتے۔ بدن سے ٹھنڈی ہوا بار بار ٹکراتی اور ہم سے لپٹ کر گزر جایا کرتی۔ ہمارا اپنا بدن سرُور کا باعث ہوتا۔ راہ گیر جو پاس سے گزرتا ایک نظر ہم پر ضرور ڈالتا۔ اچانک مجھے محسوس ہوا شام گزر چکی ہے، اندھیرا سیاہ چادر کی طرح پھیلنے لگا ہے۔ ہم نے ایک دوجے سے کچھ نہیں کہا۔ اٹھ کھڑے ہوئے اور ہمارے قدم آپ ہی کسی جانی پہچانی سمت میں بڑھنے لگے۔ یہ ہماری دوسری جگہ تھی جہاں ساتھ جایا کرتے۔ ہمیشہ والی جگہ پر ہی بیٹھتے۔ ہمیشہ ہی کی طرح دو چار ہمیشہ کہی ہوئی باتیں کرتے اور اس کے بعد دلوں کے چراغ ہلکی ہلکی روشنی دینے لگتے۔ ایک کے بعد دوسرا الیا ہوا گھونٹ زیادہ مزے دار ہوتا۔ شعر ونغمہ ہو کہ رنگ ورقص، عشق ووصال ہو کہ فکر وملال یا ہجر وحزن، انسان کی فطری تعمیر اسی گاڑھے سے ہوئی ہے اور اس گاڑھے کی پہچان کرنی ہو تو اس سے بہتر جگہ اور کوئی نہیں۔ کمرہ نصف اندھیرے اور نصف اجالے میں ڈوبا ہوا تھا۔ پھر جب ہماری خبر ہم تک پہنچی ہم اٹھے، وہاں سے نکلے اور اپنی اپنی راہ لے لی۔ میں جب لوٹ رہا ہوتا میرے پاس خوشی تو ہوتی مگر فکر مند ہو جایا کرتا۔ مجھے راہ پر وہ سانپ نظر آتا جسے میں نے بچپن میں دیکھا تھا۔ مداری جب اسے جھولی سے نکال کر زمین پر دراز کر دیتا اور اعلان کرتا اس کے دو منہ ہیں۔ یہ مخالف سمت میں دیکھنے اور رینگنے کا اہل ہے۔ مجھے اپنا وجود اس سانپ کی طرح دورُخی دکھائی دیا۔ ہم الگ الگ سمتوں کے راہ گیر ہیں۔ ہم میں چند بنیادی باتوں کا فرق ہے۔ میرے پاس گھر ہے۔ دیواریں چاہے کمزور ہوں اس کی چار دیواری میں ایک دنیا ہے جو صرف میری ہے۔ اس کا میں مالک ہوں۔ اس کا بگاڑنے اور سنوارنے والا بھی میں ہوں۔ مگر اس جہاں میں اس کی اپنی کوئی دنیا نہیں ہے۔ چھت ہے نہ دیوار، کھڑکی نہ دروازہ۔ ہر وقت اسے ڈر لگا رہتا ہے جیسے اس کی زندگی میں کوئی جھانک رہا ہے۔ وہ کسی مکان کے جس سائے میں سکونت پذیر ہے وہ اس کے مکینوں

کی آمد و رفت کی آماجگاہ ہے۔

سورج کی روشنی ہر صبح اس کے اطراف پھیل جاتی ہے جب کہ میرے لیے وہ طلوع ہوتا ہے۔اس کی سرخی مائل کرن کھڑکی سے اندر داخل ہوتی ہے۔اندھیرے کو اپنی دنیا سے دور ہوتے دیکھتا ہوں اور اب تو ایک حیران کن بات واقع ہوئی ہے۔اب میرے کمرے کی کھڑکی صرف میری نہیں رہی۔کسی کے لیے اس کی اپنی دنیا بن چکی ہے۔ایسی ہی دنیا جس میں میرے دوست کا بود باش ہے۔ایک کبوتری نے میری کھڑکی میں بسیرہ کرلیا ہے۔اس کی دنیا بھی ایسی کھلی فضا ہے جیسی مرے دوست کی ہے۔کھڑکی سے باہر لوہے کی سلاخوں کا جو حلقہ ہے ان میں سے کسی ایک سلاخ پر بیٹھی رہتی ہے۔جب میرا رخ کھڑکی کی جانب ہو وہ سلاخ پر مڑ کر اپنا رخ میری طرف کرلیتی ہے۔تب ہم ایک دوسرے کی آنکھوں میں دیکھ لیتے ہیں۔کبھی اپنی آنکھوں کو میری آنکھوں سے جوڑ کر دو تین بار پلک جھپکاتی ہے۔مجھے حیرت میں ڈال دیتی ہے۔ہم پڑوسی ہیں بہت مانوس ہو چکے ہیں۔اس سے کبھی میں لمبی مدت تک غفلت برتتا ہوں۔وہ بھی مجھ سے لاپرواہ سلاخ پر دوسری جانب رخ کیے بیٹھی رہتی ہے۔کبھی اسے بھی میں نے اپنی مخصوص مخلا لفانہ لمحات میں شور مچا کر بھگا دیا۔لیکن یہ پھر لوٹ آتی ہے۔میری جانب رخ کر کے بیٹھتی ہے۔اپنی چھوٹی سی چونچ سے بولتی نہیں صرف چھوٹی چھوٹی گول آنکھوں سے مجھے دیکھتی ہے۔میں بڑا مجبور سا محسوس کرتا ہوں۔اسی مجبوری کے عالم میں وہ بھی مجھے نظر آیا۔کئی بار سنا اسے بھی جب غصہ آنا چاہیے تھا وہ خاموش ہوگیا۔چھوٹی چھوٹی آنکھیں کر کے اپنے مخالف کو دیکھتا رہا اور اس پر جو گزری تھی کبوتری کی طرح سہن کرلیا تھا۔ایک بار میرے ساتھ اس کے برعکس بھی واقعہ پیش آیا۔وہ دن ہمارے ملنے جلنے کے ہوا کرتے تھے۔شام دھیرے دھیرے ڈھل رہی تھی۔ہم اپنی فٹ پاتھ کی اس موڑ پر بیٹھے تھے جہاں ٹھنڈی ہوا آ کر ہم سے ٹکراتی اور نہلا جاتی۔ہماری گفتگو کے درمیان ہی ایک موڑ نے ایسا موقع فراہم کر دیا،میرے خلاف اس نے اعتراضات کی قطار لگادی۔''تم منصوبہ بند ہو۔تم صبح، دوپہر، شام کو اپنی ضرورت کے مطابق استعمال کرتے ہو۔راتوں میں اتنے خودغرض کہ تم میں ہر لمحے میں سے کچھ نہ کچھ حاصل کرنے

کی خواہش پروان چڑھتی ہے۔ انقلاب زندہ باد۔ دنیا کے نظام کو بدل دو۔ سب میں مال برابر بانٹ دو۔ تم اپنی سوچ میں بے وقوف رہنا پسند کرتے ہو اور تمھیں احساس بھی نہیں ہوتا....''

وہ بولتا جاتا جب تک میں اسے روک نہ دیتا۔ ''بس چپ ہو جاؤ، اور چلو۔'' میں نے اٹھتے ہوئے کہا۔

رات کی تاریکی کا سایہ ہر طرف پھیلنے لگا تھا۔ میرے الفاظ اس کے کانوں میں جیسے گونج اٹھے تھے۔ وہ سب کچھ بھول کر میرے ساتھ چل دیا اور اس کا ایک رفیقانہ ہاتھ میرے کندھے پر تھا۔ ہم وہاں پہنچ کر اپنی جگہوں پر بیٹھ گئے۔ پچھلی باتوں کو رٹا گیا۔ ہمیشہ کی طرح پہلے گھونٹ کے بعد دوسرا اور تیسرا زیادہ مزا دیتا گیا۔ جتنے وہاں تھے سب دوست لگنے لگے۔ ایک ہی گاڑھے کے جو بنے تھے۔ جب ہماری خبر ہم تک پہنچی ہم کھڑے ہوئے اور اپنی اپنی راہ پر لوٹ گئے۔

ایک بار مجھے یہ جان کر حیرانی ہوئی کہ اپنوں نے اس سے دغا کیا۔ یہ بات ان دنوں کی ہے جب ہمارے مشاغل بدل چکے تھے۔ ہماری مصروفیتوں کے مقاصد ایک سے نہیں رہے۔ میری زندگی مختلف انداز کے تجربات سے گزر رہی تھی۔ اس پر کے حالات سے میں غافل تھا۔ محلّے کے بہت قریب کے کالج کے احاطے میں ایک مشاعرہ منعقد ہوا تھا۔ شہر کے مشہور ہی نہیں وہ شعرا بھی مدعو تھے جنھوں نے ادب کو انقلابی تحریک سے آشنا کیا۔ مزدور کو بغاوت کا نعرہ دیا اور غریب کی بدحالی کو اجاگر کیا تھا مگر منتظمین نے غالباً ارادتاً اسے نظرانداز کیا۔ شاید اسٹیج پر مدعو شعرا کی ہم سری سے اسے محروم کرنے کی سازش کی ہو۔ مگر اسے ہر بات کی خبر تھی۔ جب اچانک ہی بھیڑ میں سے آتا دکھائی دیا، اسٹیج حواس باختہ ہو گیا۔ اس کے قدم استقلال اور باغیانہ انداز سے اسٹیج کی طرف بڑھ رہے تھے۔ اسے فوراً خوش آمدید کہا گیا۔ ملتجیانہ شرمندگی کا اظہار ہوا اور منا لینے کی ہر ممکن کوشش کی گئی۔ سب بے اثر ثابت ہوا۔ صرف اتنا ہوا وہ اسٹیج کے سامنے رُک گیا۔ تحکمانہ نظر سب پر ڈالی اور ادائے بے اعتنائی کے ساتھ لوٹ گیا۔ باہر سڑک روزمرہ کی طرح بے حد مصروف تھی۔ گاڑیاں آمنے سامنے سے آ کر آس پاس سے گزر رہی تھیں۔

اس سڑک کی ایک خاص پہچان یہاں کی جسم فروش عورتیں ہیں۔ فٹ پاتھ پر کچھ کچھ فاصلے

سے صورتوں کو سنوارنے، ننگی باہنوں اور نیم ننگی ٹانگوں کی نمایش سے پر امید کھڑی نظر آتی ہیں۔ شاہراہ سے ہٹ کر اندر کی گلیوں کے مکان ان کے ٹھکانے ہیں اور شاید لائسنس یافتہ ہیں۔ زمانہ کتنا بدل گیا ہے۔ سڑک پر ان کو پسند یا نہ پسند سے اب ہتک کا احساس نہیں ہوتا۔ ایک بات اور ہے جو اس راہ کی عجبییت کو نمایاں کرتی ہے۔ یہاں کی درس گاہوں اور جسمانی کاروبار کے علاقوں میں کوئی فاصلہ کوئی دیوار حائل نہیں ہے۔ رات کا ابتدائی حصہ گزر چکا تھا۔ میونسپل کے کھمبوں اور دکانوں کے بلب سے روشنی راستے پر پھیلی ہوئی تھی وہ باہر فٹ پاتھ پر کھڑا ذرا دیر ان سب کا نظارہ کرتا، کئی عورتوں پر حسرت کی نظر ڈال کر گزرا کرتا تھا۔ اکثر اسے اپنی خالی جیب پر غصّہ آتا۔ وہ جب برٹش زمانے کی ایک پرانے مکان کے نیچے آدھی کپ چائے پینے کھڑا ہوا اسے مشاعرے کی واہ اور سڑک کی آہ شعر کہنے پر مائل کر رہے تھے۔ لیکن پیٹ اور جیب کے خالی پن سے بے زار تھا۔ مکان کی سیڑھی پر دو تین پیشہ ور بیٹھی ہوئی تھیں۔ ان پر کئی مرتبہ نظر گھماتا رہا۔ تصور میں اوپر کا منظر تھا۔ ہال میں عورتیں قطار میں کھڑی ہیں۔ اسے انتخاب کا پورا حق حاصل ہے۔ چھوٹے چھوٹے خانوں میں پلنگ بچھے ہیں، جہاں وہ لطف و مسرت کو شعر کی طرح گنگنا سکتا ہے۔ اس نے چائے ختم کی۔ وہیں سگریٹ خریدا۔ دو تین لمبے کش مارا۔ پھر غیر ارادتاً اس کے پیر اس طرف بڑھنے لگے جہاں سے اسے مدد کی امید تھی۔ قریب ہی وہ گلی ہے جہاں ایک پلیٹ پلاؤ کی قیمت دو روپے ہے۔ اس کی زندگی کے اس دور میں دو روپوں کی بڑی اہمیت تھی۔

مجھے اپنے دوست کے انتقال کی خبر ملی مگر بہت دیر ہو چکی تھی۔ اس سے ملے لمبا عرصہ گزر چکا تھا۔ جس دور کو ہم نے گھل مل کر گزارا تھا ماند پڑ چکا تھا۔ اس کی موت کی اطلاع مجھ تک اڑتی اڑتی پہنچی تھی۔ یہ بھی ٹھیک سے پتہ نہیں چلا کہ جس آخری سفر سے اسے انحراف تھا اور جسے اپنے پیروں کے بجائے دوسروں کے کندھوں پر پورا کرنا تھا اس کی تکمیل میں کوئی دشواری تو پیش نہیں آئی۔ معلوم نہیں اس پر لادی ہوئی مٹی کو دو چار بکٹ پانی دے کر شانت کیا گیا تھا یا نہیں۔ اس نے نہایت مضطرب زندگی گزارا تھا۔ دو چار محلے تھے جن میں اس نے اپنے دن اور رات کیے تھے۔ وقت کو ادھوری ملاقاتوں کی نذر کیا تھا۔ شاعری نواز دوست اس کی ہمت

افزائی کا سامان اور سہارا ہوا کرتے۔ اس کی راہ میں ایک بھی سنگِ میل نہ تھا جو راہِ مستقیم کی نشان دہی کرتا۔ صبح جب اس کی آنکھیں کھلتیں سورج چاند کو نگل چکا ہوتا اور دل پذیر رات کو دن کی ہنگامہ آرائی ہلاک کر چکی ہوتی۔ دن اس کی رات کی تیاری کا سبب بن گیا تھا۔ اچانک مجھے کھڑکی پر زور زور سے پر پھڑ پھڑانے کی آوازوں نے چونکا دیا۔ نظر اٹھا کر دیکھا ایک سیاہ کوا لوہے کی سلاخوں سے اندر آنے کی کوشش کر رہا تھا۔ میں نے اپنی قلم سے جو اس وقت میری انگلیوں میں تھا اس پر وار کر دیا۔ وہ فوراً اڑ بھاگا اور کبوتری بھی جو ایک کونے میں سہمی سی تھی میرے شور سے ڈر کر دوسری طرف نکل بھاگی۔ اس وقت میں تنہا کھڑکی سے لگ کر بیٹھا تھا اور اس کی موت کی خبر میں غرق تھا۔ پچھلی باتیں آپ ہی آپ یاد آ رہی تھیں۔ مانا کہ ہماری دنیاؤں میں فرق تھا لیکن مرا اس طرح غافل رہنا کہ ایک طویل عرصے بعد موت کی خبر پانا افسوس ناک تھا۔ میں اس کی گلیوں محلوں سے واقف تھا۔ کیا میں جانتا نہ تھا چھوٹی چھوٹی ضرورتیں بھی اس کی روزمرہ کے مسائل ہوا کرتے تھے۔ میں پھر اس کے خیال میں ڈوب گیا۔ نیند اور خواب کی سی کیفیت طاری ہوگئی۔ خود کو کٹہرے میں پایا۔ میرے ساتھ کئی ملزم کھڑے تھے جن کے چہرے غائب تھے اور جج کی کرسی پر وہ براجمان تھا اور وکیل دفاع ہماری بے گناہی کے ثبوت میں نہ جانے کیا کہہ رہا تھا۔ اس کے کسی جملے کے ساتھ کبھی اس کی ایک آنکھ نکل کر لٹک جاتی کبھی نچلا ہونٹ گر کر کالے کوٹ میں اٹک جاتا۔ زبان کبھی مٹی چاٹ کر لوٹ آتی۔ پروں کی پھڑ پھڑاہٹ نے میری مدد کی اور میں اس تکلیف دہ منظر سے نکل آیا۔ فوراً کھڑکی پر نظر گئی۔ کبوتری لوٹ آئی تھی اور میری جانب اس کا رخ تھا۔ میرے پاس وقت نہیں تھا جو اس کے ساتھ جڑتا۔ میں ان ناموں کو سوچنے لگا تھا کہ مجھے وہ شخص مل جائے جو اس کے آخری ایام سے روشناس کرا دے۔

جب کوئی نام یاد نہیں آیا ذہن کو اس کی طرف رجوع کر کے ان لمحات کو یاد کیا جب وہ مجھے اپنے ایسے اشعار سناتا تھا اور میں بڑے شوق سے سنا کرتا۔ وہ جن خیالات کو شعر کے مصرعوں میں ڈھالتا تھا۔ مجھے بہت پسند آتے۔ اس نے شہر کے بارے میں شعر سنا کر رنجیدہ کر دیا تھا کہ یہ کسی قدر ڈرامائی ہنگاموں سے مخمور ہے لیکن اس کے حصّے میں وہ کردار آیا جو خون تھوکتا ہے۔ ان

اشخاص کی احساس برتری پر طنزیہ شعر سنایا جو دوستی کے نام پر مہربانی جتاتے ہیں۔ مجھے اس کی کتاب یاد آئی۔شیلف سے ڈھونڈ کر نکالا۔ مجھے اپنے تحریر کے ساتھ عنایت کی تھی۔ مجھے اپنا دلی دوست لکھا تھا۔میں نے اس کی تحریر اور دستخط کو کئی بار پڑھا اور اچانک ایک نام ذہن میں ابھر آیا۔ ہاں یہ شخص میرا عزیز بھی ہے۔ذاتی تشہیر کو پسند نہیں کرتا کبھی اس کام بھی آیا ہے۔ادیب و شاعر کو دل سے اہمیت دیتا ہے۔اگر یہ میرے کام نہ آیا تو پھر کسی سے بھی امید رکھنا نادانی ہوگی۔ موبائل اٹھایا اور چند ہی سیکنڈ میں اس انسانی کرشمہ ساز آلہ کی وجہ سے وہ مجھ سے ہم کلام تھا۔میرا خیال صحیح نکلا۔اس نے اسے کاندھا بھی دیا تھا اور اس کام کو بھی انجام دیا جو شاید کسی اور کے لیے مشکل ہوتا۔جنازہ اٹھانے والے کل تین آدمی تھے۔جب چوتھا شخص حاصل نہ ہوسکا اس نے پاٹی والے کو روکا۔معاوضے پر کچھ ہاں نہ ہوا اور یوں چوتھا کندھا حاصل ہوا تھا۔میں نے موبائل بند کر دیا اور اپنی آنکھوں کو میچ لیا۔اس وقت ایک ہی خیال دماغ سے میری آنکھوں میں اترا تھا کاش چوتھا آدمی میں ہوتا۔

❖■❖

آج میں بھی اپنے افسانوں کے تعلق سے ان کی تشدد پسندی پر غور کرتا ہوں تو محسوس ہوتا ہے کہ میرے افسانوں میں اگر خوبی کی کوئی بات پیدا ہوسکی ہے تو ممکن ہے اس کی وجہ یہی ہو کہ میرے افسانے ہمیشہ ان کی سان پر چڑھے رہتے ہیں۔اگرچہ میں نے ان سے کبھی اصلاح نہیں لی مگر ان کی تنقید کا تازیانہ کھا کر میرا اشہب قلم شاید زیادہ چوکس ہوجاتا تھا اور لاشعوری طور پر میں خود احتسابی کے عمل سے دوچار ہوتا تھا۔

______ سلام بن رزاق

کچھ 'لمبی سانسیں' کے بارے میں

اس کہانی کی ابتدا باقر کے ان پانچ اشعار سے ہوتی ہے جنھیں قاری کو کہانی سے پہلے پڑھنا ہے۔ کبھی تین دوست ہوا کرتے تھے، یہ ان کی کہانی ہے۔ مگر دنیا کے تمام دوست ان کی طرح ہی ہیں۔ دوست کو مذہب، سرحد، رنگ یا زبان سے کوئی فرق نہیں پڑتا۔ یہ تینوں ذہن رکھتے ہیں۔ انھیں باقر نے بے گھر اس لیے کہا ہے کہ شاید انسان دنیا میں تگ و دو کے لیے ہے۔ اس دوران اسے جو کچھ حاصل ہوا ہے ان میں نام ونشان بھی ہے، گھر بھی ہے اور مقام بھی ہے اور وہ دوست بھی ہیں جو کبھی ملتے ہیں کبھی بچھڑ جاتے ہیں۔

اس کہانی کو تعاون ان واقعات سے حاصل ہوا جب وارث علوی (مرحوم) کی زندگی اور خدمات پر دو روزہ سیمی نار منعقد ہوا تھا۔ میں بھی یعقوب راہی، الیاس شوقی، محمد اسلم پرویز کے ساتھ شریک ہوا تھا۔ ان دو دنوں میں جو ماحول میسر آیا، جو باتیں پیش آئیں اور جو شگفتہ وقت گزرا ان سب نے مل کر کہانی کے پلاٹ میں مدد کی۔

غزل

جسم سے آگے سر رہتے ہیں
سڑکوں پر بے گھر رہتے ہیں

کھاتے کھاتے ٹھوکر جانا
ہر رستے پتھر رہتے ہیں

اپنا کوئی دوست نہیں ہے
دور کہیں یاور رہتے ہیں

اندھے نیلے گھر کے اندر
ایک میاں خاور رہتے ہیں

ایک ٹھکانا ہو تو کہیں
باقر تو گھر گھر رہتے ہیں

لمبی سانسیں

ایک تھا یاور ایک تھا خاور اور ایک تھا میں باقر، ہم تین تھے۔ تین الگ الگ شہر سے آئے تھے۔ تینوں کی جیب میں دعوت نامے تھے۔ معاوضہ کی رقم سیمی نار کے درمیان یا بعد مرحمت ہونی تھی۔ ہم، ہم زبان تھے اور اپنی اسی زبان میں جو کچھ لکھتے یا سناتے تھے وہ آپس میں بے میل تھے۔ ہمارے مخاطب پر اثرات بھی مختلف پڑتے تھے۔ ایک اگر کسی کی وجد کا باعث ہوتا تو دوسرا اسے راز ہائے حیات و ممات سے حیران کرتا اور تیسرا معنی و مفہوم کی گہرائی ڈبوتا۔ ایک جسے اپنا کلام سنانے کی دھن ہوا کرتی دوسرا الفاظ سے سنسنی پیدا کرتا یا جذباتی گتھی سلجھاتا اور میں ان کی کاوشوں کو آئینہ دکھاتا۔ ہم تینوں ہی انعامات کے حق دار مانے جا چکے تھے۔ ہم میں یاور شاعر، خاور افسانہ نگار اور میں تنقید نگار تھا۔ سیمی نار کی شام ہم تینوں ایک کمرے میں اکٹھا ہوئے۔ اس وقت ہم میں دو ہی چیزوں نے گھر کر رکھا تھا۔ شراب نے ذوقِ سخن کی تسکین کا سامان پیدا کیا اور دوجا جس کا ذکر چھڑنے میں ابھی دیر ہے گرمیٔ سخن کو چنگاری کی چمک دی۔ اس حسین شاعرہ نے اپنے مضمون کے علاوہ صاحب صدر کی درخواست پر اپنی ایک غزل اور ایک رواں نظم بھی سنائی۔ وہ دیگر کئی شاعرات سے منفرد ہیں۔ اور ان سے بھی جو شعر سے زیادہ سجی سجائی نظر آتی ہیں اور حسن و عشق کے مسائل کو گائیکی میں پیش کرتی ہیں۔ پر جن کا ذکر میں چھیڑ چکا ہوں وہ بہت الگ ہیں۔ نوجوانی ان پر سے گزر چکی ہے لیکن پُر شباب ہیں۔ باغ و بہار بھی کہہ سکتے ہیں۔ معنی خیز خیالات ان پر اُتر کر شعر کا جامہ پہنتے ہیں۔ ہم انھیں رسائل میں پڑھ چکے تھے۔ ان کو ترنم میں پہلی بار سنا اور شعر سے زیادہ ان کی ترنم کے گرویدہ ہو گئے۔ ہمیں یہ مشکل آپڑی کہ ان کی فکر و فن کے ہم تینوں ہی یکساں قائل نظر آئے۔ ابھی تک ہم میں سے کسی نے ان کی حسنِ مونث آنکھ، لب و رُخسار یا دیگر دلربا خصوصیات پر نہ رائے زنی کی اور نہ ہی نسوانی رمز و کنایہ پر تبادلہ

خیال کیا تھا۔بس دل پر جوان کے حسن کا اثر تھا اسے چھپا رکھا تھا۔شراب کے گھونٹ تھے جو دل کو تروتازہ کر رہے تھے۔یاور سے پوری پوری غزل سنی گئی اور خوب دیر تک

خاور نے کچھ افسانوی طرز کی باتیں کیں۔دو ایک کہانوی کرداروں کی تعریفانہ تشریح کی۔ کسی کہانی کی اثر انگیزی کو یوں بیان کیا کہ فضا خوش رنگ ہوگئی۔میں نے بھی اپنی خیال آرائی سے کام لیا۔میں خاموش طبع واقع ہوا ہوں۔ پالتی مار کر آرام سے بیٹھا تھا۔شعر و افسانہ میں دل چسپی کم تھی۔میں یار کی صحبتوں کا دلدادہ ہوں۔ان کے ساتھ خالص جذباتی اور بے ساختہ گفتگو کا لطف مجھے بہت ہوا اور نشے سے فضا بھی لہرائی ہوئی تھی۔میرے گاہے گاہے ہم کلام ہونے سے انھیں مزید بولے جانے کا لطف حاصل رہا۔لیکن ہماری اس یاری میں ایسا تسلسل نہیں تھا کہ باہم مل بیٹھنے کے مواقع برابر مہیا ہوئے ہوں۔شہروں کی دوریاں تھیں اور مصروفیتوں کی مجبوریاں۔دلی قربت خط لکھوا لیتی۔مگر اس مرتبہ جوڑی کے بجائے تینوں ساتھ ملے تھے۔مشکل یہ آپڑی تھی کہ ہماری آنکھوں میں جو تصویر چلمن سے لگی بیٹھی تھی ایک ہی پر مغز حسینہ کی تھی۔نہ چھپائے بنتی نہ دکھائی بنتی تھی، آخر کار ہماری گفتگو کا مرکز بن ہی گئی۔ یاور سے جتنا بن پایا شاعرہ کی تعریف کی۔ان کا کوئی شعر جو یاد رہ گیا تھا اس کی معنوی بلاغت کے علاوہ اس کی ادائیگی کی خوب تعریف کی یہاں تک کہ لبوں کی جنبشوں تک کو چوکنے نہیں دیا۔ایک شعر کی زنانہ سپردگی کی شرح نے خوب مزہ دیا۔شاعرہ کے اس شعر پر بھی تینوں مل کر مسکرائے۔محبوب کو ہر الزام سے بری کر دیا ہے۔کہا ہے وہ اپنی سب کوتاہیاں اس کے نام کر دے اور اس کی تمام اچھائیاں اپنے نام کر لے۔خاور نے مزاقاً کہا کیوں نہ بیوی بھی ایسی ہو۔اچھا اچھا سب شوہر کا خراب خراب سب بیوی کا۔ساتھ اس نے یہ بھی کہا کہ اب جو کہانی اس کے قلم سے نکلے گی محترمہ سے لگ کر ہوگی۔ان سے رشتہ استوار کرنے کا اس سے بہتر طریقہ اور کیا ہوسکتا ہے۔کہانی بغل میں رکھ کر ان کے دروازے پر دستک دے گا اور عرض کرے گا اس کی خواہش ہے کہ اس کہانی کا پہلا قاری وہ ہوں۔ یاور نے اسے روک کر کہا 'اول تو تجھ پر اپنا دروازہ اس زور سے بند کرے گی کہ تیری ناک ٹوٹ جائے اور اگر یہ نہیں کیا تو تیری کہانی خراب کر دے گی'۔خاور رکا نہیں،

کہا' میں دوسری کہانی لے کر پہنچ جاؤں گا'۔ ان کی گفتگو سے مجھے محسوس ہوا، اس محترمہ کے سلسلے میں خاور نہیں یاور سنجیدہ ہوگیا تھا۔ اب رات نے بھی اپنا تقاضہ شروع کر دیا تھا۔ میرے پہلو میں آجاؤ اور سو جاؤ۔ رات نصف ہو چکی تھی۔ میں نے شراب کے ساتھ جو کچھ کھایا تھا اسی پر اکتفا رکیا۔ نیند کے سفر کی تیاری کی، بستر پر لیٹا، آنکھیں جلد ہی خواب میں ڈوب گئیں۔ صبح کا ناشتہ منتظم کے سپرد تھا۔ جہاں ٹھہرائے گئے تھے وہ ایک باغ نما بڑا احاطہ ہے۔ عمارت سے لگ کر کھلی بہت بڑی خالی جگہ ہے جو درختوں کے سائے میں ہے اور اس پر ٹیبل کرسیاں فاصلے فاصلے پر سلیقے سے رکھے ہیں۔ اور ایک میز کے سامنے محترمہ تنہا اپنے ماحول پر متحیر سی بیٹھی ہیں۔ ہم نے فوراً ان کی تنہائی کو دور کیا۔ آداب وغیرہ کر کے ان کے ساتھ شرکت کی درخواست کی۔ ہم سیمی نار کے درمیان متعارف ہو چکے تھے۔ یاور بطور شاعر پہلے کبھی آداب وغیرہ کر چکا تھا۔ ہم نے ان کا ناشتہ ان کی مرضی کے مطابق مہیا کیا اور بے تکلف ہونے کی کوشش شروع کر دی۔ وہ بھی دانستہ یا نادانستہ سرگرمی سے پیش آئیں۔ بہت جلد ان سے غزل سرائی کی فرمائش ہوئی اور راضی کرلیا گیا۔ ہلکی دھوپ پتوں سے چھن رہی تھی۔ جب ترنم نے جادو جگایا صبح کی ہلکی لچکاتی ہوا میں ان کی آواز نے لہر سی پیدا کر دی۔ لفظ رسیلا، مصرعہ اٹھکیلی کرتا اور شعر جیسے اوپر سے معنی و تفہیم کی بوندیں ٹپکاتا محسوس ہوا۔ ہم دیر تک اس فضائے حسن و سخن میں کھوئے رہے اور ان لمحات کو جیسے دوام مل گیا۔ الوداعی جملوں میں امید بندھ گئی کہ دوبارہ بھی ملیں گے۔

اس دن ہمیں شہر چھوڑنا تھا۔ منتظمین سے مل لیے۔ دوستوں نے ایک دوسرے کو گلے بھی لگالیا۔ محترمہ سے ملاقات نہ ہو سکی۔ علم ہی نہ ہوا وہ کب قیام گاہ چھوڑ گئی تھیں۔ ہم بھی درخت کے سائے، پتوں سے چھنتی دھوپ اور ترنم ریز غزل کو ٹیبل پر چھوڑ آئے اور جن مختلف راہوں سے آئے تھے ایک نئے رشتۂ بے نام کے ساتھ اپنی اپنی راہ لگ گئے۔ یاور کا ٹھکانا بہت دور تھا۔ ویسا دوست نہ آس پاس تھا نہ کہیں سے لایا جاسکتا تھا۔ غالبؔ کے لیے پتا نہیں کیسے ممکن ہوسکا، بازار سے لے آئیں گے جا کر دل و جاں اور، کہہ گئے ہیں۔ پھر ایک خبر بھٹکتی ہوئی، اخبار کی کسی صفحہ پر کسی پھانسی چڑھے شخص کی طرح لٹکی ہوئی سیاہ الفاظ میں لپٹی ہوئی مجھ تک پہنچی۔ میں دم

بخود رہ گیا۔ یاور کی اچانک موت واقع ہو چکی تھی۔غم اور حیرت نے مل کر مجھے مبہوت کر دیا۔ اس کی سانحی موت سے چند ہی دن پہلے اس کا خط ملا تھا۔اور ساتھ ہی اس نے جو خط خاور کو لکھا تھا اس کی ایک کاپی میرے نام خط کے ساتھ نتھی کر دیا تھا۔میں نے خاور کے نام خط اور اپنے نام خط میں کہیں جو محسوس کیا ہو کہ وہ زندگی سے اُکتایا ہوا ہے یا وہ خودکشی جان لیوا صدمے سے گزرا ہو۔میں نے ٹیلی فون پر تصدیق کی۔اس کی بیوی کو پرسہ دیا۔اُن کی مّنی سے کہا کہ وہ ہمت نہ ہارے گی اور بے حد بدمزہ زندگی کے رات اور دن مجھ پر بہت بھاری گزرے۔اپنے نام خط سے زیادہ میں نے خاور کے نام خط کو پڑھا۔اس نے چند اشعار بھی خط میں لکھ چھوڑا تھا۔یاور نے مجھے ایک بار لکھا تھا وہ ان دو دنوں کو بھول نہیں پایا ہے جو ہم نے ساتھ گزرائے تھے۔وہ گول ٹیبل کے گرد والا ناشتہ اور وہ پتوں سے چھنی ہوئی علی الصباح کی دھوپ اور وہ لہرائی ہوئی آواز اور ان کی معنی خیزی اور وہ ترنم اور وہ ہزار تعریفیں جو ہماری ایک واہ میں ہوا کرتی تھیں۔میں نے اپنی جوابی خطوط میں اس کی ان باتوں پر خاموشی اختیار کی تھی۔

مختلف رسائل میں جب اس خبر کو دوسری اور تیسری بار پڑھا نئی باتیں منکشف ہوئیں۔اس کی جیب سے ایک خط ملا تھا لیکن پڑھا نہ جاسکا۔بہت بھیگ چکا تھا۔یاور کی موت ڈوب کر ہوئی تھی۔اس کے ساتھ جس ساتھی نے اس رات وقت گزارہ تھا غائب تھا۔کہنے کو دوست رہا ہوگا۔کسی دوسری خبر میں اس کے ساتھ اس رات کسی کا ہونا ثابت نہ ہوسکا۔خط جس کے نام اس نے لکھا تھا وہ پڑھنے لائق نہ بچ سکا تھا۔تحریر کی اگر کسی کسی لفظ کو پڑھا جاسکا تو اسے کسی سے جوڑ پانا ممکن نہ تھا۔ اس کے دو چار اشعار سے جو الفاظ پڑھے جاسکے وہ تھے دَیر، دل، جگر، رات، غم، انتشار، زندگی، دھوپ، ترنم۔ یاور ہم سے کتنی دور بس گیا تھا۔بلکہ مجبور کیا گیا تھا۔ملک کو بانٹا گیا اپنا اپنا مال سمجھ کر، اور اسے بے دخل کر دیا گیا۔اب وہ پڑوسی ملک کا باشندہ تھا۔مگر دشمن ملک کا۔نفرت کے بے شمار بیج بو دیے گئے۔توپوں کی اور ہوائی جنگیں لڑی گئیں۔مگر مجھے آج بھی علم نہ ہوسکا یاور کو اپنی ذات سے ایسی کونسی جنگ لڑنی پڑی کہ وہ ہار گیا اور ڈوب جانا ہی مناسب سمجھا۔میں دنگ رہ گیا جب دیکھا خاور مجھ سے گلے ملنے دروازے پر کھڑا ہے۔ جیسے ہی ہم روبرو ہوئے آنکھیں

آنسوؤں میں ڈوب گئیں۔ چند لمحات گلے کیا ملے لگا میری دوستی خاور سے کہیں زیادہ بڑھ گئی ہے۔ پھر دیر تک اس کے بارے میں باتیں کرتے رہے۔ مگر مجھے اس درمیان محسوس ہوا خاور بھی کسی انتشار کا شکار ہے۔ میں نے اپنا شک مٹانے پوچھا 'کیا تم کچھ پریشان ہو'

'نہیں... چھوٹی موٹی باتیں تو ہوا ہی کرتی ہیں' اس نے مسکرا کر میری بات کو ٹال دیا۔

میں نے پھر سوال کیا جسے پہلے بھی کر چکا تھا۔

'آخر یاور نے ایسا کیوں کیا' اس مرتبہ وہ خاموش رہا۔ مجھے اس کا جواب معلوم تھا۔ پہلے ہی دے چکا تھا۔

''اگر جانتا تو پہلے ہی نہ کہہ دیا ہوتا۔''

رات جب ہم پیالہ ہوئے مجھے ایک پرانی بات یاد آئی، پوچھا۔

''تم کہانی لے کر اس کے در پر گئے تھے؟''

''چاہتا تھا... لیکن کافی عرصہ تک مجھ میں تخلیقی عمل کا فقدان رہا... ویسے ارادہ اب بھی ہے''

میں نے یاور کی بات یاد دلایا۔''یاور نے کیا کہا تھا یاد ہے... تمھاری کہانی خراب کر دے گی۔''

''یاور نے مذاق کیا تھا مگر میں سنجیدہ ہوں۔'' خاور نے رک رک کر جواب دیا۔

''تم سمجھتے ہو اسے اپنی زندگی تمھارے انتظار میں گزارنا ہے۔ یاور ہوتا تو کہتا تم آج بھی خواب میں ہو۔''

''خواب ہی تو دیکھ رہے ہیں سب۔ خواب ہی تو زندگی کا اصل ہے۔ خواب ہی میں کہانی لکھتا ہوں۔'' خاور نے نشے کا مزہ لیتے ہوئے کہا۔

پھر اس نے اپنی پچھلی بات ہی کو آگے بڑھایا۔

''ممکن ہے یاور اپنے دن اور رات کو بار بار دہرا کر تھک گیا ہو اور کسی اور ہی خواب کی دنیا راس آ گئی۔ خواب خیال ہی تو ہے، نہ جانے کب کسی کو ناگہانی کرنے پر اکسا دے۔''

خاور اب غور و فکر کا لطف بھی لینے لگا تھا۔ میری خاموشی بھی اس کی گویائی کو تقویت دے رہی تھی۔ بیوی اگر خواب پر وقت کی اہمیت کو نہ جتاتی کہ اب دیر ہو چکی ہے اور کھانا پروسنہ شروع نہ

کر دیتی تو نہ جانے ہم کب تک خواب ہی کی دنیا میں کھوئے رہتے۔

میرے پاس چونکہ دو کمروں کا گھر ہے کبھی مہمان کو ٹھہرانے میں مجھے دقت پیش نہیں آئی۔ پھر کتابوں کا ذخیرہ بھی ہے۔ بوریت کا احساس نہ ہونے دیا۔ وہ غالباً میرے ساتھ تین یا چار دن رہا مگر جانے سے پہلے ذہنی پریشانی دے گیا۔ صرف گلے ملنا رہ گیا تھا، کہا۔

''باقر...سفر میں میرے تمام پیسے ختم ہو گئے...مجھے کچھ قرض دے دو۔''

میں حیرت زدہ تو ہوا مگر کچھ بولا نہیں۔ جلد ہی جو بن سکا اسے دیا۔ پھر ہم گلے ملے اور وہ روانہ ہوا۔ اسے یاور سے کتنی محبت ہو گی جو اس کے دوست سے ملنے کچھ رقم جٹا سکا، سفر پر کمر کسا، اپنی منزل تلاش کی۔ میرے دوار پر دستک دی، گلے ملا اور ہم دونوں اسکی یاد میں روئے جو ہمیں داغ مفارقت دے گیا تھا۔ اس کے لوٹنے کے بعد جب کافی عرصہ گزر گیا میں اس کے بارے میں بار بار سوچنے لگا۔ ابھی تک تو کوئی خط موصول ہو جانا تھا۔ خط کے لفظ کے ساتھ مجھے یاور کا وہ خط بھی یاد آیا جسے وہ اپنے ساتھ ڈبو گیا تھا۔ مجھے اب زندگی کی اٹکھیلیوں سے ڈر لگنے لگا تھا بے زار سا ہو گیا تھا۔ میں نے چھٹی لکھی۔ نہ جانے کیوں خط میں مشاورتی پن آ گیا تھا۔ جس کا مجھے افسوس بھی ہوا۔ ''مائی ڈیر خاور'' کے بعد لکھا ''کہاں ہو...نہ اپنی خبر نہ کسی کہانی کی۔ تخلیقی فقدان دور ہوا کہ نہیں۔ کچھ نہیں تو یاور کے تعلق سے ایک کہانی لکھو۔ اس کی کچھ داخلی باتوں کو اجاگر کرو تا کہ اس پر میں اپنی رائے روانہ کروں۔ زندگی کا سفر کوئی آسان سفر تو ہے نہیں۔ وہ شعر تو تمہیں یاد ہو گا۔ کھاتے کھاتے ٹھوکر جانا، ہر رستے پتھر رہتے ہیں۔ ان پتھروں کو ٹھوکر مارنا ہے۔ رک کر صرف دو چار سانسیں لی جاتی ہیں۔ ورنہ سفر تو جاری رہتا ہے، پھر میں نے اسے اس واقعہ کی یاد دلایا جسے ہم تینوں نے یکساں محسوس کیا تھا۔ جیسے خوشی کی پھلجھڑی تھی۔ اب بھی ہمیں یوں یاد ہے جیسے کل کی بات ہو۔ لکھا 'وہ سیمی نار والی صبح بھی یاد ہو گی۔ جب ہم تینوں نے کسی کی تنہائی کو دور کیا تھا۔ وہی صبح جس کا ذکر یاور نے کئی بار کیا۔ ہر خط میں کبھی اس کی کبھی چھنتی ہوئی دھوپ کی، چائے کے دور اور اس شاعر حسینہ کے غزل کی اور اس کا ترنم جس پر تم بھی فدا نظر آئے تھے۔ تم اس کہانی سے اپنی افسانوی زندگی کا نیا دور شروع کر دو۔ پھر دو ایک باتوں کے بعد لکھا، ''تمہارا

باقر‘‘ اور روانہ کر دیا۔ اس خط کے جواب میں بھی اتنی تاخیر ہوئی کہ میں ناامید ہوگیا۔ اس کے پاس اگر فون ہوتا تو میرے پاس نمبر بھی ہوتا۔ میں نے خاموشی اختیار کرلی۔ دنوں، ہفتوں، مہینوں تک بیت گئے۔ نہ اس نے میری نہ میں نے اس کی خبرلی۔ پھر ایک اچھا سا اتفاق ہوا۔ اسی اکیڈمی کا خط ملا جہاں پچھلی مرتبہ ہم تینوں اکٹھا ہوئے تھے۔ دلوں نے حامیاں بھری تھیں۔ امیدیں بندھی تھیں۔ اسی موسم میں اس بار بھی جلسہ تھا۔ لکھا تھا جلد ہی دعوت نامہ مجھے مل جائے گا۔ ’اردو افسانہ‘ سیمی نار کا موضوع تھا۔ اس کے تین ادوار کو تین سیشن میں بانٹا تھا۔ مجھے بطور نقاد شرکت کی دعوت تھی۔ خاور کی آمد کا اشارہ بھی خط میں تھا۔ میں بہت خوش ہوا۔ ساتھ اس بات کا دکھ بھی تھا کہ یاور نہ ہوگا۔ میں پوری تیاری کے ساتھ گیا۔ جو ہم تینوں کی پسند کی تھی اسے ساتھ لیا تھا۔ اور کچھ کا جو بھی خرید لیا۔ دیر تک ہماری اپنی نشست کا امکان تھا۔ میں ایک دن پہلے وہاں پہنچ گیا۔ اچانک اس کے روبرو ہونا چاہتا تھا۔ کبھی لابی میں جا کر بیٹھتا، کچھ پڑھتا رہتا۔ کبھی مکان سے لگے کینٹین کے احاطے میں جا کر کھڑا رہتا۔ کسی ٹیبل کی طرف نظرِ خاص سے دیکھتا اور لوٹ آتا۔ اسی میں رات ہوگئی۔ مشترکہ ڈنر پر بھی وہ نظر نہ آیا۔

اب صبر کے پیمانے میں کچھ بچا نہ تھا۔ اس منتظم سے رجوع ہوا جس نے مجھے خط لکھا تھا اور جو میری ادبی تحریر سے واقف تھا۔ پوچھا’’ خاور کہاں ہے۔ آپ نے خط میں لکھا تھا اسے بھی بلایا ہے۔ مجھے نظر کیوں نہیں آ رہا۔‘‘ وہ صبر سے سنتا رہا اور کسی حد تک اسے حیرت بھی ہوئی۔ پھر مجھے اپنے ساتھ لابی میں لے گیا۔ ہم اپنی نشستوں پر بیٹھ گئے۔ اس نے میری آنکھوں میں دیکھا اور بولا، مجھے بھی علم نہ تھا۔ دعوت نامے کا جواب نہ آنے پر تفتیش کی۔ جیسے آپ کو ویسے ہی ان کو بھی پڑھا ہے۔ کئی احباب سے جڑا تب مجھے یہ چند باتیں معلوم ہوئیں۔ وہ لاپتہ ہے یا اغوا ہے یا روپوش۔ کسی نے کہا اسے درویش بنا پھرتا دیکھا گیا ہے۔ کسی نے بتایا درگاہ کا مجاور ہوگیا ہے۔ لوگوں کے سروں پر مور کے پروں کی جھاڑو مارتا ہے۔ سمجھ سے باہر کا افسانہ آپ اسے کہہ سکتے ہیں۔

میں اسے کچھ کہے بنا اٹھ کھڑا ہوا۔ سیدھے اپنے کمرے میں آیا اور بستر پر اوندھا لیٹ گیا۔

میں سوچ رہا تھا یہ دنیا ایسی اوندھی کیوں ہے۔ انسان پر غالب حیثیت کس کی ہے، ماحول یا اس کا اندرون۔ اس کی راہ کون طے کرتا ہے اس کا ارد گرد یا اپنی جبلت۔ اٹھا اور کینٹین جانا چاہا۔ سیڑھیاں اترا لیکن اس کا دروازہ بند تھا۔ اندھیرا تھا۔ دو چار میز کرسیوں پر نظر گئی۔ فرش پر سوکھے پتے بکھرے پڑے تھے۔ میں لوٹ گیا۔ سگریٹ پیا۔ بستر پر لوٹتے پوٹتے نہ جانے کب سو گیا۔ جب جاگا خاور کو اپنے سامنے پایا۔ دل اچاٹ تھا، سیمی نار میں مضمون پڑھنا تھا جی کر رہا تھا کسی سے کچھ کہے بنا یوں نکل جاؤں لوگ سمجھیں میرا اغوا ہو گیا ہے یا میں روپوش ہو گیا ہوں یا کسی مزار پر جا کر جھاڑو لگاؤں۔ میں نے قلم اٹھایا اور ایک کہانی لکھنا شروع کر دیا۔ تین دوست تھے۔ ایک تھا یاور، ایک تھا خاور اور ایک تھا باقر۔ تینوں نے طے کیا ہم ہنسی خوشی زندگی گزاریں گے لیکن دنیا نے کہا، 'تم کون ہوتے ہو فیصلہ کرنے والے۔ یہاں صرف میری چلتی ہے۔' میں نے جب کہانی پوری کر لی، طے کر لیا، میرے مضمون پڑھنے کی باری آئے گی تب سامعین سے کہوں گا 'مجھے افسوس ہے جب میں گھر سے نکلا مضمون بیگ میں رکھنا بھول گیا۔ صبح بیگ میں نہ پا کر آپ کے لیے ایک کہانی لکھی۔ امید ہے آپ کو اعتراض نہ ہوگا، اس مصمم ارادے کے ساتھ تیار ہوا اور ناشتہ کے خیال سے کینٹین گیا۔ وہاں ہلکی سی خاموشی چھائی ہوئی تھی۔ تمام مہمان فارغ ہو کر ہال کی طرف روانہ ہو چکے تھے۔ میں تلاش کر اس ٹیبل پر گیا جس پر پچھلی بار ہم تین اور وہ حسین شاعرہ جن سے ہم نے ان کی غزلیں سنی تھیں۔ ہلکی دھوپ پتوں سے چھن کر فرش پر بکھری ہوئی تھی۔ اور فضا ان کی ترنم سے گنگنائی ہوئی تھی۔ محسوس ہوا دنیا کتنی حسین اور رنگین ہے۔

میں اٹھا اور اس دھوپ چھاؤں میں دونوں ہاتھوں کو پھیلا کر تین لمبی لمبی سانسیں لیں اور سیمی نار کی طرف چل پڑا لبوں پر تبسم لیے۔ میں نے ارادہ کر لیا تھا جب اسے سنالوں گا زبانی کہوں گا کہانی ابھی باقی ہے۔ اسے اپنے انجام کا انتظار رہے گا۔

❖■❖

کچھ 'باقر، سن رہے ہو؟' کے بارے میں

'باقیاتِ باقر مہدی' کی اشاعت اس لیے ممکن ہوسکی کہ اسے خیر النسا مہدی کی حمایت حاصل تھی۔ یعقوب راہی نے مسودہ تیار کیا۔ اشاعت مظہر سلیم (مرحوم) کے سپرد ہوئی۔ اخراجات کی خیر النسا مہدی نے پرواہ نہ کی بلکہ انھیں خوشی حاصل ہوئی۔ اپنی بہن کی مخالفت کو برداشت کیا۔ ان سے کہا باقر مہدی کی ساری زندگی لکھنے پڑھنے میں گزری ہے اسے چھپنا چاہیے۔ میں بار بار ان سے خواہش کرتا رہا کہ وہ اپنے اور باقر کے تعلق سے چند خیالات کو تحریری جامہ پہنائیں جن کے اثر میں وہ باقر کے، انتقال کے بعد رہ رہی ہیں۔ تاکہ ان کے الفاظ سے کتاب کی ابتدا ہو۔ ان کے انکار پر چند ایسی باتوں کو سمجھایا بھی جن پر وہ اپنے خیالات کو لکھ سکتی تھیں۔ مگر ان کی باتوں سے لاچاری ہی کا اظہار رہا۔ جب بھی اگلی بار ملتا اور پوچھتا جواب یہی ملتا 'میں لکھ نہیں سکتی'۔ زندگی بھر مدرّسی کی۔ مترجم رہیں، مضامین لکھے اب خیال کو کاغذ پر اتارنے قابل نہیں تھیں۔ اب صرف باقر رہ گیا تھا۔ اسے گھر میں نہ پاکر بھی اس کی موجودگی کا احساس ان کی اساس ہوگیا تھا۔ نیچے اتر جاتیں، کمپاؤنڈ کے دروازے تک جاتیں ان کی بہن فاطمہ کو ڈر لگتا کہیں باہر نکل کر بھٹک نہ جائیں۔ انھیں سمجھا کر واپس لے آتی۔ باقر کی کرسی پر ان کی نظر رہا کرتی۔ ایک بار بستر پر لیٹے ہوئے پایا، اپنے پاس کے سرہانے کو سہلاتے ہوئے دیکھا۔ باقر کے آخری دنوں میں انھیں پیار سے بابا کہہ کر مخاطب کرنے لگی تھیں۔ اس لفظ کو سنا اور جیسے کسی سے ہمیشہ کے لیے بچھڑ جانے کے غم بے کراں میں ان کو مبتلا پایا۔ جب مجھے یقین ہوگیا کہ اب وہ لکھنے قابل نہیں ہیں ان کی دلی باتوں کو واحد متکلم کے اسلوب میں لکھا اور تصنیف کو ان کے نام منسوب کرتا تو بہتر ہوتا۔ ان کے نام کو مصنف لکھا۔ اپنی کتاب 'صرف باقر مہدی' میں بھی کسی تبدیل کو مناسب نہیں سمجھتا۔

باقر، سن رہے ہو؟

یعقوب راہی نے تمھاری تحریروں کو جو تمھارے سرہانے، بستر تلے اور مختلف رسالوں، کتابوں اور ردّی نما کاغذوں میں شاید دھری رہ جاتیں، نکال نکال کر سیاہ کرنے کی ٹھانی ہے۔ ایک کتاب کی شکل میں اُنھیں مرتب بھی کر دیا ہے جس میں تمھارے چاہنے والوں کی تحریریں، اب مجھے محرّم کی مجلس میں سر جھکائے نظر آ رہی ہیں۔ سوچ رہی ہوں میں بھی کیوں نہ اُن چند سیاہ و سفید واقعات کا ذکر کر دوں جن سے ہمارے جذبات منعکس ہوئے ہیں اور خود بھی تمھاری کسی کالی نظم کی طرح نظر آؤں۔ اگر سن رہے ہو تو کیا اُن باتوں کی تمھیں بھی کبھی یاد آئی جب ہم میں تم میں قرار تھا؟ کوئی اقرار نامہ تو تھا نہیں، نکاح نامے کی بھی کوئی اہمیت نہیں تھی کہ ہمیں افزائش نسل سے انکار تھا۔ ہم شوہر اور بیوی ہو گئے۔ اس اعلان نامے کی بھی ضرورت نہیں تھی کہ آزاد طبع واقع ہوئے تھے۔ اس لیے وہ پُرزہ نہ جانے کب کھو چکا ہے۔ ویسے اپنے کسی قرار میں تم نے یہ نہیں کہا تھا کہ خود بھی ایسے لگو گے کہ کھو گئے ہو اور مرے دل کی دنیا سونی ہو جائے گی۔ ہر ملاقاتی سے صرف ایک ہی جملہ بار بار کہا کروں گی: ''گھر اُن کے بغیر کتنا ویران ہو گیا ہے۔'

ساتھ جیسے جانے کا بھی ایک مزہ ہوتا تھا۔ دن میں دانے جمع کرنے کی سعی اور اندھیرا ہوتے ہی گھر پہنچ جانا۔ دیواروں کے درمیان ایک اپنی ہی دُنیا ہوا کرتی تھی۔ بعض دوست تمھارے دوست نہ تھے، بلا تھے۔ رات کسی بھی وقت ہاتھ میں بوتل لیے دروازے پر تمھارا نام بلند کرتے، پھر پیغمبرانہ احساس سے داخل ہوتے کہ اُن پر اُترے اشعار کو سنانا ہوا کرتا۔ میں نے ایک بار ان کی ہیکڑی نکال دی تھی کہ اُن پر اُترے اشعار کے شور نے تنگ کر دیا تھا۔ دیوار کی دوسری جانب سے جب ڈانٹا، کاغذ پر اُتارے اشعار جیب میں رکھ کر چلتے بنے تھے۔ تم پر بھی خاموشی طاری تھی کہ تم بھی تو شاعر ہو۔ ساتھ رہ کر الگ جینے کا مزہ تم نے چکھایا تھا۔ جب میں تمھارا انتظار کرتی اور تم اپنے اشعار کی اُترن دوستوں کو پہناتے، اُن کی صحبتوں میں دیر رکتے، گھر آتے

تو اجنبی سے لگتے۔ پھر تم جن باتوں کا ذکر کرتے، میرا دل بہل جاتا۔ پھر نئی صبح آتی، نیا دن روشن ہوتا اور ہم یکساں ہو جاتے۔

کیا تم نے کبھی اپنی قلندری پر غور کیا ہے؟ تمھارا آبائی گھر مجھے اچھا لگا تھا، حویلی، باغات اور کھیت کھلیان۔ چونکہ میں خود ملکیت پسند ہوں اس لیے بار بار سوچا کرتی کہ تم یہ سب کیوں کر چھوڑ آئے۔ اس شہر میں رہ کر بھی مجھ سے انکار ہی کرتے رہے کہ کہیں زمین کا کوئی ٹکڑا ہمارے نام بھی ہو، اس پر بنگلہ اور باغیچہ ہو اور اس کی قیمت لاکھوں میں ہو جائے۔ تمھیں تو میں نے عجب نفسیاتی پیچ و خم میں دیکھا ہے۔

جیت کی خوشی پر تم ناکامی کی اضطرابی کیفیت میں جو نامعلوم سی لذت ہوتی ہے، اُسی کو ہمیشہ ترجیح دیتے رہے۔ اس مسافر خانہ جیسی حسین دُنیا میں تمھاری قلندری سب کو نصیب کہاں؟ اب یہ قلندری مجھ میں بھی آ گئی ہے۔ مال و اسباب کا وزن اُتار کر زمین پر رکھ دیا ہے۔ دنیا سے وابستگی کا مزہ اب نہیں رہا۔ گھر ہی کیوں؟ دل بھی ویران ہو گیا ہے۔

ہم میں آپسی باتیں بھی کتنی عجیب ہوا کرتی تھیں۔ قلم چلانا تو ہم دونوں کی عادت میں شامل تھا۔ لیکن کبھی کبھی زبان بھی چل نکلتی تھی۔ جب کبھی ہم میں اختلاف کے بعد سخت ناراضگی کا اظہار ضروری ہو جاتا، تم مجھے اپنی نشست پر بیٹھے ہوئے ہاتھ اُٹھا کر ہتھیلی کی دھار کو یوں دکھاتے کہ میرے پاس آ کر میری گردن پر ضرب لگانے میں چند لمحوں کی دیر رہ گئی ہے۔ لیکن اس سرحد سے آگے کبھی تم بڑھے ہی نہیں اور اس حرکت کے جواب میں خود بھی تمھاری نقل ہی نہیں کیا کرتی، کھڑی ہو جاتی، تمھارے پاس سے گزرتی اور جاتے جاتے تمھارے شانے پر ایسی تھپکی دے جاتی جسے شاید پیار میں کھائی چوٹ کہتے ہیں۔

تم آپس کی باتوں کو کہاں تک یاد رکھو گے؟ ان کا تو کچھ شمار ہی نہیں۔ اب تک کوئی گن بھی سکا ہے لمحات کو؟ اور وہ بھی کیسے کیسے لمحات! ہم میں قلم کاری کو بہت دخل رہا ہے۔ تمھاری پڑھنے لکھنے کی ترغیبات مجھے یاد ہیں۔ چونکہ معلّمہ تھی، کالج کی لڑکیوں کو فارسی اشعار سمجھانے میں ذرا سی تیاری کرنے کی ضرورت ہوا کرتی، اسی لیے تمھارے سجھائے ادبی کام مشکل ہوا کرتے تھے۔ پھر بھی میں تمھارے ہی اصرار پر متعدد موضوعات کا احاطہ کر چکی ہوں اور یہ اچھا ہی ہوا کہ

تمھاری چھوڑی ہوئی ادبی نشانیوں کے ساتھ میری تحریریں بھی نتھی ہو جائیں گی۔

تم میں انتخاب کی اُپج تھی۔ جو بھی کام کیا، پہلے اُسے چن لیا۔ یہاں تک کہ اوقات گزاری کو بھی مختلف خانوں میں بانٹ دیا۔ احباب بھی مختلف درجات میں منقسم ہو گئے۔ اختلافی نظریات کو بھی دوست رکھا۔ ذہن کی تعمیر میں صرف اُنھیں اذہان و کتب کی مدد لی جن سے علمی فضا میں آگہی کے چراغ روشن ہو چکے تھے۔ مگر کبھی کبھی تمھیں اس کے برعکس کرتے بھی دیکھا ہے۔ جیسے تمھاری ذہنی غذا عام لوگوں کے خیالات کے بنا لذت سے محروم رہ جاتی۔ میں جانتی ہوں کہ تم ٹکڑوں سے بھی کبھی خالی ہاتھ نہیں لوٹے۔

میرا خیال ہے، اب مجھے تم سے زیادہ بولنا نہیں چاہیے کہ سب نے تمھیں زمین میں سماتے ہوئے دیکھا ہے اور اب تم کسی اور فضائی دنیا میں غوطے کھا رہے ہو۔ فضائی دنیا سے ایک واقعہ یاد آیا۔ بات زیادہ پرانی نہیں ہے۔ کسی وجہ سے فرشتوں کا ذکر نکل آیا تھا۔ جب تمھیں نہلا دھلا کر، صاف شفاف کفن پہنا کر قبر کے حوالے کیا جا چکا تھا تب کسی نے کہا کہ اب ایک نہیں، دو دو فرشتوں نے تمھیں سوالات میں گھیرے کی کوشش کی ہوگی۔ نہ جانے کیا گزری ہوگی تم پر؟ مگر میں فوراً کہہ اُٹھی: ''اس سے پہلے کہ اُن کا گھیراؤ شروع ہوا ہو، وہ خود اُن پر ایسے سوالات سے برس پڑے ہوں گے کہ فرشتے بھی اُلٹ پلٹ گئے ہوں۔'' اِس بات پر تمھارے دوست لطف اندوز ہوئے تھے۔

میں چاہتی تو ہوں کہ کم بولوں مگر بس بولے ہی جا رہی ہوں۔ شاید آج تمھیں اپنی ہتھیلی کی دھار دِکھائی پڑ جائے۔ لیکن کیا کروں؟ اتنی ساری باتیں تمھارے کھو جانے کے بعد ظہور میں آئی ہیں کہ خود کو بھی کبھی کھو بیٹھتی ہوں۔ کبھی تمھیں اپنے ساتھ لے آنے کے لیے مکان کے نیچے اُتر آئی ہوں، کبھی تمھارا بستر ٹھیک کرتی ہوں کہ بس ابھی لوٹنے والے ہو۔ نہ جانے ایسی ہی کیا کیا جھوٹی سچی باتیں میری بہن فاطمہ بولا کرتی ہے اور میں چپ سن لیتی ہوں۔ اور ہاں! اگر تم سچ مچ سن رہے ہو تو بہت سی باتیں ابھی باقی ہیں کہنے کو۔ لیکن ابھی نہیں۔ تم مجھ سے ربط نہ توڑو، اس خیال سے میں نے خود کو ایک کالی نظم کے سانچے میں ڈھال لیا ہے کہ یہی صنفِ سخن تمھیں بہت زیادہ پسند تھی۔ سن لو:

قلم اور زندگی

جب باہم متکلم
مونس وغم خوار ہوئے
زندگی نے تجربہ کیا
قلم کو جینا سکھایا
بیانِ رنگیں عطا کیا
اور رمز و کنایہ کا گر سکھا کر کہا: ''اس ہنر سے کھل اُٹھتے ہیں دل، پھولوں کی طرح''
میں بس کمالات ہوں
مگر قلم نے پلٹ کر
دوسرا ہی سبق پڑھایا زندگی کو
یہ جو حُسن ہے
رنگِ بہاراں کی برسات ہے
اصل میں کچھ بھی نہیں
اپنی ہی حس باطنی
یا کسی فطری طلب کی تسکین ہے
ویران ہے گھر
ویران ہوں میں
موت حیران ہے اس دُوار سے
لے جانے جیسا کیا رہ گیا ہے۔

خیر النسا مہدی

۲۹/ مارچ ۲۰۰۸ء

❖■❖

کچھ 'دوملاقاتی' اور 'بہت یاد آتے ہو' کے بارے میں

''دوملاقاتی'' اور ''بہت یاد آتے ہو'' مضامین خیر النسا مہدی کی عیادت سے لوٹ کر لکھا تھا۔ انھوں نے خود کو باقر مہدی سے جوڑ کر جو زندگی گزاری تھی میری آنکھوں کے سامنے تھی۔ ساری زندگی باقر کو دے کر اب جو ذرا سی اسپتال کے کمرے میں بچی تھی منتظر تھی اللہ کا فرشتہ آئے اس کے حوالے کردے۔ میں نے ان سے جڑے اپنے تاثرات کو قلم کے سپرد کیا ہے۔

☆

خیر النسا مہدی اردو کے کج کلاہ شاعر و نقاد باقر مہدی کی نصف بہتر تھیں۔ خیر النسا مہدی فارسی کی پروفیسر تھیں۔ اُنہیں عروض پر کمال حاصل تھا۔ اُنہوں نے انگریزی سے کئی تراجم بھی کیے ہیں۔ اُن کی دو کتابیں شائع ہو چکی ہیں۔ باقر مہدی کی وفات کے بعد اُن کی ذہنی حالت اور یادداشت متاثر ہوئی تھی۔ اگست کی کسی تاریخ کو اُن کا ممبئی کے ایک اسپتال میں انتقال ہو گیا جس کی خبر دو ماہ بعد باقر مہدی کے یار غار عبدالغنی خان کے ذریعے ملی۔ خیر النسا مہدی جب اسپتال میں تھیں تو عبدالغنی خان اُن کی عیادت کو گاہے گاہے جایا کرتے تھے۔ ادھر وہ اپنی مصروفیات کی وجہ سے اسپتال نہیں جا سکے اور اُنہوں نے جب فون پر رابطہ قائم کیا تو اسپتال کے انتظامیہ نے اُنہیں بتایا کے مسز مہدی کا انتقال دو ماہ قبل ہو چکا ہے۔ اُن کی تدفین بڑی خاموشی سے ایک قبرستان میں اُن کے چند رشتے داروں نے ادا کر دی تھی۔ عبدالغنی خان نے اُن کے انتقال سے چھ ماہ قبل بیگم مہدی کی علالت کو موضوع بنا کر دو مضامین تحریر کیے تھے پہلا مضمون عبدالغنی خان کے اپنے تاثرات ہیں جبکہ دوسرے مضمون میں انہوں نے خیر النسا مہدی کی داخلی کیفیت کو خود پر طاری کر کے اُن کے حوالے سے رقم کیا ہے۔ یہ دونوں مضامین ایک لاولد اور حساس خاتون کی زندگی کے آخری ایام کو تخلیقی سطح پر پیش کرتے ہیں۔

(ساجد رشید، مدیر 'نیاورق')

دوملاقاتی

''کچھ دنوں کا مہمان ہے''، یہ جملہ عام طور پر اس شخص کے لیے کہا جاتا ہے، جو سخت علیل ہو اور اپنی زندگی تقریباً تمام کر چکا نظر آئے۔ ان دنوں اس حال میں خیر انساء باقر مہدی ہیں۔

خیر انساء مہدی نہ صرف باقر مہدی کی تادم حیات شریکِ جاں رہیں بلکہ اپنی زندگی کے تئیں اپنے فرائض بھی بخوبی انجام دیتی آئی ہیں۔ بڑا گھر تھا۔ سب میں بڑی تھیں۔ والد کے بعد گھر کی ذمہ داریوں کو قبول ہی نہیں کیا بحسن وخوبی پورا کیا۔ معلّمہ کی حیثیت سے عملی زندگی کی ابتدا کی۔ اردو ادب کی گرویدہ تھیں۔ شاید ان ہی کی اسکول کے کسی ادبی پروگرام میں باقر مہدی بطور مہمان خصوصی یا جج مدعو تھے۔ یہی ان سے پہلی ملاقات تھی۔ تعریف پہلے ہی سن چکی تھیں۔ خود کو ان کی طرف رجوع پایا۔ جب باقر مہدی جج کے فرائض انجام دے چکے۔ ان سے کلام کی درخواست کی گئی۔ جب باقر غزل سنا رہے تھے ان کے ایک شعر نے بہت متاثر کیا۔ تشریح کچھ اس طرح ہے کہ تم کیونکر زندگی کی تگ و دو میں اس قدر آگے نکل گئے۔ جبکہ میں ابھی زندگی کو سمجھ بھی نہیں پایا ہوں۔ اس شعر نے ان کو قریب لانے میں اہم رول ادا کیا ہے۔

باقر سے ملاقات کے سلسلے کی ایک دوسری وجہ بھی تھی۔ وہ اس وقت پی ایچ ڈی کر رہی تھیں۔ اپنے مقالے کے لیے کافی مواد جمع کر چکی تھیں۔ مزید کے لیے ان کے گھر جا کر ملیں۔ اور ساتھ ہی تعاون کی خواہش بھی ظاہر کی۔ طبیعتوں کا میلان یکساں ہے یہ احساس پہلے ہی ہو چکا تھا۔ زندگی کے سخت وگرم سے گزرنے کی خواہش کا بھی ایک دوسرے پر اظہار کر دیا۔ چند ایک شرائط کے بعد میاں بیوی کی حیثیت اختیار کر لی۔ شادی میں باقر کے چند شاعر و ادیب دوستوں نے شرکت کی۔ گو باقر کے انتقال کو اس ستمبر میں چار سال ہو جائیں گے۔ لیکن وہ آج بھی ان کی یاد کو سرھانے رکھ کر سوتی ہیں۔

باقر کے مستقل دوستوں میں میری، یعقوب راہی اور مرحوم محمود چھاپرا کی بہت اہمیت رہی ہے۔ اور اس رشتے کی نسبت سے ہمارے اور خیر انساء مہدی کے درمیان جو عزت اور قربت کا رشتہ قائم ہوا وہ بھی کم اہم نہیں ہے۔ انھوں نے ہمارا اس سے بھی زیادہ خیال رکھا جتنا باقر ان سے امید کر سکتے تھے۔ گو ہمارا اِن کے گھر جانا مہینے میں چار پانچ بار سے زیادہ نہ رہا ہو لیکن باقر کی مقناطیسی شخصیت روزانہ ہی کسی نہ کسی دوست یا دوستی کی استواری کی خواہش رکھنے والے کو ان کا مہمان بنائے رکھتی تھی۔ ایسے میں ان کی اپنی مصروفیات اور تقریباً روزانہ ہی کسی شاعر یا ادیب کی آمد اور ان کی خبر گیری کا خیال ان نشستوں کا جن میں بڑی تعداد میں مہمان شرکت کرتے تھے ان کا پاس رکھنا اور اخلاص سے پیش آنا بیوی کی حیثیت کے علاوہ باقر سے ان کی گہری انسیت کا احساس بھی دلاتا ہے۔ جس سے ہم فیض یاب ہوئے ہیں۔

خیر انساء مہدی نے قلم کاری بھی کی ہے۔ ان کی تخلیقات ان کی اپنی ذہنی کاوشوں کا نتیجہ ہے۔ باقر مہدی نے صرف خود کو ان کی ہمت افزائی تک محدود رکھا۔ اور انھوں نے خود کو زبان و بیان کی درستگی اور موضوعات کے انتخاب تک ممنون رکھا۔ مجھے انہوں نے اپنی کتاب 'ادبی مراحل' ۲۱-۵-۱۹۹۵ کے دن مع دستخط مرحمت فرمائی۔ کتاب چند مضامین کا انگریزی سے ترجمہ ہے، جو اپنی نوعیت کے اعتبار سے اہمیت کے حامل ہیں۔ باقر سے شادی کے بعد کچھ ایسے اوقات ان کو میسر آئے جب ایک عرصہ تک اپنی توجہ کو اس صنفِ تخلیق کی طرف مرکوز رکھا۔ ترجمہ ان کی روزمرہ کی زندگی کا ایک حصہ تھا۔ فارسی کے مضامین اور شعر فہمی اپنے طالب علموں کو انگریزی کے ذریعے اور انگریزی کی تحریروں کو فارسی کے ذریعے پڑھاتی تھیں۔ ان کی کتاب کا پہلا مضمون جدید شاعری کی تحریک سے تعلق رکھتا ہے اور اپنے پورے دور کو خود میں سمیٹ رکھا ہے۔ پہلی عالمی جنگ سے قبل اور بعد کا زمانہ ہے۔ بیش تر نامور ادیب اور شاعر جو اس زمانے اور تحریک سے منسلک تھے، جن میں ایٹس، ایذرا پاؤنڈ اور ایلیٹ کو خاص مقام حاصل ہے، کی تخلیقات اور ان کی ملاقاتوں کا ذکر ہے۔ ان کا ترجمہ خیر انساء نے نہایت شگفتہ بیانی سے کیا ہے۔ باقی مضامین میں ڈرامہ نگار آئینکو کی مخصوص تخلیقی صفات، سارتر کا انٹرویو، ورجینا ولف کی فکر انگیز زندگی اور ناول نگاری اور بقیہ

موضوعات کچھ کم اہم نہیں ہیں۔ انھوں نے فارسی شعراء کو بھی اردو میں ترجمہ کیا ہے۔ ان کے مختصر مضامین ریڈیو سے نشر ہوئے ہیں۔ ان کی اردو تحریروں میں ایک خاکہ باقر مہدی پر بھی ہے۔ جس میں انھوں نے صاف گوئی اور جیسا دیکھا ویسا بتادیا کہ مصداق قلم چلایا ہے۔

باقر مہدی کے انتقال کے بعد بعض اردو کی اہم شخصیات تعزیت کی خاطر ان سے ملنے آئیں۔ اردو چینل والے اپنا کیمرہ بھی ساتھ لائے۔ میں اور یعقوب راہی ہر سنیچر کی شام کچھ پھل ان کے لیے لے جایا کرتے تھے۔ ساتھ ہی راہی باقر کی غیر مطبوعہ عبارتوں کو جمع کیا کرتا۔ خیر انساء مہدی نے ان کی پوری مدد کی۔ اس سلسلے میں ایک اہم واقعہ بھی پیش آیا۔ جو باقیاتِ مہدی کی اشاعت سے متعلق ہے۔ اس اشاعت کے اخراجات وہ خود برداشت کرنا چاہتی تھیں۔ لیکن ان کی بہن کو جو امریکہ سے کچھ عرصہ کے لیے آئی تھیں منظور نہ تھا۔ ان کی نظر میں اردو کی کتاب چھپنا، جو فروخت ہی نہ ہوتی ہو کی اشاعت غیر ضروری تھی۔ اس کے علاوہ بھی وجوہات رہی ہوں گی لیکن جو وجہ مجھے خیر انساء مہدی نے بات چیت کے درمیان بھی گوش گذار کی بھی اہمیت ہے کہ خیر انساء مہدی کی بہن اور باقر کے درمیان ہمیشہ ان بن سی رہا کرتی تھی۔ بہر حال اسی سلسلے میں میرا ان کے ہاں جانا ہوا تھا۔ خیر انساء طبیعت کی ناسازی کی وجہ سے لیٹی ہوئی تھیں۔ پاس بستر پر ان کی بہن بیٹھی تھیں۔ اور میں کرسی پر تھا۔ ان کی بہن کو پورا یقین تھا جب وہ ان سے آنکھیں ملا کر سوال کریں گی کہ کیا آپ کو کتاب کی اشاعت منظور ہے۔ وہ جواب دیں گی 'نہیں'۔ لیکن اس کے برعکس ہوا۔ انھوں نے بہن کی طرف اور کچھ میری جانب دیکھ کر کہا، ''باقر کی پوری زندگی لکھنے پڑھنے میں گزری ہے۔ اسے چھپنا چاہیے۔'' میرا قیاس ہے کہ خیر انساء مہدی نے اپنی بہن سے میرے پہنچنے سے پہلے نہ کہنے کی حامی بھی بھری ہو۔ لیکن عین وقت پر میری موجودگی میں اپنی دلی خواہش کے خلاف نہ جاسکیں۔ اور نہ جانے کیوں مجھے بھی ان سے 'ہاں' ہی کی امید تھی۔ یہاں شاید اس بات کا ذکر ضروری ہو کہ باقر خود بھی اپنے دو بینک اکاؤنٹس میں اچھی بھلی رقم اپنی بیوی کے نام چھوڑ گئے ہیں۔

خیر انساء مہدی کو اپنے شوہر سے کتنی محبت تھی، جب وہ ساتھ ساتھ تھے، میں ٹھیک سے سمجھ

نہیں پایا۔ ان کی ازدواجی زندگی کو بائیکلہ گھر سے باندرہ کے فلیٹ کی آخری رات جو ۲۳-۲۴ ستمبر واقع ہوئی تھی، تک دیکھتا آیا تھا۔ جس کی نصف شبی کے بعد موت نے اس رشتے کی زنجیر کو توڑا تھا۔ ان کی دلی معاملات کا پورا عکس میرے دل و دماغ پر نہیں پڑ سکا تھا۔ ندی کے شفاف پانیوں میں ایک ہلکی سی اختلافی لہر کا مدغم ہو کر اسے سمندر تک پہنچانے میں معاون ہونا میرے لیے کسی پہیلی سے کم نہیں ہے۔

جیسے جیسے ان کے دن باقر سے جدائی میں گزرے وہ دماغی اور جسمانی طور پر کمزور ہوتی چلی گئیں۔ حیرت ناک طور پر انہوں نے باقر کی موت کو قبول نہیں کیا تھا۔ پہلی برسی کے موقع پر میں باقر کے قبر کی سالانہ فیس اور مرمت کے اخراجات کی ادائیگی کے بعد میں ان کے گھر گیا تھا۔ وہ چل پھر سکتی تھیں۔ لیکن باقر ہی ان کی زندگی کی عبارت کا زیر، زبر اور پیش ہو کر رہ گیا تھا۔ ان کو ہمیشہ لگا رہتا باقر لوٹنے والے ہیں۔ بار بار کہتیں ''گھر کتنا سونا ہو گیا ہے'' ان کو لانے کے لیے نیچے اتر جاتیں۔ کبھی بستر لگاتیں۔ اور نہ جانے کتنا کتنا وقت باقر کی سواگت کی تیاری میں گزارا ہوگا۔ ان اوقات میں ان کی بہن فاطمہ ان کو سنبھالا کرتیں۔ بازار لانا، پکانا، کھلانا جیسا کام سب انہی کے ذمہ تھا۔ اس درمیان ایک ایسا بھی وقت گزرا جب ان کی قوتِ خرید میں بہت کمی نظر آئی۔ ایک مرتبہ مدھوسُدن صاحب کو بھی جو باقر کے پرانے وقت کے دوستی نبھانے والوں میں سے ہیں، محسوس ہوا کہ ان کے پاس ضرورت بھر پیسے نہیں ہیں۔ انھوں نے کچھ مدد بھی کی۔ جسے بعد میں خیر اِنساء کی بہن نے لوٹا دیا۔ اسی عرصہ میں جب وہ خیر انساء کے گھر رہی تھی۔ میں نے باقر کے چند محبیوں کو جو اپنی نوجوانی کی عمر سے ان کے دل دادہ تھے اور آج مشاہیر ادیبوں میں گنے جاتے ہیں۔ ان کی مالی حالت سے واقف کرایا۔ اور ایک دن مقرر کر کے شام باقر کے گھر گئے۔ اتفاقاً مدھوسُدن بھی آ گئے۔ خیر انساء کی بہن کو ہماری باتوں سے بہت حیرت ہوئی۔ کچھ اپنی دفاع میں بھی کہا۔ اور جانے سے پہلے کچھ بہتر انتظام کر گئیں۔ خیر انساء مہدی ان سب باتوں سے بے نیاز تھیں۔ ان کا حال یہ رہا۔ اِدھر گذشتہ دو ایک سال کا لب لباب بس اتنا ہے کہ وہ خود کو بھولتی چلی گئیں۔ صوفے پر لیٹی رہتیں۔ ٹی وی میں دلچسپی نہ کے برابر۔ اخبار بھی بند

کرادیا کہ اسے پڑھے گا کون ۔ بستر سے اٹھنے کے لیے سہارا لینا پڑتا۔ایک بار ایسا ہوا کہ راہیؔ نے ان کی حد سے بڑھے ناخنوں کو کترتے ہوئے گوشت کو زخمی کر دیا۔خون چھلک پڑا۔انھوں نے کہا بھی کہ خون ہے ۔لیکن لبوں پر شکایت کا ایک لفظ تک نہیں تھا۔صرف جب ہلکا سا درد ہوا تھا 'اُہو' زبان سے نکل آیا تھا۔ بات کچھ عجیب سی ہے ۔آج وہ بے گھر ہیں ۔ ویرار سے چھ کیلومیٹر کی دوری پر ایک چرچ سے متصل مسکن ضعفا (Aged Home) کے ایک کمرے میں گم سم، سب سے بے خبر ۔نہ کسی کو ان کی خبر، اٹھنے بیٹھنے سے معذور، جنھیں غذا کھلانے کے بجائے پلائی جاتی ہو، آنکھوں میں آنسو لیے چوبیس گھنٹے لیٹی رہتی ہیں ۔کبھی اپنی عمر گذشتہ کے بارے میں بھی سوچتی ہوں ۔ جب بھائی بہنوں کو دیوار بن کر اپنے سائے میں لیا۔سیکڑوں طالب علموں کے اذہانِ کو تعلیم سے آراستہ کیا، شوہر کے ساتھ ملی جلی زندگی گزار کر دیکھا کہ مرد درحقیقت کیا ہوتا ہے ۔اب اپنی اس بے مصرف زندگی سے گھبرا اُٹھتی ہوں گی ۔اور یہ بات بھی کچھ عجیب سی ہے ۔ جب ہم دو ملاقاتی (میں اور یعقوب راہی) کبھی ان کے گھر سے فیض یاب ہو کر لوٹے، اب ان سے مل کر، ان کے گونگے بہرے کمرے میں بیٹھ کر، ان سے بھولی بسری باتیں کر کے اس وعدہ پر ان کو چھوڑ آئے کہ دوبارہ بھی آئیں گے ۔

■■

''بہت یاد آتے ہو''

میں ایک بار پہلے بھی تم سے تمھارے ملک عدم منتقل ہو جانے کے بعد گفتگو کر چکی ہوں۔ اس کا جواب تو تم نے دیا نہیں اور میں اب دوبارہ تم سے کچھ کہنے پر مجبور سی ہوگئی ہوں۔لیکن یہ باتیں تمھیں اس باندرہ والے گھر سے نہیں لکھ رہی ہوں۔ جہاں ہم میاں بیوی اپنے دن رات بتایا کرتے تھے۔سوتے جاگتے تھے۔ دروازہ پر چیزیں خریدتے،صبح اور شام۔اور گھر کے کسی گوشے سے دروازے تک اور کہیں سے لوٹنے کے بعد بھی دروازہ ہماری منزل ہوا کرتا تھا۔جیسے اس دروازہ میں بھی کھل جا سم سم کا راز پوشیدہ تھا۔تم اپنی اچھی یادداشت کے باوجود کھل جا سم سم کو بھول گئے ہو۔یا تو ڈاکوؤں کے ہاتھ لگ گئے ہو۔

میں ایک انجان سی جگہ پر ہوں۔ چند دنوں تک فاطمہ بھی تھی۔ بیمار آئی تھی۔مرگئی۔دماغ آپ ہی زخمی ہوگیا تھا۔جیسا تمھارے ساتھ ہوا تھا۔تمھاری صرف آواز لے اڑا تھا۔اس کی زندگی ہی لے اڑا۔جب تم چلنے پھرنے لائق نہیں رہ گئے تھے۔تمھارے سارے کاموں میں مدد کیا کرتی۔ تمھارے بعد میں اس کے کاندھے پر سوار ہوگئی تھی۔ بیمار نہیں تھی۔مگر خود بھی لیٹے رہ کر تمھاری نقل پر اتر آئی تھی۔ جواب اصل ہوگیا ہے۔شاید تم اپنے ساتھ میری بھی قوتوں کو لے کر چلے گئے۔ دھیرے دھیرے کمزور ہوتی چلی گئی۔نہ کپڑوں کا شوق نہ چہرے کو سنوارنے کا۔تمھارے شاعر دوست کی بیوی اور میری دوست ایک بار کہہ گئی۔زندگی کو جیتی کیوں نہیں ہو۔اچھے کپڑے پہنو۔ سنگھار کرو۔سیر کے لیے جاؤ۔مگر جب لوٹی تو دل کو جلا پانے کا نسخہ دینا بھول گئی۔

تمھیں جان کر حیرت ہوگی میں بھی اب بے گھر ہو چکی ہوں۔ہمارا گھر تو اب بھی وہیں ہے۔ لیکن میں بھی کھل جا سم سم کہنے لائق نہیں رہی۔اب شہر سے بہت دور ایک نامعلوم سی جگہ یا گاؤں میں ہوں۔ضعیفوں کی رہائش گاہ ہے۔ایک کمرے میں لیٹی رہتی ہوں۔کبھی مجھے پہیے والی

کرسی پر بٹھلا کر سورج دکھلاتے ہیں ۔ میں، جو کبھی صبح نکلتی تھی ۔شام تک راہوں کو کچل کر لوٹا کرتی۔ اب کچلی ہوئی سی تھوڑی سی جگہ میں سمٹ آئی ہوں ۔ پتا نہیں کب مجھے بھی تمھاری طرح سمیٹ دیا جائے۔

میں نے بھی اب دنیاوی دولت کو جھٹلا دیا ہے۔اب تم پر حیرت نہیں ہوتی کہ تم کیونکر اپنا سب کچھ تج کر نہتے اس شہر میں آئے۔اور صرف اپنی ہی زندگی پر اختیار جتانے کو کافی سمجھا۔ جواب مجھے اپنی زندگی پر نہیں ہے۔ جیسے کسی نے گھیر رکھا ہے۔ بند آنکھیں کھلی سے بہتر لگتی ہیں۔ کھولتی ہوں تو خود کو خلا میں پاتی ہوں ۔ ہر چیز دھندلی نظر آتی ہے۔چھت اور دیواروں کے بیچ خود کو کھو چکی ہوں ۔ پتا نہیں سیرابی کا منبع دل ہے یا دماغ ۔آنکھیں ہر وقت گیلی رہتی ہیں ۔تم بہت یاد آتے ہو۔

ہم نے زندگی کو مل جل کر آپس میں مشورہ کر کے گزارا تھا۔جب تم خود کو چھڑا کر چلے گئے ۔گھر تو سونا ہو گیا تھا۔مگر تمھیں میں نے طرح طرح سے اپنے قریب پایا۔تمھاری آہٹوں کو ہمیشہ محسوس کیا۔تمھارے ہاتھ کا ڈنڈا،ٹیبل، کرسی، فرش، دیواروں سے لگی کتابیں، دروازہ، جگہ جگہ سے تمھاری آہٹ مجھے چونکا دیا کرتی ۔اب جس جگہ ہوں وہاں سے اپنی خبر بھی نہیں آتی ۔جب یہاں لائی گئی تھی ۔اس وقت کانوں نے سنا تھا۔اس جگہ کا نام ویرا ہے ۔گاؤں کا نام اگاشی ہے ۔جہاں میں دنیا سے غافل رہ رہی ہوں ۔ بوڑھوں اور بیماروں کا گھر ہے۔ ہر وقت سناٹا رہتا ہے ۔صرف چرچ کا گھنٹہ کسی وقت بڑے زور سے بول پڑتا ہے ۔ابھی مجھ میں اتنا ہوش ہے کہ گھنٹے کی آواز کو پہچان سکوں ۔خدا اپنے گھر سے شور برپا کر لوگوں کو اپنی یاد دلاتا ہے اور میں ڈر سی جاتی ہوں ۔

میری بے حسی کا یہ عالم ہے کہ تقریباً ہر چیز کا احساس مجھ میں سے زائل ہو چکا ہے ۔جسم میں تھوڑی جنبش بچی ہے ۔اپنے ہاتھ سے جسم کو چھو کر سمجھ لیتی ہوں کس کس عضو کو موت کے حوالے کر چکی ہوں ۔ پھر تمھارے وہ اخیر کے دن یاد آتے ہیں ۔جب تم ہر وقت لیٹے رہنا پسند کرتے تھے ۔ناپسند چیزوں کو دیکھنا بھی گوارہ نہ تھا۔تم اپنے گھر میں تھے تو تمھیں کوئی آ کر دیکھ بھی جاتا۔ لیکن میں شہر سے بہت دور ہوں ۔کوئی مجھ سے مل کر اپنے وقت کو کیوں برباد کرے ۔شاید موت

کا فرشتہ کبھی آجاتا ہو۔ اور یہ سوچ کر لوٹ جاتا ہو کہ جب اجازت نامہ ہاتھ میں ہوگا، تب ساتھ لے چلوں گا۔

تمھیں مٹی میں ملے چار سال ہونے کو ہیں۔ اب میری باری ہے۔ اچھا ہے جو تم اپنی زندگی کو اپنی مرضی پر ڈھالتے رہے۔ جس پر اختیار تھا، اسی کو رام کر کے رکھا۔ میں جو مال اور ملکیت پر زور دیا کرتی تھی۔ اب تم سے متفق ہوگئی ہوں۔ جو ہے سو زندگی ہے۔ تمھارے بعد اپنی مٹھی کو کھول رکھا ہے۔ جو تھا وہ کھو دیا ہے۔ ہتھیلیاں خالی خولی ہوگئی ہیں۔ تم ہوتے تو ان سے تمھارا بازو پکڑنے کا کام لیتی۔ جو رشتہ دار کہلاتے ہیں۔ اپنے حال میں خوش ہیں۔ اگر ممکن ہوسکا تو دفناتے وقت اپنی مٹھی دو مٹھی مٹی سے میرے نصیب کی مٹی میں کچھ اضافہ ضرور کر جائیں گے۔ ایک بہن ہے جو امریکہ میں مقیم ہے۔ تمھارے بعد ہماری لگام اسی کے ہاتھ میں ہے۔

اب مجھے تمھاری اس بات پر بھی حیرت نہیں ہے کہ تم کیونکر وطن کی دستیاب ملکیتوں کو بظاہر آسانی سے چھوڑ آئے۔ تعارف کے دو مختصر خطوط جن کے نام تھے۔ ان سے متعارف ہوئے۔ دوستی بھی کی۔ مگر رشتوں کی تہہ داریوں کا علم اجنبیوں سے مل کر ہوا۔ یہاں جس کو گھر کہتے ہیں، ایسے کمرے کی دیواروں اور چھت کا آسرا کسی اجنبی سے ملا۔ کئی دوست بھی ہوئے۔ چند سے استواری بھی خوب لمبی چلی، اور میں تو تمھاری زندگی کی آخری رات بھی ساتھ رہی۔ جیسی میں اب ہوں ویسے تم تب تھے۔ اب تمھاری یاد کو اپنا ساتھی بنا رکھا ہے۔

ابھی ایک تازہ واقعہ پیش آیا۔ جیسے میں اپنی پچھلی زندگی کی سیر کر آئی۔ تمھارا آخری اور تنہا دوست ہماری پڑوسن سے میرا پتہ نکال لایا۔ اور تمھارے ایک اور آخری اور مستقل دوست کے ساتھ میری خیریت جاننے یہاں تک آپہنچا۔ میں تو روز مرہ کی طرح غفلت کی نیند میں کھوئی ہوئی تھی۔ میڈم انچارج دندناتی ہوئی کمرے میں داخل ہوئی۔ 'دیکھو کون آیا ہے'۔ میں نے بمشکل آنکھیں کھولیں۔ دونوں میرے بالکل قریب بستر کی جالی پر ہاتھ ٹکائے بیٹھے ہوئے تھے۔ پہلے تو وہ کوشش کرتے رہے کہ ان کو پہچان کر ان کے نام لے سکوں۔ اپنی پرانی ملاقاتوں کے حوالے دیتے رہے۔ تب کہیں ان کو پہچانا۔ ان کا نام بھی لیا اور دھیرے دھیرے مجھ میں وہ خیر النساء مہدی

سرائیت کرنے لگی جس سے وہ باندرہ والے گھر میں ملا کرتے تھے۔ مجھ کو اس گھر سے وابستہ کتنی ہی باتوں کی یاد دلاتے رہے جو دلچسپ تھیں اور مسرتوں کا باعث بنی تھیں۔ مجھ سے ان اشعار کے وہ مصرعے کہلوائے جو مجھے ان دنوں یاد تھے۔ اور پھر میں نے خود سے ان کے ثانی مصرعے جوڑ دیے۔ دونوں بہت خوش ہوئے کہ میری یادداشت کوشش کرنے پر واپس لائی جاسکتی ہے۔ تربیت مل جائے تو صحیح تلفظ ادا ہونے لگیں گے۔ ان کی آپس کی باتوں سے لگا کہ اب مجھے کوئی جان لیوا عارضہ نہیں ہے۔ پہلے چہرہ اور پیروں میں سوجن تھی۔ پیٹ پھول گیا تھا۔ ان سے شفا پا چکی ہوں۔ جب میں نے اپنا ہاتھ انھیں دیا، دیر تک تھامے رہے۔ مجھے محسوس ہوا خوشی کتنی قریب کی چیز ہے۔ بس ہاتھ بڑھانے کی دیر ہے۔

❖■❖

باقر مہدی کا گزر جانا ایک شعلے کے بجھ جانے کا عمل نہیں ہے، بلکہ ایک زندہ آتش فشاں کے خاموش ہونے کا نام ہے۔ کسی طرح یہ بات ہمارے گلے سے نہیں اتر رہی تھی کہ جو شخص اپنے تیز، طرار، ذہن، چست اور بلند بانگ فقروں سے محفلوں کو گرما دیتا تھا، وہ اپنی زبان سے نہیں بلکہ اپنے حلق سے صرف چند ناقابل فہم آوازیں ادا کرنے کے قابل رہ گیا ہے۔ باقر مہدی بلکل نہتے، بے بس اور مجبور ہو گئے ہیں۔

مجتبیٰ حسین

کچھ 'جواب الجواب' کے بارے میں

میں نے جو باتیں انور قمر کے خط کے جواب میں لکھی ہیں سب سچ ہیں اور اس سچ سے میں سمجھتا ہوں تقریباً ہر قاری کا دل متاثر ہوا ہے، خود انور قمر نے فون پر مجھ سے اپنی تحریر پر ندامت کا اظہار کیا تھا اور خواہش خواہش ظاہر کی کہ کسی دن مجھے اس برانڈ کی چائے پلائیں جو امریکی برانڈ کی ہو۔

☆

انور قمر نے باقر مہدی سے متعلق میرے خاکہ نما 'آخری انارکسٹ کی موت' پر جو تاثراتی خط لکھا ہے۔ اسے پڑھ کر مجھے لگا کہ مکتوب نگار نے باقر مہدی کے تعلق سے انتہائی ذاتی نوعیت کی کچھ ایسی باتیں لکھ دی ہیں جن کی وضاحت میں Rejoinder (جواب الجواب) کا بھی شامل اشاعت ہونا ضروری ہے۔ ذیل میں باقر مہدی کے بے حد عزیز دوست عبدالغنی خان کا Rejoinder پیش ہے۔ (ساجد رشید)

باقر مہدی شقی القلب تھے*

انور قمر

باقر مہدی مرحوم پر لکھے ہوئے آپ کے خاکے سے بیانیہ کا لطف اور افسانے کا چٹخارہ بہم پہنچا۔ اُن کے شاہدہ بہن کے ساتھ اختیار کیے گئے رویے کا ذکر پڑھ کر ملال ہوا۔ شاہدہ بہن نے بھی آپ کے معذرت طلب کرنے پر جو بلیغ جملہ کہا وہ باقر صاحب کے اندرون میں رواں خلجان کی تصویر کشی کرتا ہے۔ اُنھوں نے صرف آپ کی بیوی ہی کے ساتھ ایسا ناموزوں سلوک نہیں کیا بلکہ انور خاں، الیاس شوقی اور یعقوب راہی کے علاوہ متعدد اعزہ و احباب کے ساتھ وہ ایسے ہی غیر مہذبانہ طریقے سے پیش آئے تھے۔ البتہ ہر ایک کے ساتھ اُن کے ایسا طرزِ عمل کے اختیار کرنے کے اسباب جُدا جُدا تھے۔ مگر ان صاحبان نے بشمول شمیم حنفی، ندا فاضلی، قاضی سلیم اُن کے ساتھ مراسم حسبِ معمول رکھے۔ وہ سلام بن رزاق کو اسٹیبلشمنٹ کا ادیب سمجھتے تھے اور اسی بنا پر اُن کے افسانوں میں صحیح تناظر اور موزونیت تلاش نہ کر پائے۔ اُنھیں بقول عام رسالوں کے لیے اپنی تخلیقات ارسال کرنے والے ادیبوں اور شاعروں سے چڑھ بھی تھی۔

آپ نے انور ظہیر خان مرحوم کے جس خاکے کا ذکر کیا ہے، اُس میں خاکہ نگار نے باقر مرحوم کے ایک سانحہ اور بولنے چالنے کے انداز کا نقشہ کھینچا ہے۔ یہی باتیں باقر صاحب کو گراں گزریں۔ اس سے اُنھوں نے نہ صرف آپ کو بلکہ خاکہ نگار کو بھی اپنا مخالف اور بدخواہ سمجھ لیا۔ وہ جس گز سے دوسروں کو ناپا کرتے تھے، اُس گز سے دوسروں کو انھیں ناپنے کا اختیار نہیں دیتے تھے۔

راہی معصوم رضا مرحوم نے اپنے شعری مجموعے کے اجراء کی تقریب میں کہا تھا کہ باقر بھائی نے جس پیمانے سے میری شاعری کو آنکا ہے اے کاش! اُسی تنقیدی پیمانے سے وہ کبھی

اپنی شاعری کو بھی ناپ تول کر لیں، اُن کے حق میں بہتر ہوگا۔ باقر صاحب میجر پوئٹ (Major Poet) نہیں تھے، حالاں کہ وہ اختر الایمان مرحوم سے چار منزلہ اوپر واقع مکان میں رہتے تھے۔ اُن کے یہاں اگر کوئی شخص اختر صاحب سے مل کر پہنچتا تو وہ اُسے گھر میں داخل ہونے سے قبل وہیں سے رخصت کر دیتے تھے۔

وہ اِس قدر حاسد اور شقی القلب تھے کہ اختر الایمان کو مٹّی دینے تو کیا، وہ بلڈنگ کے گراونڈ فلور پر رکھی اُن کی میت کا آخری دیدار کرنے کے لیے بھی بذریعے لفٹ نیچے نہیں آئے۔ اگر کوئی شخص اُن سے پہلے کوئی عمدہ پلے یا غیر ملکی فلم دیکھ لیتا یا کوئی کتاب ہی پڑھ لیتا تو اُس شخص سے باقر صاحب خفا ہو جاتے۔ ملکی یا غیر ملکی فلم یا ڈرامہ فیسٹیول دیکھنا یا انگریزی کتب اور مصوری کی نمائش میں جانا اُن کے لیے قابل افتخار عمل ہوتا۔ اگر کوئی دوسرا یہ'اعزاز' حاصل کر لیتا تو باقر صاحب کے سینے میں سانپ لوٹ جاتا۔ وہ دوسروں کو تذلیل کر کے اور اُسے روحانی طور پر ایذا پہنچا کر خط اُٹھاتے تھے۔

اُنہیں وارث، نارنگ اور فاروقی صاحبان سے کد تھی۔ آپ نے بیدی صاحب کے افسانوں کے تجزیوں کا ذکر کرتے ہوئے اُنہیں نارنگ صاحب سے بہتر تجزیہ نگار قرار دیا ہے۔ مجھ آپ کی بات سے اتفاق نہیں۔ نارنگ صاحب نے بیدی صاحب کے افسانوں میں دیومالائی کردار اور اُن کے واقعوں میں موجودگی کو جس فکر بلیغ، جمال اور دانش کے ساتھ اُجاگر کیا ہے، ساتھ ہی افسانوں کی معنویت، اور علامتوں کی جانب قاری کے ذہن کی رہنمائی کی ہے، یہ ایک بے مثال اور ناقابل موازنہ کام ہے۔ باقر مرحوم زندگی بھر انارکزم اور سرکار مخالف طرزِ زندگی اختیار کرنے کی ہمیں تبلیغ کرتے تھے۔ مگر خود نہایت ہی منظم اور سرکار کے۔۔۔کی سی زندگی گزارتے تھے۔ اس بات کی دلیل میں عرض کرتا ہوں کہ اُنھوں نے شادی تو کر لی مگر بے اولاد رہنے کو صاحب اولاد ہونے پر ترجیح دی۔ سبب یہ بتایا کہ مزید معاشی اور سماجی ذمّے داریاں شانوں پر آپڑیں گی۔ اُن کے ایک سے زیادہ بینکوں میں اکاؤنٹ تھے۔ وہ صاحبِ فلیٹ تھے اور عمدہ قسم کی ہر روز شراب پیا کرتے تھے۔ فلم دیکھنا، ڈرامے دیکھنا، مہنگی انگریزی کتابیں خریدنا اور پائپ میں

اعلیٰ قسم کا تمباکو اور غیر ملکی برانڈ کی چائے پینا، آئے دن کی عادت تھی۔ اُنھوں نے اپنی اکثر و بیشتر کتابیں ذاتی خرچ سے شائع کیں۔ آپ کو بخوبی اندازہ ہوگا کہ ایک کتاب کی اشاعت پر کس قدر خرچ آتا ہے۔ جب انھیں مہاراشٹر ساہتیہ اکادمی کی جانب سے انعام دینے کا اعلان ہوا تو خود بدولت جلسہ گاہ میں تشریف لے گئے، عمدہ کپڑوں میں ملبوس اور ٹوپی اوڑھ کر اور وہاں ایک مشتبہ کردار وزیر کے ہاتھوں مسکراتے ہوئے انعام قبول کرلیا۔ زمانہ شیوسینا اور بھارتی جنتا پارٹی کی متحدہ حکومت کا تھا اور ۹۳-۱۹۹۲ کے فسادات کو ہوئے کوئی مدت نہیں گزری تھی۔ وہ سُریندر پرکاش مرحوم کو اس لیے ناپسند کرتے تھے کہ نارنگ صاحب سُریندر جی کو عزیز رکھتے تھے۔ سُریندر جی کے افسانے 'بجوکا' جسے ترقی پسندوں اور جدیدیوں دونوں ہی نے پسند کیا تھا، باقر مرحوم نے اُس کے تئیں ناقابل قبول ہونے کا شدید اظہار کیا تھا۔ (Literally he condemn the story) اُنھوں نے کئی کتابیں صاحب کتاب کی موجودگی ہی میں اپنی کھڑکی سے باہر پھینک دی۔ اُن میں میرے محبّی انور خاں کا ناول بھی باقر صاحب کی اِسی ادا اور عطائے خاص سے شرف ہوا۔ باقر مرحوم کی مشمومیت کے ظلمات کا فہم وادراک حاصل کرنے کے لیے اُن پر لکھے گئے مشفق خواجہ مرحوم، یوسف ناظم صاحب اور بیگم خیر النساء مہدی کے خاکے جہاں مشعلوں کی روشنی ثابت ہوئے ہیں وہیں آپ کے خاکے بھی (بعض خودتبرک self congratulatory خوابوں سے صرفِ نظر کرتے ہوئے) فیض رساں ہوگا۔

اس شمارے میں شامل نارنگ صاحب کا مضمون خاصہ ہے۔ عبدالصمد صاحب کا انٹرویو اطمینان بخش نہیں۔ اُن کے جوابات میں مزید گہرائی کی ضرورت تھی۔ اچھا ہوا کہ ساقی صاحب کی فضول گوئی تمام ہوئی۔

■■

جواب الجواب: انور قمر کے جواب میں

عبدالغنی خان

باقر مہدی کے تعلق سے انور قمر صاحب کا ایک غیر ذمہ دارانہ خط جس میں سطحی ہونے کے تمام عناصر موجود ہیں۔ انور قمر صاحب نے مدیر 'نیاورق' کے نام ارسال کیا ہے۔ اس کی اشاعت سے کسی کو کیا فائدہ حاصل ہوسکتا ہے یہ دور از قیاس ہے۔ ایک نامور ادیب اور شاعر جواب حیات نہیں ہے، کی بعض بظاہر ناپسندیدہ باتوں کو مکتوب نگار نے نہایت غیر منصفانہ اور بادی النظر میں بنا کسی غرض کے ناسمجھی سے پیش کیا ہے۔ ایک ملاقات میں یعقوب راہی نے مجھے اس خط سے واقف کرایا اور خواہش ظاہر کی کہ میں اس خط کا جواب ضرور دوں۔ وجہ صاف ہے کہ اس شہر میں میں باقر کے قریب ترین دوستوں میں تنہا رہ گیا ہوں۔ میرا پہلا ردِ عمل تو یہ تھا کہ اگر کسی تحریر میں کسی شخص کی تعریف یا توہین میں توازن نہ رکھا گیا ہو اور مواد صرف مخالفانہ جذبہ کی تحت اکٹھا کیا گیا ہو اسے شائع ہونے کے حق سے محروم رکھنا چاہیے۔ ساجد رشید کا باقر مہدی پر ایک طویل مضمون جو ذاتی واردات کی تسلّی بخش آگہی سے بھرپور ہے اور تاثرات کی اعلا سطح پر دو اشخاص کی دوری، نزدیکی اور انسیت کو ارتقائی عروج پر درساتا ہے، نیاورق کے گذشتہ شمارہ میں چھپا تھا۔ افسوس کے انور قمر صاحب نے اُسے دو تعریفی جملوں کے قابل بھی نہیں سمجھا۔ ساجد رشید چونکہ افسانہ نگار بھی ہیں اسلئے انور قمر صاحب اپنے خط میں کہنے سے نہ رہ سکے کہ ان کے بیانیہ اسلوب سے لطف اور افسانوی چٹخارہ حاصل ہوا۔ انور قمر صاحب کا خط باقر مہدی کی برائی گنوانے سے شروع ہوتا ہے اور آخری تین سطور کے علاوہ دس سے زیادہ بُرائیوں پر ختم ہوتا ہے جن کا ذکر بہتر ہوگا میں سلسلہ وار کروں۔

ا- <u>وہ غیر مہذب تھے</u>: اسے ثابت کرنے کیلئے کئی مثالوں کی مدد لی گئی ہے۔ اور اس بات کا

خیال نہیں رکھا گیا ہے کہ تمام واقعات کس قدر ذاتیات پر مبنی تھے۔ جن جن کا نام گنایا گیا ہے سب ہمیشہ کے ساتھی رہے ہیں۔ جنہوں نے ان کی قربت، خوش کلامی اور ہم نشینی کو بہت بہت اہمیت دی ہے۔ بعض انکے ہم پیالہ رہے ہیں اور بعض کا ان کے ساتھ گہرا قلمی رشتہ رہا ہے۔ ان میں چند نام ایسے بھی ہیں جو عمر میں ان سے کم تھے۔ ان کے علم سے فیض یاب ہوتے اور ادیب کی حیثیت سے ان کے ناقدانہ خیالات کو مشعل راہ گردانتے۔ مکتوب نگار نے اپنے بیان کردہ واقعات کو بدشکل بنا کر پیش تو کر دیا لیکن انسانوں کی آپسی روابط کی باریکیوں پر ان کی نظر نہ پڑسکی۔ ان معاملات میں نفسیاتی وجوہ کو زیرِ غور لانا ضروری تھا۔ اردو دنیا باقر کی حاضر کلامی ہی نہیں بلکہ احتجاجی لب ولہجہ سے بھی واقف ہے۔ اس میں مزید اضافہ کرنے کے بجائے ایک واقعہ کا ذکر کافی ہوگا۔ نہرو سینٹر میں منعقد ایک سیمینار کے درمیان جناب گوپی چند نارنگ کی پُر مغز تقریر کے بعد جب انھوں نے چند مرحومین کا ذکر کیا تو باقر کو خراج عقیدت کے بعد اُنکا آخری جملہ یہ تھا ''ویسے وہ کبھی کبھی سینگ بھی مار دیا کرتے تھے۔'' گفتگو کے اس موڑ پر ان کی شخصیت کے ایسے وضاحت طلب پہلو کو اجاگر کر دینا ضروری ہوگیا ہے کہ کبھی غور وفکر کے بعد یا کبھی چند لمحوں میں کسی کے خلاف کسی بات کے دماغ میں جگہ کر لیتے ہی وہ اپنی ہی صاف گو فطرت کا شکار ہو جاتے۔ خود پر اختیار نہ رہ پاتا اور بے خوف، بنا این وآں کسی کی پرواہ کیے بغیر اظہار کر دیتے اور اس وجہ سے جانے کب کسی خیر خواہ یا دوست کو لمحہ دو لمحہ میں کھو دیا ہو۔ اس بے اختیاری کی وجوہ میں ان کی اپنی جبلّت، ان کا خاندانی پس منظر یا ان کے ساتھ اسی طرح کا کوئی واقعہ بھی ممکنات میں سے ہے۔ وقت گذرتے کبھی انھوں نے اپنے تعلقات کی تجدید کی ہے اور کبھی کسی کے ساتھ قطع تعلق کو تادم حیات باقی رکھا۔ لیکن انور قمر صاحب کے خط میں جتنے بھی نام آئے ہیں سب وہ دوست ہیں جو اخیر تک چاہے ملاقات کا سلسلہ برائے نام رہ گیا ہو دوست ہی بنے رہے۔

۲- سلام بن رزاق: ان کے افسانوی فن پر مکتوب نگار نے اپنی رائے کو معتبر مان کر باقر کی افسانہ فہمی پر سوال اٹھایا ہے۔ اگر وہ زندہ ہوتے تو شاید اس یکطرفہ خیال آرائی پر مسکرا کر رہ

جاتے یا صرف ایک ہی جملہ مکتوب نگار کی چپکی کیلئے کافی ہوتا۔ ویسے بہ زبان خود سلام بن رزاق وہ باقر کی تنقید کا احترام کرتے تھے اور انھیں بہتر سے بہتر کی جلا ملتی تھی۔

۳- انور ظہیر خان: ان کا باقر پر لکھا خاکہ جو'نیا ورق' میں شائع ہوا تھا انہیں پسند نہ آیا۔ ایک شام اس خاکہ کا ذکر نکلا۔ مجھے محسوس ہوا خاکہ نگار کی شخصیت نگاری اُن پر گراں گذری تھی۔ ان کی بیوی نے خواہش ظاہر کی کہ کوئی اس خاکہ کے جواب میں کچھ لکھتا۔ اگلی بار جب میں ان سے ملنے پہنچا ساجد رشید کے نام ایک خط لکھ چکا تھا۔ میاں بیوی نے غور سے سنا۔ باقر کے چہرے پر سکون کے اثرات تھے۔ ان کی بیوی نے کہا اچھا متوازن خط ہے اسے چھپنا چاہیے۔ 'نیا ورق' کے اگلے شمارے میں وہ خط شائع ہوا اور پسند کیا گیا۔ اس واقعہ کے بیان سے یہ بات تو عیاں ہے کہ خاکہ نگار نے باقر مہدی کی شخصیت پر کچھ غلط بیانی سے کام لیا تھا۔ لیکن اب جو غلط بیانی انور قمر صاحب نے کی ہے حیران کن ہے کہ اس خاکہ کی اشاعت کی وجہ سے باقر نے ساجد رشید کو اپنا مخالف اور بدخواہ سمجھ لیا تھا۔

۴- مرحوم راہی معصوم رضا: راہی صاحب کے طنزیہ جملے کو جو باقر صاحب کی ان کی شعری مجموعے پر تنقید کے بعد کسا گیا تھا بلا وجہ باقر پر ہتھیار کے طور پر استعمال کیا ہے۔ سب جانتے ہیں کہ ہم عصروں نے ہمیشہ ہی ایک دوسرے پر جملے کسے ہیں۔

۵- مرحوم اختر الایمان: باقر پر حاسد اور شقی القلب ہونے کا الزام لگایا گیا ہے۔ اور یہ کہ وہ Major Poet (اہم اور منفرد) شاعر نہیں تھے۔ ان الزامات کی بنیاد اختر الایمان پر رکھی گئی ہے۔ دو دوستوں کے درمیان جب ان میں انتہائی حد تک رفاقت اور انسیت تھی اور جب ان جزبوں کی ضد نے ان کے دلوں میں جگہ کرنے کی کوشش کی تو باقر نے خاموشی سے خود کو علاحدہ کرلیا تھا۔ اگر زندگی میں کبھی ان کو روبرو دیکھنا نہ چاہتے تھے تو موت کی ستمگری کے بعد اور قدرت کی بالادستی کی حمایت میں کیوں ان کے روبرو جاتے۔ اور کیا ایک مٹھی مٹی کا مول ان دو قطرے آنسوؤں سے بڑھ کر ہے جو ان کی آنکھوں سے ایسے دوست کو کھو کر ٹپکے۔ 'کچھ نہیں ہے عداوت ہی سہی'۔ میں غالباً باقر کی ان سے قطع تعلق کی وجہ بھی جانتا ہوں مگر ذکر غیر ضروری ہے۔

’کیا وہ حاسد تھے؟‘ میں نے ان کی بیوی سے پوچھا۔ ان کے الفاظ ’’باقر صاحب کبھی بھی حاسد نہیں تھے۔ اگر ان کی سرشت میں حسد کا عنصر ہوتا تو وہ کئی ہم عصروں کو پیچھے چھوڑ جاتے۔ اگر میں باقر کا اور شاعروں سے موازنہ کروں تو وہ کسی سے کم نہیں تھے۔‘‘ اگر کوئی اخترالایمان سے مل کر ان کے پاس آتا تو اسے واپس کر دینے کا الزام اس وقت بے معنی اور اپنی اہمیت مکمل طور پر کھو دیتا ہے جب کوئی وارث علوی صاحب کی اس عبارت کو پڑھ لے جو باقر مہدی کی مزاج شناسی کا نمونہ ہے۔ ’’باقر میں دکھاوا بالکل نہیں تھا۔ صاف گو اور حق گو آدمی تھا۔ تکلفات میں بالکل یقین نہیں رکھتا تھا۔ جن سے ملنا پسند نہیں کرتا آدھا کواڑ کھول کر کہہ دیتا کہ آپ نہ آیا کیجئے، مجھے آپ سے ملنا پسند نہیں۔‘‘

۶۔ سینے پر سانپ لوٹ جانا: نہایت ادنیٰ اسباب کی بنا پر انھیں انسانیت سے گری حرکتوں کا مرتکب ثابت کرنے کی کوشش کی گئی ہے۔ اعلیٰ عقلی سطح پر دعوتِ فکر دینے والی چیزیں جیسے غیر ملکی آرٹ فلم، ڈرامہ، کسی معیاری کتاب کا مطالعہ یا مصوری وغیرہ کی نمائش جو سیکڑوں لوگوں کے روز مرّہ کے مشغولات ہیں اگر ان کے جاننے والوں میں سے کوئی شخص پہلے کر دیتا تو ان کی خفگی کا باعث ہوا کرتا تھا اور صرف یہی نہیں ان کے سینے پر سانپ لوٹ جاتا۔ پھر وہ اسے ذلیل کرتے اور روحانی طور پر ایذا پہنچا کر حظ اٹھاتے۔ اس الزام میں چونکہ روحانی طور پر ایذا رسانی اور حظ اٹھانے جیسا الزام تراشا گیا ہے اپنے آپ میں سنگین اور وضاحت طلب ہے۔ جب تک کہ کوئی مدلل مثال نہ پیش کی جائے الزام کی انگلی مکتوب نگار کی طرف ہی اٹھے گی کہ کہیں ذاتی رنجش نے ان کو اس قدر پست ہونے پر مجبور نہ کیا ہو۔ باقر مہدی کی یاد میں منائی گئی شام میں ہندی ادیب وجے کمار صاحب (جن کی ہندی، اردو اور انگریزی پر اچھی پکڑ ہے) نے اپنی تقریر میں اسی طرح کے ذاتی تجربہ کا ذکر کیا تھا۔ انھوں نے کسی موقع پر خود کو باقر سے متعارف کرایا تھا اور جب وقفوں سے ان میں ملاقاتوں کا سلسلہ جاری تھا باقر ایک مرتبہ خفا ہو گئے کہ فلاں کتاب کیونکر ان سے اچھوتی رہ گئی۔ باقر کے اس تکلم سے ان کے کان کھڑے ہو گئے تھے۔ لیکن جلد ہی وہ اس نتیجے پر پہنچے کہ ان کا اس طرح کا تخاطب گو جارحانہ لگا تھا لیکن اثر عارضی تھا۔ انھیں

اپنے ملاقاتی سے جونسبت پیدا ہوجاتی اس طرح باقر کی خفگی اپنے آپ سے تھی کہ وہ ایک اچھی کتاب سے اب تک کیوں محروم رہے۔ تقاضہ پر مجبور کرتی ہے کہ وہ اسے اعلا مقاصد کے حصول میں مصروف نظر آئے۔ مشہور افسانہ نگار ساگر سرحدی نے بھی ان سے اپنے تعلقات کا اظہار نہایت پُر اثر اور جذباتی انداز میں ان کی ذات کے اسی پہلو کو اُجاگر کر کے کیا تھا۔ ان کی بیوی نے بھی میرے دریافت کرنے پر اس الزام کی تردید کی تھی۔ ''اگر کسی نے اچھی کتاب، اچھی فلم یا اعلا نمائش ان سے پہلے پڑھ لی یا دیکھ لی تو ناراض ہونے کے بجائے خوش ہوتے تھے کہ اب ان سے بہتر بحث ہوسکتی ہے۔''

۷- ضد یا تعصب: مکتوب نگار کا خیال ہے کہ باقر کو وارث علوی، گوپی چند نارنگ اور شمس الرحمن فاروقی صاحبان سے کد تھی۔ لیکن کیوں اور کس نوعیت کی تھی خارج از بحث رکھا ہے۔ مدیر 'نیا ورق' سے اپنے اس اختلاف پر زور دیا ہے کہ نارنگ صاحب نے بیدی صاحب کے افسانوں کا تجزیہ باقر صاحب سے بہتر کیا ہے۔ یہ خالص ادبی بحث ہے اور اس کا جواب ساجد رشید کی جھولی میں ٹٹولنا پڑے گا۔

۸- قول و فعل: ان کے قول و فعل میں یکسانیت نہیں تھی۔ الزام ہے کہ وہ انھیں اور دیگر اشخاص کو مارکسزم پر مبنی طرزِ زندگی کو اختیار کرنے کی تبلیغ کرتے تھے مگر خود نہایت ہی منظم زندگی گزارتے تھے۔ اس الزام سے قطع نظر اگر باقر کی اس پوری ممبیا زندگی پر غور کیا جائے جو ۱۹۵۴ء سے شروع ہوتی ہے تو اس کے کئی رُخ ان کی کتاب 'نیم رخ' میں نوشتہ ہیں۔ بہت سے گھٹی باتوں کا انھوں نے اپنے مخصوص بیانیہ انداز میں محاسبہ کیا ہے۔ کسی ترغیبانہ بات کا احساس نہیں ہوا۔ میں غالباً ۱۹۶۵ء میں ان سے واقف ہوا تھا۔ محمود چھاپرا جو اور پہلے سے ان سے قریب تھے میرے دوست تھے۔ ہمارا ان سے طویل اور مسلسل دوستانہ تھا۔ میں نے نہ اس نے کبھی ان سے اس طرح کی تبلیغانہ بات سنی ہو۔ میرے نزدیک تو یہ ممکن ہی نہیں ہے کہ کبھی انھوں نے ہمارے تعلقات کے بیچ پند و نصائح کو آنے دیا ہو۔ صرف اس بات کا انھیں قلق ہوتا اگر کوئی گفتگو کے درمیان خدا کی موجودگی کا احساس دلاتا۔ زندگی کس طرح گذاری تو ان کی اپنی

تھی۔ اپنی مرضی اور اپنے شرائط پر گذارنے سے انھیں کون روک سکتا تھا۔ شادی اگر اپنے شرائط پر کی تو اس کا حق ہر آزاد انسان کو حاصل ہے۔ اور اولاد کے معاملہ میں ان کا فیصلہ یکطرفہ نہیں تھا۔ دونوں ہی کے خاندان کثیر الاولاد واقع ہوئے تھے اور دونوں ہی کو اسے دہرانے سے انکار تھا۔ اس کے علاوہ ایک شرط انھوں نے یہ بھی رکھی تھی کہ کبھی نوکری نہیں کریں گے۔ خود کفالت کیلئے کافی تعلیم یافتہ تھے۔ کتاب وقلم کی مدد حاصل تھی۔ پچھلی کسی ملاقات میں ان کی بیوی نے سینے پر ہاتھ رکھ کر کہا تھا ''میری تنخواہ بطور پرشین پروفیسر ہم دونوں کیلئے کافی سے زیادہ تھا۔'' یعنی شادی سے پہلے ان کی بیوی نے بھی ارادہ کرلیا تھا کہ انھیں قلم کے علاوہ دنیاوی قید و بند سے آزاد رکھیں گی۔ وارث علوی صاحب نے بھی لکھا ہے۔''ادب پڑھنے کیلئے عسرت کی زندگی خود اس کا انتخاب تھی۔'' کیا کسی شخص کو جو باقر سے کبھی کبھی ملتا رہا ہو۔ بہت ادب سے ان کو مخاطب کیا ہو ان کے دل و دماغ کے معاملات میں قیاس آرائی کرکے انھیں الزامات کے کٹہرے میں کھڑا کرنے کا حق رکھتا ہے؟

۹- رہن سہن پر شک: اس پیراگراف میں مدیر 'نیاورق' سے یہ کہنے کی کوشش کی گئی ہے کہ وہ خود پر ضرورت سے زیادہ خرچ کرتے تھے تو اتنے روپے کہاں سے آتے تھے۔ صاحب فلیٹ تھے۔ ایک سے زیادہ بینک اکاؤنٹ تھے۔ روزانہ عمدہ شراب، اعلاقسم کا تمباکو اور غیر ملکی برانڈ کی چائے پیتے تھے۔ فلم اور ڈرامے دیکھتے اور مہنگی انگریزی کتابیں خریدنا آئے دن کی عادت تھی۔ انھوں نے اپنی کتابیں ذاتی خرچ سے شائع کیں تو ہزاروں کے نوٹ کس درخت سے توڑے۔ اس طرح مکتوب نگار نے ایک شاعر وادیب کی بہتر زندگی گذارنے کی خواہش پر ضرب لگائی ہے۔ کسی کی خوب سے خوب تر کی تلاش، خوش وقتی اور اپنے مسائل کو ذاتی سعی سے حل کرنے پر سوالیہ نشان لگایا گیا ہے۔ جس شخص کی زندگی کی کتاب میں کوئی پیچ نہ ہو، اپنے بارے میں راست گو رہا ہو اور جس کتاب کو کہیں سے کھول کر کسی بھی ورق سے پڑھنا شروع کیا جائے سب سچ نظر آئے تو پھر عیب کی تلاش کیوں۔ ساجد رشید، یعقوب راہی، الیاس شوقی، انور خان مرحوم، علی امام نقوی اور دیگر کئی ہم عصر مشہور و معروف ادباء و شعراء کو ان کی بیشتر زندگی کا علم

ہے جسے وہ بائیکلہ کے ایک منزلہ خستہ مکان جو لیڈر پریس کے کھلے کمپاؤنڈ کے ایک کنارے اپنے پرانے پیروں پر کھڑا تھا اور جس کے ایک بڑے سے کمرے کو دو حصّوں میں بانٹ کر باقر نے گذر بسر کی تھی۔ بیٹھک میں فرش پر آستین والی بنیان پہن کر کبھی تنہا کبھی کسی ملاقاتی کے ساتھ ہاتھ میں پائپ لیے بیٹھا کرتے اور اس خواہش کو پورا کرتے کہ جب کش لیں تو دھواں میں بڑھیا تمباکو کی خوش بو بھی شامل ہو۔ آرٹ فلمیں دیکھنے کیلئے وہ کسی فلم کلب کے ممبر تھے۔ انگریزی ڈرامے علم و آگہی کی پرت سرکاتے اور انگریزی کی پُر مغز کتابوں سے عرفان و انبساط حاصل ہوتا جسے وہ سب کے ساتھ بانٹنے کی چاہ رکھا کرتے تھے۔ ان کی یاد میں منائی گئی ایک شام میں تمام مقررین ہم زبان تھے کہ کسی سے انکی خفگی اس بات پر ہو کہ اس نے فلاں کتاب کیوں نہیں پڑھی تو اس میں فخریا بڑ بولا پن کا اظہار نہیں مد مقابل کو قریب تر اور ہم سر کرنے کا جذبہ کارفرما ہوا کرتا۔ طوالت کے خیال سے اس واقعہ کا ذکر سے پرہیز کرتا ہوں کہ کیسے باقر چھپا کر بے پڑھی کتابوں کو وارث علوی صاحب کے بے گیج میں رکھ دیتے جس کا علم انھیں گھر پہنچ کر ہوتا۔ مطالعہ کے ایسے جنونی شخص کیلئے اپنی جیب کٹوا کر کتاب خریدنے پر سوال کیوں۔ باندرہ کا فلیٹ ان کی بیوی کا تھا جسے انھوں نے قسطوں پر خریدا تھا جس کی پوری قیمت ان دنوں ستّر پچھتر ہزار تھی۔ بائیکلہ والے گھر کے عوض میں جو رقم انھیں کورٹ نے دلوائی تھی اسے باندرہ کے دو بنکوں میں بیوی کے ساتھ جوائنٹ اکاؤنٹ میں بانٹ کر رکھا تھا۔ اگر انھیں لپیچو برانڈ کی چائے پسند تھی اور وہ چار پیسے زیادہ خرچ کر کے اس کا مزہ لیتے تھے تو کوئی ان کے اس طرح کے معاملات پر کیوں معترض ہو۔ جب وارث علوی صاحب اور ان کی دوستی کے درمیان گرم جوشی تھی انھوں نے لکھا ہے باقر نیبو والی کالی چائے پیا کرتے تھے۔ عمدہ قسم کی شراب کی کانی کافی طویل ہے۔ ٹھرّا سے شروع ہوئی تھی اور اس کے ساتھی جو آرکیڈیا منزل کے ایک کمرے میں جمع ہوتے اس بات پر زور دیتے کہ پہلی دھار کی ہو۔ تجربے کے طور پر انھوں نے کئی طرح کی شراب پی۔ باقر نے خود شراب نوشی اپنی موت سے تقریباً دو سال پہلے چھوڑ دی تھی۔ انھوں نے اپنی بیشتر کتابیں نجی رقم سے شائع کیں اور اس طرح ہزاروں روپوں کے خرچ کا بوجھ کیونکر تنہا اٹھا سکے کچھ عجیب طرح کا

سوال ہے۔ اگرکسی راز کی طرف اشارہ ہے تو انورقمر صاحب افشاء کریں۔ اگرکسی واقعہ کی صحت کا اظہار ضروری تھا اور واقف نہ تھے تو پوچھ پاچھ کرتے۔ یوں بلا وجہ کسی کے مالی وسائل کی تفتیش اور خبر رسانی کے کام میں کسی رسالہ کے مدیر کو اپنے ساتھ ملوث کر کے جانے کس جذبے کی تسکین کی گئی ہے۔ اگر کوئی مجھ سے پوچھتا تو ایسے کاموں میں وقت برباد کرنے کے بجائے میرا مشورہ ہوتا کوئی شخص جواب رہا نہیں اس کے ماضی کی کسی بات پر مشکوک نظر ڈالنے کے بجائے اس نے زندگی گذارنے میں جس شدومد اسر دگرم سے کام لیا اُسی پر وسیع النظری سے غور کرنے کو کہتا۔

۱۰- چند باتیں انھوں نے سریندر پرکاش 'مرحوم' مہاراشٹر ساہتیہ اکادمی انعام اور مشفق خواجہ 'مرحوم'، یوسف ناظم اور مسز مہدی کے خاکوں کے تعلق سے کی ہیں مختصراً اتنا ہی کہوں گا کہ ان حضرات کے ساتھ ان کا سلوک اپنی کسی جبلّی قوت کے زیر اثر کیا ہوگا۔ ویسے چونکہ میں اس وقت موجود نہ تھا کسی اور وجہ کو بھی خارج از امکان قرار نہیں دے سکتا۔ مگر کتاب کو صرف اس وجہ سے کھڑکی کے باہر پھینک دیا تھا کہ نارنگ صاحب کو سریندر پرکاش عزیز تھے یا افسانہ 'بجوکا' پسند نہیں آیا تھا یقین نہیں ہوتا۔ ساہتیہ اکادمی کا انعام لینے انہیں جانا یا نہ جانا چاہیے تھا کی بحث سے پرہیز مناسب رہے گا۔ مکتوب نگار نے اگر یہ لکھ کر مزاح پیدا کرنے کی کوشش کی ہے کہ وہ عمدہ کپڑوں میں ملبوس تھے اور ٹوپی اوڑھ رکھی تھی تو کوئی حرج نہیں ہے۔ ویسے بتادوں صاف ستھرا رہنا انھیں بہت پسند تھا۔ بستر کی قید سے دو تین دن پہلے تک روزانہ نہاتے تھے۔ جب تک بستر سے نہ لگے تقریباً روز شیو کرتے تھے۔ ایک ہی ٹوپی ان کے پاس ہوا کرتی تھی جو ان کی بیوی امریکہ سے ان کے لیے لائی تھیں۔ جس کی مدد سے ان کی آنکھیں سورج کی تمازت سے بچی رہتیں۔ میرا انورقمر صاحب سے مودبانہ علیک سلیک ہے۔ ان سے کسی سنیچر کی شام واقف ہوا تھا کہ افسانہ نگار ہیں۔ ان دنوں پابندی کے ساتھ کئی ادیب وشاعر اور ادب نواز مکتبہ پر ہر سنیچر کی شام ملا کرتے تھے۔ مگر ہم نے خیر وعافیت کا تبادلہ اس وقت کیا تھا جب انھوں نے باقر سے متعلق میرا مضمون کتاب نما میں پڑھا اور پسند کیا تھا۔ یعنی ان کو میری کچھ اہمیت کا احساس دلانے والا

شخص تھا باقر مہدی! ایک شام میں ان سے نہرو سینٹر میں ملا۔علاّ مہ اقبال کی زندگی پر ڈرامہ پیش کیا گیا تھا۔وہ چائے کے کاؤنٹر پر کھڑے تھے۔میں بھی وہاں چائے پینے پہنچا اور ان کو آداب کہا۔تپاک سے ملے اور بضد ہو کر چائے کی قیمت انھوں نے ادا کی۔اب خیال گذرتا ہے کہ کاش وہ چائے جو ہم نے پی تھی لپیچو برانڈ کی ہوتی!

❖■❖

کچھ نیم شب کے بعد کی نظموں کے بارے میں

یعقوب راہی کہنہ مشق شاعر اور قابل نثر نگار ہیں ۔ باقر مہدی کے بہت قریبی دوست تھے ۔ باقر کے ایک شعر نے ان میں دوستی کی بنیاد ڈالی تھی ۔اس شعر کو راہی ٹھیک سے سمجھ نہیں پائے اور ان سے تشریح چاہی ۔ باقر نے انھیں فرصت میں ملنے کہا اور پھر ملاقاتوں کا سلسلہ بندھ گیا۔ باقر کی تصانیف اور ان پر لکھے مضامین کی تدوین و اشاعت اپنی ذاتی کوشش اور کاوش سے انجام دی ۔ایک روز باتوں باتوں میں معلوم ہوا ان کے پاس باقر کا ایسا قلمی ذخیرہ بھی ہے جس پر صرف انہی کو دسترس حاصل ہے ۔میری درخواست پر یہ نظمیں مجھے ملیں جن میں سے چند کو اس کتاب میں شامل کیا ہے ۔

یعقوب راہی کا شکریہ ادا کرتا ہوں ۔

■■

حرف میں چنگاری

اگر اک حرف میں بھی ایک چنگاری چمک اُٹھتی
تو میرے سارے خط، نظمیں، غزل، اشعار کی دنیا
میرے ہونٹوں پہ جل جاتی....!
میرا جلتا ہوا شعلہ ترے خوابوں میں گر آتا
تو تیرے ہونٹوں پر
سنہرے آبلوں کی آگ جل اُٹھتی....!
تجھے اس وقت شاید میری بے تابی کی شدت کا پتہ چلتا
مگر جب تک کہ تیری آہ میرے جسم تک پہنچے
میں اپنی آگ میں جل کر ستارہ بن گیا ہوتا....!
اگر اک حرف میں بھی ایک چنگاری چمک اُٹھتی...!

۹رنومبر ۷۱ء، 3:10 am

ٹوٹے قلم کی ایک نظم!

نظم، اک شعر، یونہی سی باتیں
تجھ سے کچھ کہنے کے ملتے تھے بہانے کتنے!
اور اب ٹوٹے قلم میں پنہاں
سوکھے آنسو ہیں دبی آہیں ہیں
سادے کاغذ کو
.... کسی حرف تمنا کی بھی خواہش نہ رہی!
لیمپ کی روشنی بے وجہ تکے جاتی ہے
جاگتے رہنا مقدر ہے بہانہ تو نہیں!
کیوں... گرم کافی کا اکیلا پیالہ
خود بخود ٹوٹ گیا؟
اک خلش رہ گئی....اور تجھ سے
...... کیا ذرا سا بھی تعلق نہ رہا ؟
داستاں پہلے ورق سے ذرا آگے نہ بڑھی
کیسا رشتہ تھا بگولے کی طرح سے لپٹا
جل کے پھر راکھ ہوا..........!
اور اب....صرف ندامت کے نشاں باقی ہیں
وہ بھی کل ریت میں کھو جائیں گے!

۲۳ ستمبر ۱۷ء

پاگل پن کی نظموں نے!

پاگل پن کی نظموں نے
کیا کوئی دل جیتا ہے؟
تیرا دل....ریزہ عکسوں، مٹتی یادوں، کھوئی آوازوں کا
ایک پرانا مسکن ہے!
اور کبھی 'بنجر دھرتی' سے
آشاؤں کا...کوئی کنول مہکا ہے؟
پھر میں کیسے آس لگائے
تجھ کو اپنانے کے سپنے دیکھ رہا ہوں؟
میرے پاگل پن کی نظمیں
سخت چٹانیں... توڑ توڑ کر
ہری ہری چڑیاں بُنتی ہیں
بنجر بنجر تیرے دل میں...بیج انوکھے بو آتی ہیں
اور پھر آنسو کی برکھا....آشاؤں کے پھول کھلا کر رُک جاتی ہے
ہری ہری نظموں کی گھاس....دور دور تک لہراتی ہے
.... لیکن یہ تو سپنا ہے
اصلی سچ بس اتنا ہے!
پاگل پن کی نظموں نے
کوئی جنگ نہیں جیتی ہے
... پھر تجھ کو اپنانا کیسا....؟

۲۶ ستمبر ۷۱ء

آخری محضر

(۱)

میں کبھی خط نہ لکھوں...!
عمر بھر تجھ سے...ایک لمحہ نہ ملوں!
بھول کر تیرا کہیں نام نہ لوں!
تیرا جب ذکر کہیں آئے
تو میں...چپ یونہی تکتا رہوں!

(۲)

جب کبوتر مری کھڑکی پر
تھک کے بیٹھے ہوں
میں تیرے سُرخ سبک پیروں کو
یاد کرنے کی بھی جرأت نہ کروں!

(۳)

جب کبھی... خالی کافی کے پیالے سے
بھاپ سی اُٹھتی ہوئی...دیکھوں
یاد کر کے تجھے کچھ بھی نہ پیوں!

(۴)

لاکھ بجلی مجھے کاٹ پائے مگر
میں...بھیگی جلتی ہوئی لکڑی کی طرح
....اندر اندر ہی جلوں!
.... کبھی شعلہ نہ بنوں!
زہر پیتا رہوں تڑپوں نہ مروں!

(۵)

....اور یہ قیدِ حیات
اس طرح کاٹوں کہ جیسے میں نے
عشق کا جرم.....!
جہنم کی تمنا میں کیا تھا
اور اب اپنا جہنم پا کر
تیرے 'جہنم' کی تمنا نہ کروں!

(۶)

بس یہی عہد تجھے لینا تھا
دیکھ!.... میں نے آخری محضر پر
مہر لگا دی ہے!
اب تو خوش ہو کے لپٹ جا مجھ سے
رخصتی بوسہ تو قاتل کو بھی مل جاتا ہے
اور پگلی.... میں تو تیرا....
اور میں تو تیرا بے نام سا اک پاگل ہوں!

۲۰ ستمبر ۱۷ء 2:20 am

فوبی کی آخری غزل

ہر نظم مری راکھ بنانے کے لیے ہے
اک بار مگر تجھ کو سنانے کے لیے ہے
سرگوشی کا سناٹا تری بزم میں کیوں ہے
خاموشی مری تجھ کو منانے کے لیے ہے
غبارے سے اُڑتے ہیں مری آنکھ سے لیکن
اک اشک مگر تجھ کو ہنسانے کے لیے ہے
کمرے میں یہ رہ رہ کے تڑپتی ہوئی بجلی
تجھ کو مرے بادل میں چھپانے کے لیے ہے
گرتی ہوئی بیلوں سے بکھرتی ہوئی خوشبو
ترسے ہوئے جسموں کو ملانے کے لیے ہے
ہاں قہر ہے اک بار مجھے دیکھ خدارا
یہ زہر تو ہونٹوں سے پلانے کے لیے ہے
پھر کافی کے پیالوں پہ گھٹا ٹوٹ کے برسی
بھیگا ہوا موسم تو جگانے کے لیے ہے
ساڑی سے چھپائے ہوئے کیا سوچ رہی ہے
یہ جسم تو سینے سے لگانے کے لیے ہے
دھڑکن کی چھپی آگ سے جل جاتی ہے دوری
یہ خوف کا پردہ تو جلانے کے لیے ہے

لامتناہی سلسلہ!

ایک برقی تار میرے ذہن میں
تیری میری گفتگو کا سلسلہ
ختم ہونے ہی نہیں دیتا کبھی!
ایک لفظوں کی جھڑی
مدتوں سے گر رہی ہے.... دل میں اب
ایک یادوں کا سمندر موجزن ہے!

ذہن و دل پر لاکھ مہریں
اپنے ہاتھوں سے لگاتا ہوں مگر
میری ساری کوششیں ٹوٹ کر خود بخود
سلسلے میں اس طرح شامل ہوئیں
جیسے میں.... ایک ٹیلفون کا کھمبا ہوں
ساری تیری میری گفتگو کا سلسلہ
بے ارادہ، بے سبب بڑھتا ہی جاتا ہے.... اور
خواب و بیداری میں کوئی فرق آتا ہی نہیں
خواب میں ہم، دونوں چپ
آنکھوں سے باتیں کرتے رہتے ہیں مگر
جاگتے ہی پھر وہی.... تیری سرگوشی
میری نس نس میں سما جاتی ہے!

ایک دن میں نے انگلی کاٹ کر دیکھا
.... تو ڈر کر رہ گیا!....
ننھے ننھے سرخ حرف قطرہ قطرہ گر رہے تھے
اور سارے سرخ حرف
زرد کاغذ پر تڑپتے کالے مصرعے بن گئے
.... تو مری دیوانگی کی تاب لا سکتی نہیں!

مجھ کو بس یہ فکر ہے!
کاش.... تو اس کشمکش سے دور
خوابوں کے جزیرے میں
خامشی کی بیل بن کر پھولتی پھلتی رہے

۹؍اکتوبر ۱۷ء

آخری لمحوں تلک!

اگر سادے ورق پر ایک بھی دھبہ نہ ہو
ایک نیم جاں جملے کی ٹیڑھی سی لکیر
حاشیے میں چھپ کے بیٹھی ہو
.... تو کیا اس بے کسی کے درد
.... کی تحریر
کو.... آپ خط کہنے کی بھی جرأت کریں گے؟
کیا چند نکتے، ایک یونہی سی لکیر، مضمحل، ٹوٹے حروف
بیکراں پھیلی سفیدی میں کبھی ایک ان کہی سی بات بن سکتے ہیں؟
ہر طرف جب شور کا پہرا ہو
کیسے خامشی.... آنکھوں میں آنسو بن کے چپ رہتی ہے؟
جب سارے رشتے اپنے ہی ہاتھوں سے توڑے ہوں تو کوئی کس طرح
اک تعلق کو چھپا کر خود سے بیگانہ رہے؟
کرب ہی جب حاصلِ عمرِ رواں ہو
کیوں نہ پھر اس کرب سے ٹوٹ کے لپٹے رہیں....؟
آخری لمحوں تلک!

۱۳/اکتوبر ۱۷ء

وقت اور فاصلے کتنے بے بس ہیں!

لمبے لمبے فاصلے اونچے اونچے تعلق کے ہر پیڑ کو
سوکھی گھاس بنا دیتے ہیں جلا دیتے ہیں
وقت کا زہر گہری گہری جڑیں
کاٹتا جا رہا ہے
پھر بھی وقت اور فاصلے کتنے بے بس ہیں....؟
ذہن.... دل کی دھڑکن بنا
تیرے پہلو میں.... مری آواز کی بازگشت بن کے جاگتا ہے
کیا تجھے بھی خبر ہے!
تو نے.... اور میں نے جدائی کے لمبے دنوں اور جاگتی راتوں کو
اپنا سارا کرب سونپ دی ہے
کتنی مدت ہوگئی.... پھر بھی تیری باتیں.... تیرے نازک زخمی
لبوں سے.... میرے ویران دل میں
ساون کی گھٹا بن کر.... برسے چلی جاتی ہیں
وقت اور فاصلے کتنے بے بس ہیں....؟
ہم کبھی ملنے نہ پائیں فاصلے بڑھتے رہیں
لیکن یہ دوری کا تعلق تیری یادوں کے پھول مہکا تا رہتا ہے
اور وقت کا زہر
زخموں کو ناسور بناتا جاتا ہے

کیا تجھے بھی خبر ہے!
وقت اور فاصلے کتنے بے بس ہیں....؟
میلوں کی دوری.... پلک جھپکتے طے ہوتی ہے
لمبے لمبے پیلے دن اور رینگتی بھوری راتیں
جیت کے بازی ہار گئیں
دن میں تیرا سایہ
مرے سائے میں چھپ کر
نظر نظر ساتھ چلتا ہے
رات آتے ہی.... سرگوشی کے زخمی لب
مجھ سے باتیں کرتے ہیں پیار کرتے ہیں
وقت اور فاصلے کتنے بے بس ہیں....؟

۲۲/اکتوبر ۱۷ء

نظم .... ایک علامت کے سوا کچھ بھی نہیں !

ایک مدت سے نئی نظم نہ لکھی میں نے
پیلا کاغذ مجھے حسرت سے تکا کرتا ہے
میرا خاموش قلم، تھک کے چپ چاپ پڑا رہتا ہے
چڑیاں .... مصرعے ہیں .... بھولے سے مری کھڑکی پہ
چند لمحوں کے لیے آتی ہیں اُڑ جاتی ہیں
میری سگریٹ کا دھواں .... تلخ کھانسی کی صدا بن کے بکھر جاتا ہے
اونچے پربت پہ عجب طرح کا سناٹا ہے
چاندنی سرد ہواؤں میں .... ایک چادر کی طرح ٹھہری ہے!
اور یادوں کا ہرا جنگل تک
کسی ہارے ہوئے عاشق کی طرح سر جھکائے ہوئے
خاموش کھڑا روتا ہے!
نہ کوئی چاپ نہ دھڑکن نہ صدا
بس ہر اک سمت وہی سرد ہوا
میں تری یاد میں کس طرح نئی نظم لکھوں ....؟
نظم میں کرب کا اظہار کہاں ہوتا ہے
صرف اک جھوٹی تسلی کا سہارا بن کر
مجھ کو اور تجھ کو صدا دیتی ہے ...!
نظم .... درد کی ایک علامت کے سوا کچھ بھی نہیں
اور .... علامت سے کسی درد کی شدت کا پتہ کیسے چلے؟

یکم نومبر ۷۱ء

لمس سے عاری یادیں!

ہر عاشق نے یاد کی انگلی تھام کے
اپنی محبوبہ کو ڈھونڈا ہے
میری یادیں لمس سے عاری
مجھ کو سرگوشی سے ملا کر
کھو جاتی ہیں
میری نظریں تیری آنکھوں سے ٹکرا کر
بجھ جاتی ہیں
پھر تیرے نازک پیروں کی چاپ سے
جل اُٹھتی ہیں
تیرے زخمی تر سے لب میرے جلتے ہونٹوں سے
ٹھنڈی تنہا راتوں کی باتیں کرتے ہیں
میری روح.... تیری روح سے مل کر اکثر
وجد میں آ کر گاتی ہے!
پلک جھپکتے کھو جاتی ہے
میں خوابوں میں تجھ کو ڈھونڈ کے
تیرے جلتے جسم سے ہٹ کر سو جاتا ہوں
میری یادیں لمس سے عاری رہ جاتی ہیں

۲۳رنومبر ۱۷ء

دائیں سے کشور ناہید، باقر مہدی، مہر النسا مہدی، یعقوب راہی، عبد الغنی خان اور الیاس شوقی

باقر مہدی اور رشید حسن خاں

دائیں عبدالغنی خان، محمود چھاپرا، نامعلوم، باقر مہدی، علی امام نقوی، یعقوب راہی اور الیاس شوقی

دائیں سے الیاس شوقی، باقر مہدی، راجندر سنگھ بیدی، انور خاں اور علی امام نقوی

دائیں سے عبدالغنی خان، باقر مہدی اور کشور ناہید

باقر مہدی اور مہرالنسا مہدی کا ایک یادگار لمحہ

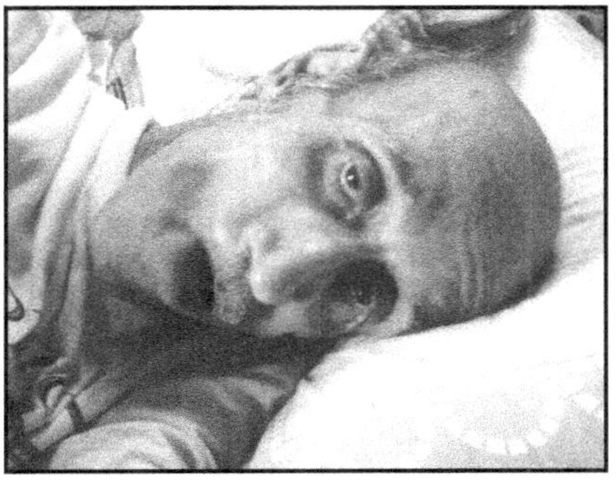

باقر مہدی کی چند یادگار تصاویر

'I'm neither Muslim nor Indian, I'm a human being'

He has devoted his life to Urdu, but most Urdu poets love to hate him. Baqar Mehdi, poet and critic, recipient of this year's Maharashtra Urdu Sahitya Akademy's Sant Gyaneshwar award, tells **Jyoti Punwani** why

Waiting and fretting in my tiny room,
Reading the papers, getting mad at the news
I'd voice my rage through you, my language,
But how can such desperate sob-

the only Muslim student who stayed in what was unofficially the Hindu hostel. In the morning, we would sing *Vande Matram*. I made it a point on the first two occasions to inform them that I was singing it though I was

Khairunnisa, who used to teach Persian at Sophia College & Bombay University (herself the recipient of an Urdu Academy award for her radio talks), taped Yaseen La-

ایک خواہش

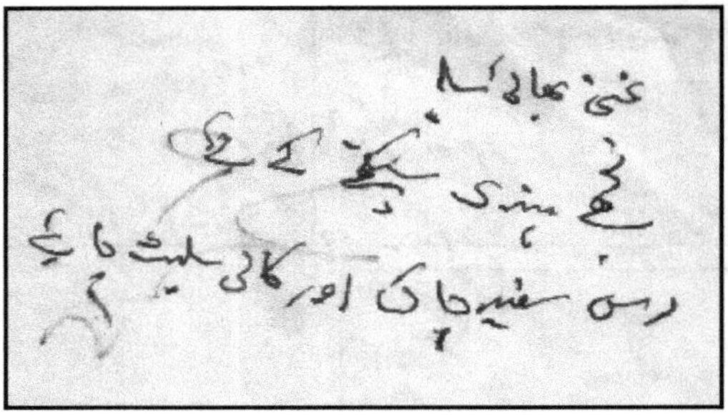

مندرجہ بالا تحریر باقر مہدی کی ہے۔اس وقت کی ہے جب وہ بول نہیں سکتے تھے لیکن امید باقی تھی۔میرے ساتھ لفظ کو تلفظ میں کہنے کی کوشش جاری تھی۔میرے ایک شام پہنچنے سے پہلے ہندی لکھنے کی خواہش کاغذ پر لکھ چکے تھے۔اس پر ان کی بیوی کو بہت حیرت تھی۔میں نے اپنی حیرت کا اظہار نہیں کیا۔لیکن سوال بار بار اٹھ رہا تھا اب ہندی سیکھ کر کیا کریں گے۔معلوم تھا کہ بول نہیں سکتے، پڑھ یا لکھ پانے کے لیے بہت کوشش کرنے کا ارادہ تھا ورنہ ایک سلیٹ کے ساتھ دس سفید چاک نہ مانگا ہوتا۔یہ سوال اب بھی بنا ہوا ہے ہندی پڑھنا لکھنا سیکھ کر کیا حاصل کرنا تھا۔خالص اردو اور انگریزی ادب میں ڈوب کر ابھرے تھے۔ہندی کی کسی خاص صنف سخن کو ہندی ہی میں پڑھنا چاہتے تھے تو اور بات ورنہ ادیب بننے کے لیے نہ وقت تھا نہ دماغ میں قوت۔جسم بھی دھیرے دھیرے ضائع ہو رہا تھا۔بحرحال سرِ دست تو مجھے یاد نہیں ہے انھوں نے اپنا ارادہ جلد ہی بدل دیا تھا یا میں نے سلیٹ اور دس سفید چاک مہیا کیا تھا۔
اب تو یہ سوال کفن کے ساتھ لپٹ کر رہ گیا ہے کہ ہندی کیوں سیکھنا چاہتے تھے۔

تحفہ

مجھے باقر نے مغل زمانے کی تین تصویریں دیں۔
کچھ چونکہ کہا نہیں میں بھی خاموش رہا اور قبول کرلیا۔

دارا شکوہ کے البم سے لی ہوئی ۱۶۳۵ء کی ایک تصویر ہے۔

دوشیزہ ایک پُر بہار درخت کے نیچے ہاتھ میں spring of moreissus لیے کھڑی ہے۔

دوسری تصویر ۱۷۴۰ء کی ہے۔ ایک حسینہ کے ہاتھ میں Gouche with
Gold ہے۔

تیسری تصویر بھی ۱۷۴۰ء کی ہے۔ دو حسینائیں چھت پر Gouche of Gold لیے روبرو بیٹھی ہیں۔

ان تصویریوں کو شائع کر کے شاید میں نے اس تحفہ کی یاد کو ہمیشہ کے لیے اپنی کتاب میں محفوظ کرلیا ہے۔

فاطمہ بی کون تھی؟

فاطمہ، خیر النسا مہدی کی چھوٹی بہن تھی۔ان کی رہائش باقر کے نچلے منزلے پر ان کے بھائی یوسف کے فلیٹ میں تھی۔اکیلی تھی۔جب یہ فلیٹ نہ رہا وہ اپنی بہن کے ساتھ رہنے لگیں اور باقر کی خدمت اپنی رضامندی سے کی۔گھر کے کام کاج سے ہنر مند تھیں۔باقر کے یہاں تک کام آئیں کہ جب وہ باتھ روم میں نہانے تختے پر بیٹھتے یہ ان پر نہانے کا پانی ڈالتیں۔ایک مرتبہ مجھے پیشگی اپنی قید حیات سے آزاد ہونے کی خبر دے دی۔باقر کے بعد کا زمانہ تھا، اب اپنی بہن کی خدمت میں مصروف تھیں۔ایک دن مجھ سے کہا، ''میں راہ چلتے گر کر بے ہوش ہوگئی تھی۔''

وہ بھی خیر النسا کے ساتھ شہر سے دور چرچ سے متصل اسپتال میں اپنی بہن سے گو چھوٹی تھیں پہلے سدھار گئیں۔

وصیت

وقت کے ساتھ اس وصیت کی اہمیت نہ کے برابر رہ گئی تھی۔ پھر مجھے یقین ہو گیا تھا کہ ان کا ارادہ بعض دیگر تقاضوں کے مقابل ماند پڑ چکا تھا۔ یعقوب راہی نے صاف لفظوں میں جتا دیا تھا کہ ان کی تدفین ہو گی۔ مجھ سے دم آخر تک وصیت کا ذکر نہیں کیا۔ ڈاکٹر سجنانی نے بھی میری بات کا یقین کیا کہ سپرد آگ کی خواہش ان میں نہ رہی تھی اس لیے اُنھیں شیعہ قبرستان 'رحمت آباد' میں سپرد خاک کیا گیا۔

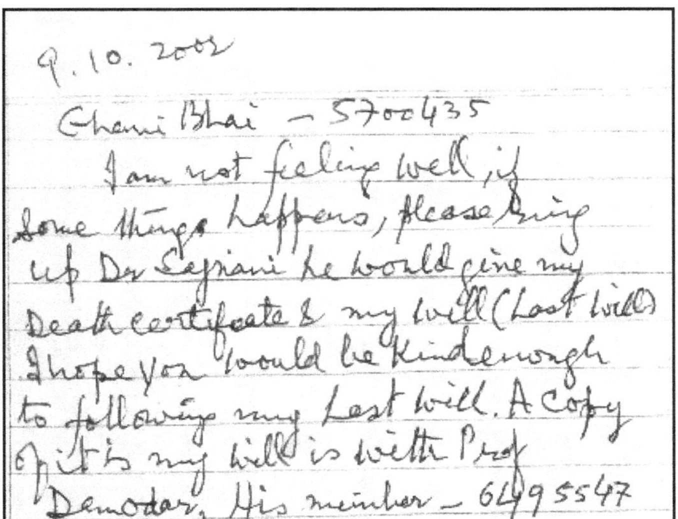
9. 10. 2002

Ghani Bhai - 5700435

I am not feeling well, if some things happens, please ring up Dr Sajnani he would give my Death certificate & my will (Last will) I hope you would be kind enough to followings my Last will. A Copy of it is my will is with Prof Damodar, His number - 6495547

Dr. Sajnani's No. - 6002477 or 6418443
6417112

with regards Yours

B. Arche

جناب نعیم کوثر کو لکھا ایک خط

باقر کے نعیم کوثر کو لکھے خط کی کاپی میں نے رکھ لی تھی۔ وجہ صرف اتنی سی تھی کہ باقر نے میرا ذکر یہ لکھ کر کیا تھا۔

''میرا صرف ایک دوست ہے غنی بھائی!''

اس وقت معلوم نہ تھا کہ کبھی باقر پر لکھے میری نگارشات کتابی صورت اختیار کریں گے اور باقر کی خط و تحریر میں میری اور ان کی دوستی کا اظہار اس کا حصّہ ہوگا۔ نعیم کوثر کا شکریہ ادا کرتا ہوں۔ امید ہے اس کی اشاعت پر وہ مجھ سے اتفاق کریں گے۔

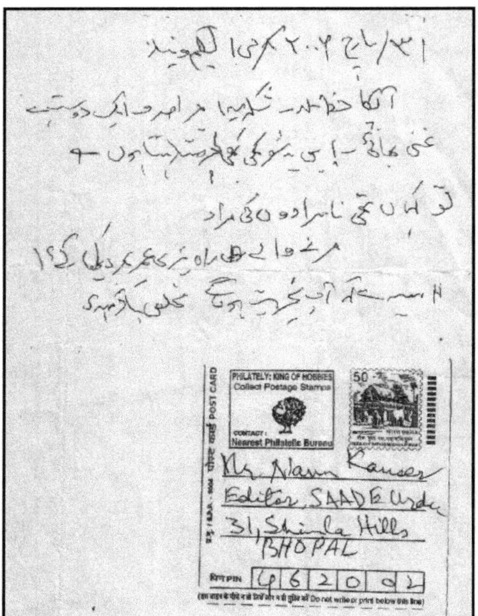

آپکا خط ملا۔ شکریہ۔ میرا صرف ایک دوست ہے
غنی بھائی!
تو کہاں کبھی نامرادوں کی مراد
مرنے والے کی راہ زندگی بھر دیکھا کئے
امید ہے کہ آپ بخیریت ہونگے۔ مخلص باقر مہدی

PHILATELY: KING OF HOBBIES
Collect Postage Stamps
CONTACT: Nearest Philatelic Bureau
POST CARD
Mr. Naim Kauser
Editor, SAAD E Urdu
31, Shimla Hills
BHOPAL
PIN 462002
Do not write or print below this line